Wengler & Partner GmbH
Wirtschaftsberatung
Zettachring 2 · 70567 Stuttgart-Fasanenhof
Tel. 0711/726 28-0 · Fax 0711/726 28-19

James W. Pickens
Masterclosing

Wengler & Partner GmbH
Wirtschaftsberatung
Zettachring 2 · 70567 Stuttgart-Fasanenhof
Tel. 0711/726 28-0 · Fax 0711/726 28-19

JAMES W. PICKENS

MASTER CLOSING

DIE ERFOLGSGEHEIMNISSE
DER SALES-MANAGER

GABLER

Die Deutsche Bibliothek – CIP-Einheitsaufnahme

Pickens, James W.:
Masterclosing : die Erfolgsgeheimnisse der Sales-Manager /
James W. Pickens. [Aus dem Amerikan. übers. von Claudia
Siegert]. – Wiesbaden : Gabler ; Frankfurt am Main :
Frankfurter Allg., 1993
  Einheitssacht.: More art of closing any deal <dt.>
  ISBN 3-409-19176-3

Aus dem Amerikanischen übersetzt von BKL Übersetzungen,
Claudia Siegert

© James W. Pickens 1991
Die Originalausgabe ist erschienen bei Shapolsky Publishers, Inc., 1991,
unter dem Titel „More Art of Closing any Deal" und unter Mitarbeit von
I.E. Mozeson.
© Frankfurter Allgemeine Zeitung GmbH, Frankfurt am Main 1993
© Betriebswirtschaftlicher Verlag Dr. Th. Gabler GmbH, Wiesbaden 1993
Belichtung: Satzstudio RESchulz, 6072 Dreieich-Buchschlag
Druck: Wilhelm & Adam, Heusenstamm
Buchbinderei: Fikentscher, Darmstadt
Printed in Germany

ISBN 3-409-19176-3

Vorwort

Alle Informationen, die in diesem Buch enthalten sind, basieren auf nachgewiesenen Tatsachen des Salesmanagements und auf bewährten Verfahren, die, werden sie genau befolgt, Verkäufer zur Höchstform bringen. Das Buch wurde geschrieben, um den Lesern zu helfen, meisterhafte Verkäufer und Meister im Verkaufsmanagement zu werden – ein ehrgeiziges Ziel, das alle „Sales-People" und zukünftige Manager auf jeden Fall zu erreichen versuchen sollten. Dieses Buch über Masterclosing ist deshalb die konsequente Fortsetzung und Ergänzung zu meinem bereits im gleichen Verlag erschienen Bestseller „Closing", zu dem Sie am Ende dieses Buches einige Hinweise finden können.

Mit meinen Anweisungen und Ihrer Hingabe wird dieses Buch Sie, einen hart arbeitenden Verkäufer, in einen höchst erfolgreichen Mastercloser verwandeln – einen, der den absoluten Überblick in jeder Verkaufssituation bewahrt.

Es wird auch das Leben des potentiellen Verkaufsmanagers ändern, indem ihm oder ihr gezeigt wird, wie man einer der wenigen Masters of Salesmanagement wird.

Was genau kennzeichnet nun diesen Master-Salesmanager? Für Anfänger ist er ein Verkaufsmanager, der den vollständigen Respekt eines jeden in der Firma genießt. Außerdem ist er derjenige, der das Verkaufsteam jederzeit dazu bringen kann, unter allen Bedingungen und Umständen eine optimale Leistung zu erbringen.

Mit all den „copycat"-Büchern, die in großer Auflage das ultimative Bild eines gigantischen Prototypen des erfolgreichen Managers liefern wollen, kann ich nicht übereinstimmen. Ganz unabhängig von Ihrer Persönlichkeit gibt es einen Typ des Meistermanagers, dem Sie nacheifern können, ein bestimmter Mastercloser, der Sie werden können. Mit Ihrem Willen, erfolgreich zu sein, und den einzigartigen Strategien, die in diesem Buch vorgestellt werden, werden Sie dauerhaft Erfolg in diesem faszinierenden Beruf haben, in dem höchstens der Himmel die Grenze ist.

Um ein meisterhafter Verkäufer und Verkaufsleiter zu werden, müssen Sie jetzt damit beginnen – und zwar mit absoluter Entschlossenheit. Meisterhafte Manager werden gemacht und nicht als solche geboren. Lassen Sie sich durch dieses Buch in die Kommandozentrale des Verkaufsbüros führen, wo Sie als selbsternannter Herrscher vollständige Kontrolle über die Sales-profession übernehmen können.

Ich möchte diese besondere Gelegenheit dazu nutzen, alle Meister des Verkaufsmanagements in der ganzen Welt herzlich zu grüßen.

Ich möchte auch gerne einigen wunderbaren Menschen danken, deren Liebe und Glaube dieses Buch erst möglich gemacht haben: Dr. Jim und Evelyn Pickens, Lindsey Janell Pickens, Boyd Billingsley, George Billingsley, Weston Tucker, John Soderberg, Gary Morris, Rel Shepherd, Bruce Stumbras, Peter Leveaux, Anthony S. Kulasa, Glenn Bolech und Farzin Ferdosi.

James W. Pickens

„The reasonable man adapts himself to the world; the unreasonable one persists in trying to adapt the world to himself. Therefore, all progress depends on the unreasonable man."

George Bernhard Shaw

„You must lose a fly to catch a trout."

George Herbert

Inhalt

5. Kapitel
Die fünf „tödlichen" Take-over-Abschlüsse 191

8. Kapitel
Die Macht des Wissens

1. Kapitel

Der Mastercloser –
Wahrer Beherrscher
des Verkaufens

Daß sie irgendwie verkaufen können, glauben viele Verkäufer, und daß sie irgendwie managen können, glauben viele Manager. Doch was die wirkliche Kunst des Verkaufens und des Managens ausmacht, davon haben die meisten Menschen noch nicht einmal eine vage Ahnung. Erfahren Sie, was einen Mastercloser ausmacht – beruflich und privat. Ein Master-Salesmanager arbeitet immer absolut professionell, egal zu welcher Zeit, an welchem Ort, in welcher Situation. Finden Sie heraus, welcher Typ von Mastercloser Sie sind, und erkennen Sie die vielen verschiedenen faszinierenden Arten, wie Sie Ihr Verkaufsziel erreichen können.

Die unterschiedlichen Typen von Masterclosern

Heutzutage gibt es viele Bücher über Verkauf und Management auf dem Markt; jedes Buch liefert seine eigene Interpretation davon, wie ein erfolgreicher Verkaufsmanager sein sollte. Es gibt Bücher darüber, wie er sich verhalten, was er lernen und wie er sich kleiden sollte, wann er am besten den technischen Jargon sowohl für das höhere als auch für das untere Management benutzt, wie er seine führende Rolle festigen, Probleme lösen und Verträge abschließen kann.

Diese Bücher haben sicherlich ihre guten Seiten, aber fast alle analysieren das Thema auf eine solche Art und Weise, daß sich der Leser als nebensächlich und unwichtig empfindet. Verloren in dem Durcheinander des Fachjargons, der Theorien und Listen geht dabei die grundlegende Aufgabe des professionellen Verkäufers verloren: die Beeinflussung von Kunden – und im Falle von Verkaufsmanagern die Führung und Motivierung von Verkäufern, damit diese das höchste Auftragsvolumen erzielen, zu dem sie fähig sind.

Diese Bücher, die versuchen, erfolgreiche Verkäufer en masse zu produzieren, verfehlen ihren Zweck. Gute Closer und Salesmanager passen nicht in ein perfekt vorgefertigtes und stereotypes Klischee. *Denn jeder einzelne Verkäufer hat seine unabhängige und einzigartige Persönlichkeit.* Ein Mastercloser kann genausogut unorthodoxe Methoden anwenden, um seine Arbeit auf eine eigene spezielle und wirksame Weise zu erledigen. Er wird damit den aufrichtigen Respekt und die Bewunderung sowohl seiner Verkäufer als auch der Manager seiner Firma ernten.

Mastercloser erreichen ihre Verkaufsziele auf viele verschiedene einfallsreiche und faszinierende Arten, und damit haben sie zugleich auch alle die Fähigkeit, ihren Verkäufern Respekt und Wärme zu vermitteln. Dies mag sehr einfach oder naiv klingen, aber, läßt man einmal all die hochtechnischen Fachvokabeln des Verkaufsmanagements weg, lauten die einzigen Worte, die die alltägliche Grundlage des Masterclosers beschreiben: „Respekt, Verständnis und Liebe."

Natürlich hat jeder Closer seine persönliche Art und seine individuell einzigartige Herangehensweise an bestimmte Situationen. Aber hat er seine Mitarbeiter erst einmal richtig motiviert, dann ist letztendlich nur noch seine Ausstrahlung von Respekt, Verständnis und Liebe der Schlüssel für wirklich gute Verkäufer und eine siegreiche Verkaufsfirma.

Vielleicht kennen Sie bereits mehrere verschiedene Stile von Trainern und können die Auswirkung ihrer Persönlichkeit auf das Team beobachten. Stellen Sie sich ganz einfach den Salesmanager als einen Profi-Fußballtrainer vor und die Verkäufer als sein Team. Vielleicht können Sie dann die folgenden Ausführungen über den Mastercloser besser nachvollziehen.

Der „Wall-Street"-Mastercloser

Beim „Wall-Street"-Mastercloser handelt es sich um einen von jenen Managern, die so aussehen, als seien sie gerade einem Modemagazin entsprungen. Durch seine Höflichkeit und seine perfekten Manieren kommt er mit jedem aus: vom Chef der Firma bis hin zu dem unerfahrensten Neuling an vorderster Front. Der „Wall-Street"-Mastercloser ist ein perfekter Gentleman.

Er liest, studiert und registriert alle Informationen, die er in bezug auf Verkauf und Verkaufsmanagement finden kann. Man kann ihn nach New York City oder Round Rock, Nevada, setzen, und er wird immer auf die eine oder andere Weise Erfolg haben. Er weiß, was er tut, und er ist entschlossen, sein Ziel zu erreichen.

Zeitweilig kann er, besonders während einer wichtigen geschäftlichen Unterhaltung, sehr einschüchternd wirken. Durch sein Fachwissen und seine Beherrschung aller relevanten Verkaufsfakten und -zahlen kann sich ein nicht so gut vorbereiteter Kollege unwohl fühlen. Er wird jedoch zu keiner Zeit mit seinem Fachwissen angeben, um sein eigenes Ego in den Vordergrund zu stellen oder um eine andere Person zu erniedrigen.

Obwohl der „Wall-Street"-Mastercloser seinen Beruf und seine Arbeit sehr ernst nimmt, ist er doch nicht so distanziert, daß er kein Einfühlungsvermögen für seine Verkaufsmitarbeiter aufbrächte, sondern vielmehr deren persönliche Ziele und Probleme berücksichtigt.

Dieser Mastercloser führt seine Mitarbeiter erfolgreich, und zwar nicht nur dadurch, daß er das Verkaufsgeschäft gründlich kennt, sondern auch dadurch, daß er wie ein erfolgreicher Geschäftsmann aussieht. Seine einwandfreie Persönlichkeit und sein tadelloses Äußeres stehen als Markenzeichen für Führungskompetenz und Professionalität. Er macht genauso einem seiner Mitarbeiter wegen eines neuen Anzugs ein Kompliment, wie er während einer hervorragenden Verkaufsveranstaltung applaudiert. Obwohl nur wenige Leute in der Firma eine starke Zuneigung zu dieser Art Manager verspüren, bewundert und respektiert ihn doch jeder, denn er erzielt beeindruckende Ergebnisse.

Der „Good-Old-Boy"-Mastercloser

Sieht man den „Wall-Street"-Manager niemals ohne seinen gutgeschneiderten Anzug, so ist die Sportjacke des „Good-Old-Boy"-Masterclosers oft über die Schulter geworfen oder hängt auf der Rückenlehne seines Stuhls. Wie der Name schon sagt, kann jeder diesen Typ des Salesmanagers leiden, von den Firmeneignern bis hin zum Hausmeister. Sie mögen ihn, weil dieser Manager freundlich, mitfühlend und verständnisvoll ist.

Der „Good-Old-Boy"-Mastercloser hat etwas von frischer Landluft um sich. In der Tat erscheint er in der Art, wie er mit verschiedenen Situationen des Verkaufsmanagements umgeht, wie ein alter, erfahrener Philosoph; hat beispielsweise ein Verkäufer ein Problem, so ist es der „Good-Old-Boy"-Mastercloser, der den betrübten Verkäufer wieder aufbaut. Diese Art von Mastercloser beruhigt seinen Verkäufer und erleichtert dessen emotionale Belastung, indem er sich das Problem selbst aufbürdet und es zu seinem eigenen macht.

Dieser Typ des Verkaufsmanagers kennt sein Fachgebiet ebenso gut wie der „Wall-Street"-Manager, macht aber nicht seine Fachkompetenz zum Markenzeichen. Sein stärkster Pluspunkt ist, daß er seine Verkäufer gut kennt und weiß, wie er am besten mit ihnen umzugehen hat. Der „Good-Old-Boy"-Mastercloser kümmert sich um seine Verkäufer und behandelt sie wie eine Familie. Die Mitarbeiter erwidern seine Zuneigung – mit Engagement und vielen Verkaufsabschlüssen.

Der „Angst- und Schrecken"-Mastercloser

Dieser Salesmanager feuert Blitze aus seinen Augen und spricht mit Donnergrollen in der Stimme.

Vielleicht ist das der Grund dafür, warum man in seinem Büro keine Sturmwolken sieht und keine Wellen auf der hohen See des Verkäuferdaseins bemerkt. Zeitweise fühlt man sich, als habe man Kapitän Ahab am Steuer; der Zusammenhalt zerbricht jedoch mit dem Riesengeblubber von Erfolg. Einige dieser Verkäufer schimpfen oder verlassen sogar das Schiff, die Mannschaft, die an Bord bleibt, hat jedoch einen beständigen Respekt für ihren Manager und ein brennendes Interesse, ihr Bestes zu geben.

Der „Angst- und Schrecken"-Mastercloser kann so grob und fordernd wie ein Ausbildungsoffizier sein; er erledigt seine Arbeit jedoch professionell und zum finanziellen Nutzen sowohl der Firma als auch der Closer. Dieser Typ des Masterclosers stellt ein Herz aus Stahl zur Schau, hat aber in Wirklichkeit eines aus Gold. Er wird alles tun, um einem seiner Mitarbeiter, der in Schwierigkeiten gekommen ist, zu helfen – der Verkäufer sollte sich jedoch warm anziehen, wenn das momentane Problem aus der Welt geschaffen ist.

Dieser autoritäre Verkaufsmanager kann Hunderte von Closern zur gleichen Zeit steuern und motivieren. Er führt ein Teamgespräch wie ein Kommandeur seine Truppe. Andererseits wiederum kann er auf eine Person individuell eingehen und dieser alle Aufmerksamkeit und Zuwendung schenken, die sie braucht, um wieder auf den richtigen „Verkaufspfad" zu kommen.

Der „Angst- und Schrecken"-Mastercloser möchte „ein paar gute Leute." Er will eine verläßliche und ausgezeichnete Verkaufsmannschaft, und er wird nicht zögern, einen nachlassenden Verkäufer in Ehren zu entlassen. Alle Entlassungen verlaufen bei ihm diskret und ohne Wirbel. Obwohl dieser Managertyp zuweilen sehr hart sein kann, benimmt er sich doch in dieser Beziehung immer wie ein Gentleman. Während eines Mitarbeitermeetings wird er erklären, daß der fehlende Kollege die fruchtbare Zusammenarbeit mit der Firma leider nicht aufrechterhalten konnte – und dabei ist sein eisiger Euphemismus bei weitem wirksamer als das laute Toben eines Managers niedrigeren Ranges darüber, warum der Mitarbeiter entlassen werden mußte. Anstelle von konspirativem Brummen und Sympathieverweigerung tendieren die Closer dazu, sich um ihren Manager mit Loyalität und Stolz zu scharen. Sie sind eher noch begeistert darüber, daß sie ihren „Dienstgrad" erreicht haben und, im Gegensatz zu dem entlassenen Mitarbeiter, auch halten können.

Der „Angst- und Schrecken"-Mastercloser arbeitet mit Zuckerbrot und Peitsche. Erhält man von diesem Manager ein Lob vor anderen Mitarbeitern, so kann dies mehr wert sein als die Umarmungen des „Good-Old-Boy"-Managers. Dieser Mastercloser zeigt seinen Stolz und seine Zuneigung zu den Closern – seiner loyalen Elitegarde – auf seine eigene, leicht zurückhaltende Weise. Indem er seine Autorität für sich arbeiten läßt, gewinnt diese Vaterfigur den Respekt und die Bewunderung seiner Verkäufer und erhält den Hunger nach Anerkennung durch ihn.

Die Verkäufer sind nach dem Bild ihres Managers geformt. Sie werden zu seinem loyalen, professionellen Verkaufsteam, einer einzigartigen Gruppe von Menschen, die er ständig motiviert und herausfordert, besser zu verkaufen als jegliche Konkurrenz. Und in der Tat gelingt seinem Team genau dies. Diese Closer verkaufen häufig mehr als jeder andere auf dem Markt und erreichen das Ziel, welches von ihrem autoritären, aber anspornenden Manager vorgegeben wird.

Der „Mister-Optimismus"-Mastercloser

Der „Mister-Optimismus"-Mastercloser begeistert Spitzenverkäufer für den Verkauf, für Kunden, Teamziele und für das Leben selbst. Er ist nicht nur „Herr Optimismus", er ist vielmehr der „Pfarrer Optimismus". Wenn sich die anderen bei einem morgendlichen Verkaufsgespräch nicht ganz auf der Höhe fühlen, übernimmt er die Regie und wendet das Blatt. Die Begeisterung dieses Masterclosers ist ansteckend. Es wundert nicht, daß jeder gerne um ihn ist. Wird er in eine Verkaufsabteilung versetzt, wo die Lage depressiv, chaotisch oder schlichtweg nicht erfolgreich erscheint, ist er vor allen anderen wahrscheinlich derjenige, der die Verkaufsmannschaft wieder auf den richtigen Kurs bringt.

Die Energie des „Mister-Optimismus"-Masterclosers wirkt sich auch auf schwerfällige oder „todmüde" Kunden aus. Benötigt ein Closer Hilfe, um einen Auftrag von einem solchen „trägen" Kunden zu erhalten, so braucht er nur den „Mister-Optimismus"-Mastercloser zu rufen, damit dieser den Verkauf übernimmt oder einfach nur die sogenannte „schwierige" Reaktion des Kunden beobachtet. Das Ergebnis ist wie ein Blitzschlag. Plötzlich ist eine neue und mächtige Energiewelle um den Verhandlungstisch, und die Chancen, daß der reservierte und zögerliche Kunde sich von der Begeisterung anstecken läßt und das Produkt kauft, stehen – zum Erstaunen des restlichen Teams – mehr als gut.

Der „Mister-Optimismus"-Mastercloser hält sein Energielevel durch völliges Vertrauen in sich selbst und in sein Talent hoch. Als „Pfarrer Optimismus" heißt seine Produktpalette „die gute Nachricht", und er möchte, daß seine Verkäufer – seine Apostel – absolut gläubig sind. Eine Verkaufskampagne wird zu einem Kreuzzug, das Verkaufsgespräch zu seiner Predigt. Bei Meetings beobachtet man ihn, wie er aufspringt, in die Hände klatscht oder sogar laut singt. Er kann seinen Schäfchen das gute Gefühl vermitteln, „die Bösen" – die Konkurrenzfirma – besiegt zu haben. Nicht jedermann kann sein ewiges Lächeln und seinen kräftigen Händedruck ertragen, aber die Grundlinie ist die, daß er seinen Job erfüllt und Aufträge einholt. Fast jeder, der mit ihm arbeitet, macht nicht nur Geld, sondern ist dabei auch noch glücklich und zufrieden.

Der „negative" Mastercloser

Lassen Sie sich durch den Titel nicht irreleiten. Dieser Typ des Masterclosers ist weit davon entfernt, eine negative Haltung zu haben, er demonstriert lediglich negative Ansätze in seinem Verkaufsmanagement. Sein wichtigstes Werkzeug ist die Psychologie des Gegenteils. Zum Beispiel informiert er seine Verkäufer darüber, daß sie am nächsten Tag ein bestimmtes Auftragsvolumen erreichen müssen. Dann, kurz vor Ende des Treffens, fügt er hinzu, daß er nicht darüber erstaunt wäre, wenn die Verkäufer dieses Ziel nicht erreichen sollten, daß sie es wohl nicht in sich hätten, dieser Herausforderung gewachsen zu sein. Dadurch motiviert er die Verkäufer, ihm und auch sich selbst das Gegenteil zu beweisen.

Auf der persönlichen Ebene wird er einem Verkäufer privat mitteilen, daß er über dessen Verkaufsabschlußprozentsatz sehr enttäuscht sei. Dann fügt er wie beiläufig hinzu: „Ich dachte, Sie wären besser, Herr Verkäufer, ich befürchte, ich hatte Unrecht. Ich habe Sie überschätzt." Sofern der Verkäufer nicht ein hoffnungsloser Verlierertyp ist, reagiert er darauf mit einer enormen Anstrengung, um zukünftig das Erstaunen und das bestätigende Nicken seines Managers zu ernten.

Diese zwei Beispiele helfen Ihnen dabei, zu erkennen, was der Begriff „negativ" in diesem Zusammenhang bedeutet; er beschreibt nämlich lediglich das manipulative Vorgehen dieses Masterclo-

sers. Die Methode des Mister-Optimismus und die des „negativen"
Masterclosers könnten nicht unterschiedlicher sein. Der „negative"
Typ benutzt demnach Einschüchterung zum Zweck der Motivation
seiner Verkäufer, um Blamage zu vermeiden und um den Closer in
dessen Selbstwertgefühl zu bestätigen.

Der „negative" Mastercloser erledigt seinen Job und erzielt stabile
Verkaufszahlen ohne offensichtliche Einschüchterungsmethoden,
wie etwa die Androhung der Kündigung. Stattdessen pflanzt er
subtile Ideen in das Bewußtsein des Closers. Er läßt den Verkäufer
selbst erkennen, daß er wirklich besser arbeiten könnte. Der „negative" Verkaufsmanager spürt, welche Verkäufer wirksame Reaktionen auf seine teuflischen Einimpfungen zeigen werden. Absolut
vertraut mit der Psychologie des Gegenteils behandelt er seine Closer wie Patienten; bei den meisten dieser „Patienten" werden Heil-
erfolge erzielt, und die Verkaufszahlen steigen in größere Höhen,
dank angestachelter und provozierter Closer.

Laufen die Dinge für die gesamte Verkaufsabteilung oder einen
einzelnen Verkäufer gut, so wird der „negative" Mastercloser einfach nichts sagen, bestätigend mit seinem Kopf nicken und ein
sanftes Lächeln andeuten. Diese kleine Geste des „negativen" Managers besagt alles, und ein Verkäufer kann von diesem kleinen
Funken für die nächsten Wochen angespornt werden.

Dieser spezielle Mastercloser ist keine sehr aufregende Persönlichkeit und im Gegensatz zum „Mister-Optimismus"-Mastercloser
scheint er kaum zu atmen. Aber er wird niemals nervös, wenn etwas falsch läuft. Ganz im Gegenteil: Er ist ruhig und geduldig, immer auf der Suche nach einer soliden und gerechten Lösung für in-
terne Probleme oder externe Hindernisse. Er bewahrt immer einen
kühlen Kopf, wo ein emotionalerer Manager eine schlechte Situation sogar noch verschlimmert.

Der „Playboy"-Mastercloser

Wie dieser Mastercloser seine Arbeit erledigt, versteht kein Mensch. Aber er tut es, und er tut es gut. Der „Playboy"-Mastercloser hat grundsätzlich viel Spaß – im Geschäft genauso wie im Privatleben. Er motiviert durch seine innere Freude an der Arbeit genauso effektiv wie der einschüchternde Manager durch Mißfallensäußerungen. Er genießt seine Arbeit und sein Spiel – manchmal beides zur gleichen Zeit.

Was aber läßt sich über ihn sagen? Die Höhergestellten können sich nicht beschweren, weil die Leistung seiner Verkaufsleute ausgezeichnet ist. Egal wie müde er nach einem Wochenende oder einer nächtlichen Eskapade ist, er hat doch immer sein Geschäft unter Kontrolle und hält es in Ordnung.

Er kann auch nicht dafür beschuldigt werden, jemanden mit seiner „hedonistischen" Art zu korrumpieren, da er viel zu besonnen ist, sich mit dem Personal über die Grenzen von Büropartys hinaus einzulassen. Sobald er in sein Büro kommt, verbreitet der „Playboy" den Flair seines „Eau de Charisme". Die Verkäufer leisten eifrig ihr Bestes, um sich in der Popularität ihres Managers sonnen zu können und um der Illusion näher zu kommen, sie könnten sein wie er.

Diesen Mastercloser-Typ gibt es selten. Er verbindet eine wahre unbekümmerte Persönlichkeit mit einem guten Sinn für Geschäfte. Er kann seine Produkte allein dadurch verkaufen, indem er wenig mehr als seinen Charme einsetzt. Er kennt all die kleinen Tricks des Verkaufsgeschäfts und wendet diese auch an, wenn es darum geht, Verträge abzuschließen. Er regt seine Verkäufer an, genauso zu verfahren, auch wenn sie nicht über seine natürlichen Fähigkeiten verfügen, einen Vertrag nur durch Charme abzuschließen. Einige der Verkäufer wissen nicht genau, wie sie mit dieser Art von Verkaufsmanager umgehen sollen. Vielleicht ist der Closer etwas eifersüchtig, oder er versteht nicht recht, wie sein Mastercloser „funktioniert". Doch was es auch immer für Unterschiede zwischen den Verkäufern und diesem ungewöhnlichen Typ von

Verkaufsmanager geben mag – sie sind auf lange Sicht nicht von Bedeutung. Die Quintessenz für jeden, der in den Verkauf involviert ist, ist die, daß dieser „Playboy"-Salesmanager letztendlich die besten Verkaufsergebnisse von seinen Verkäufern erhält.

Der „Playboy" hat Erfolg – obwohl er sich eher ein angenehmes Leben macht –, weil sein Lachen echt ist. Er ist aufrichtig glücklich, wenn er seine Mitarbeiter am Morgen sieht. Es ist dabei nicht von Bedeutung, daß seine Freude die Bewunderung der Mitarbeiter anzieht, da meist eine gute Stimmung herrscht. Er genießt seine Arbeit ernsthaft wie ein Spiel, und das Verkaufen kann ihm genauso viel Spaß bereiten wie ein Tennismatch oder eine romantische Eroberung. Diejenigen, die ihm seine dominante Beliebtheit übelnehmen, gewinnt er mit seiner glänzenden Verkaufstechnik und mit seinem Wissen in diesem Geschäft. Auch wenn der „Playboy" die einzelnen Details nicht so gut im Griff haben mag wie vielleicht der „Wall-Street"-Mastercloser, es gibt immer jemanden, der bereit ist, dem „Playboy" zu helfen. Da die Geschäfte meist gut laufen, kann er es sich leisten, einen Morgen freizunehmen, um mit den Vorgesetzten Golf zu spielen, oder er kann früher aufhören, um mit wichtigen Kunden essen zu gehen.

Während einige seiner Kritiker glauben, daß er mit seinen Gedanken nicht bei den Geschäften ist, überrascht der „Playboy", indem er sich in den Verkauf und das Verkaufsmanagement einarbeitet. Er ist ein wahrer Verkaufsprofi, der die Verantwortung gegenüber seinen Verkäufern und seiner Firma voll akzeptiert.

Vergessen Sie einfach den Verkauf und lassen Sie sich überraschen! Dieser Mastercloser erscheint plötzlich mit genügend Kraft und Energie aus dem Nichts, um die Dinge schnell vom Tisch zu bekommen. Genauso wie er es liebt, eine angenehme Zeit zu verbringen, so liebt er es auch, viel Geld zu verdienen – nicht nur für sich selbst, sondern auch für seine Verkäufer. Welcher andere Mastercloser-Typ kann so galubwürdig das Gefühl vermitteln, daß sich ein gutes Verkaufsergebnis für ein angenehmes Privatleben auszahlt?

Der „Nach-dem-Buch"-Mastercloser

Dieser Typ Mastercloser scheint genau das Gegenteil des „Play-boy"-Masterclosers zu sein. Er scheint nicht zu wissen, wie man Freude haben oder weitergeben kann – außer am „Zahltag". Dieser Manager lächelt nicht oft, weshalb die Loyalität zwischen seinen Closern und ihm rein finanzieller Natur bleibt.

Der „Nach-dem-Buch"-Mastercloser ist ein Firmenmensch. Während die Closer, die mit ihm arbeiten, ihre Karriereziele zu einem Maximum erfüllen, dämpft die starke Bindung des Masterclosers an seine Firma alle wahren Freundschaften oder jede Beziehung zwischen ihm und seinen Mitarbeitern. Die Closer haben große Achtung vor diesem Manager – und dies ist auch die Zauberformel, die es dem „Nach-dem-Buch"-Mastercloser ermöglicht, sich auszuzeichnen.

Am besten kommt er mit den echten professionellen Verkäufern aus, die seine unaufdringliche Kompetenz schätzen. Der „Nach-dem-Buch"-Mastercloser wird jeder Verantwortung gerecht, die er gegenüber seinen Closern und seiner Firma hat. Kein anderer Mastercloser kann ihn in dieser Hinsicht schlagen.

So clever er jedoch auch im Geschäftsleben sein mag, so hat er doch Probleme in bezug auf persönliche Beziehungen oder auf „Menschenkenntnis". Es wird dem Mastercloser manchmal übelgenommen, daß er zu sehr Firmenmensch ist, aber er versucht im Umgang mit seinen Mitarbeitern immer, gerecht zu sein. Wenn sich ein Closer einem solchen Vorgesetzten mit dringlichen Problemen nähert, so wird dieser firmenorientierte Manager den Verkäufer allerdings auch nicht hängenlassen. Sein Herz ist nicht im Safe der Firma eingeschlossen.

Die Closer haben Respekt für den „Nach-dem-Buch"-Mastercloser, der, ob er nun mit seiner Bewertung von Problemen richtig liegt oder nicht, sich immer fest überzeugt von seiner Entscheidung zeigt. Auch wenn er für manche zu konsequent erscheint, hat er immer einen Standpunkt zu einem Thema, und er läßt es nie zu, daß ein Problem in einer Reihe von ergebnislosen Meetings dahinschwelt. Sein berechenbares Verhalten ist für die einen langweilig, aber für andere wiederum sehr angenehm.

Als gefährdete Spezies in der Wirtschaft werden diese „Nach-dem-Buch"-Mastercloser sehr von den etwas konservativeren Verkäufern geschätzt, denen es nichts ausmacht, sich an die hergebrachten Regeln des Verkaufsspiels zu halten. Verkäufer, die meinen, daß Firmengesetze dazu da sind, daß man sie verbiegt oder bricht, sollten besser rechtzeitig die Stellenangebotsanzeigen studieren, bevor sie sich in der mißlichen Lage befinden, sich eine neue Arbeitsstelle suchen zu müssen.

Es ist nicht leicht, mit solchen Managern zu arbeiten, und es ist beinahe unmöglich, ihr Freund zu sein. Closer, die mit der „Nur Arbeit, kein Spaß"-Haltung dieses Masterclosers klarkommen, können geschäftlichen Erfolg haben. Der „Nach-dem-Buch"-Mastercloser neigt dazu, einen loyalen Kern von Closern um sich zu gruppieren, obwohl diese eine wesentlich weniger enge emotionale Bindung zu ihrem Manager haben als andere „Apostel" oder „Favoriten". Aber es ist ja auch kein Geheimnis, daß selbst einige gut funktionierende Ehen nicht auf Liebe beruhen.

Der „Lehrer"-Mastercloser

Jeder Verkäufer wäre glücklich, wenn er sich in der Mannschaft dieses Managers befinden würde. Der „Lehrer"-Mastercloser ist einer der Besten. Er ist nicht nur gut in seinem Beruf, sondern er liebt es auch, sein Fachwissen mit anderen zu teilen. Er ist ein hervorragender Ausbilder, der sich immer die Zeit nimmt, sich mit einem Verkäufer hinzusetzen und ihm in Einzelheiten die Taktik des Verkaufens zu erklären oder Strategien im Umgang mit Kunden. Dieser uneigennützige Salesmanager-Typ ist nicht auf den Erfolg anderer eifersüchtig. Im Gegensatz zum „Angst-und-Schrecken"-Mastercloser kann er sich über den Erfolg einer neuen Verkaufskampagne bei einer Konkurrenzfirma oder -abteilung freuen. Denn er ist so gierig nach neuen Verkaufstechniken, wie der „Nach-dem-Buch"-Mastercloser diese leid ist.

Der „Lehrer"-Mastercloser läßt die täglichen neuen Verkaufsinformationen im Büro zirkulieren, so daß andere Manager und ihre Verkäufer davon lernen können und somit nicht nur die Firma verbessern, sondern das ganze Berufsbild des Verkäufers. Er ist der ideale Lehrer zur Einarbeitung eines neuen Verkäufers, da er auf diesem Gebiet ein ewiger Student ist. Er versteht die Closer vollkommen, da er selbst immer einer bleiben will. Dieser „Lehrer" hilft einem Verkäufer tatkräftig bei beruflichen oder privaten Problemen. Er glaubt, dies sei Teil seiner Arbeit, wohingegen der „Playboy"- oder der „Nach-dem-Buch"-Mastercloser das Training oder die Beratung eher als Verschwendung kostbarer Zeit betrachtet. Der „Lehrer"-Mastercloser kann für gewöhnlich ebenso dank seiner langjährigen Erfahrung ausbilden wie aufgrund der Lektüre neuester Trends. Er wäre überall einer der besten Closer, wenn er an die Front zurückkehren würde; er ist nicht einer von denen, die managen, weil sie das Handwerk selbst nicht beherrschen.

Dieser Typ Mastercloser ist nur schwer zu finden, aber es gibt auf der ganzen Welt keine Verkaufsmannschaft, die nicht gerne den „Lehrer"-Mastercloser an Bord hätte. Denn es gibt nirgendwo einen Closer, der nicht wertvolle Insideransichten erhielte, wenn er diesem talentierten Mastercloser zuhört und sich Notizen macht. Dies heißt jedoch nicht, daß jeder Verkäufer diesen „Lehrer"-Mastercloser leiden kann. Ein paar sehr zurückhaltende Mitarbeiter könnten diesen Managertyp als Wichtigtuer abtun. Vielleicht brauchen sie die intensivere, eher emotionale Unterstützung, die von anderen oben vorgestellten Managertypen angeboten wird.

Für die meisten Closer besteht jedoch schon allein aus Dankbarkeit ein guter Kontakt zu dem „Lehrer"-Mastercloser. Diese Verkäufer sind dankbar, daß er sich so oft und so sachkundig nach ihrem Geschäft erkundigt und ihnen in der Sache weiterhilft.

Die unterschielichen Typen von Masterclosern

Der „Wall-Street"-Mastercloser

- ist modisch gekleidet, höflich, hat perfekte Manieren, kommt mit jedem gut aus, ist flexibel und gebildet;
- hat gutes Einfühlungsvermögen, weiß, was er tut und ist entschlossen, führt seine Mitarbveiter erfolgreich.

Der „Good-Old-Boy"-Mastercloser

- ist sportlich und lässig gekleidet, freundlich, mitfühlend, verständnisvoll;
- wird von allen gemocht, das Verkaufsteam ist für ihn wie eine große Familie.

Der „Angst- und Schrecken"-Mastercloser

- ist autoritär wie ein Ausbildungsoffizier, arbeitet mit Zuckerbrot und Peitsche;
- ist sehr hart, aber fair und gerecht und sehr professionell;
- schafft ein loyales professionelles Verkaufsteam.

Der „Mister-Optimismus"-Mastercloser

- ist optimistisch, reißt alle anderen mit;
- hat Vertrauen in sich selbst;
- schafft ein erfolgreiches, glückliches und zufriedenes Verkaufsteam.

Der „negative" Mastercloser

- geht manipulativ vor;
- sein wichtigstes Werkzeug ist die Psychologie des Gegenteils;
- wirkt motivierend, da jeder das Gegenteil des Behaupteten beweisen will.

Der „Nach-dem-Buch"-Mastercloser

- ist ein Firmenmensch, der nicht oft lächelt;
- wird jeder Verantwortung gerecht;
- hat allerdings Probleme in bezug auf Menschenkenntnis

Der „Lehrer"-Mastercloser

- ist sehr gut in seinem Job und liebt es, sein Fachwissen mit anderen zu teilen;
- ist ein hervorragender Ausbilder;
- versteht die Closer, da er selbst immer einer bleiben wird.

Der „positive" Mastercloser

- hat eine gute, gesunde Einstellung zum Geschäft uns zum Leben;
- geht mit einer langsamen, aber beständigen „Du-kannst-es"-Einstellung vor und nimmt sich Zeit.

Der „positive" Mastercloser

Dieser Mastercloser unterscheidet sich, trotz einiger Überschneidungen, von dem oben betrachteten „Mister-Optimismus"-Mastercloser. Natürlich hat der „positive" Verkaufsmanager immer eine gute, gesunde Einstellung zum Geschäft und zum Leben, aber er zeigt dies auf eine eher ruhige Art und Weise. Einen solchen Manager würde man niemals antreffen, während er im Büro herumläuft und allen Verkäufern auf die Schultern klopft, bei Vertreterschulungen plötzlich aufspringt oder ansonsten für einen hohen Adrenalinspiegel sorgt. Das ist nicht seine Art. Tatsächlich ist er mehr als das Gegenstück zum „negativen" Mastercloser. Er schaut einem tief in die Augen und sagt: „Ich weiß, daß du es kannst." Anstatt daß er mit der Psychologie des Gegenteils motiviert, geht der „positive" Mastercloser mit einer langsamen aber beständigen

„Du-kannst-es"-Einstellung vor, die es sogar Schildkröten erlaubt, beim Wettlauf des Verkaufens Hasen zu schlagen.

Dieser Typ des Masterclosers durchschreitet mit einem freundlichen Lächeln ruhig das Verkaufsbüro und zeigt Interesse für das Wohl aller. Er nimmt sich die Zeit, die Probleme eines jeden anzuhören, und er wird alles tun, um zu helfen. Er bewirkt Wunder bei unglücklichen Kunden, und er kann einem deprimierten Verkäufer einen erlösenden Sonnenstrahl mit einigen gewählten Worten der Aufmunterung zukommen lassen. Versagt einer seiner Verkäufer, so wird dieser Mastercloser die besten Eigenschaften dieses Verkäufers oder eine seiner Glanzleistungen hervorheben und ihm Lob zusprechen, wenn der andere es am meisten braucht. Der „positive" Mastercloser ist ein Gewinn für das Sales-Team, weil er jede unangenehme Situation in eine Herausforderung umwandelt, die überwunden werden kann und wird.

Der „positive" Mastercloser spielt seine Closer nicht gegeneinander aus, um deren Produktivität zu steigern, sondern er versucht zu erreichen, daß seine Mitarbeiter harmonisch zusammenarbeiten. Er hat ein Auge dafür, Konfliktstoff zwischen den Closern rechtzeitig auszumachen. Während er für manche Closer vielleicht etwas zu zurückhaltend ist, gewinnt dieser Mastercloser doch die meisten seiner Mitarbeiter dadurch, daß er ein wenig Zuneigung des „Good-Old-Boy" mit einem bißchen von der Führungsqualität des „Lehrer"-Masterclosers verbindet. Die meisten Closer werden alles tun, damit sie für den „positiven" Verkaufsmanager arbeiten können, weil sie etwas von der Ruhe, der Stabilität und von dem Optimismus für die Welt auch jenseits des Verkaufsbüros einsaugen wollen.

Die Mastercloser-Typen, die bisher skizziert wurden, geben dem Leser eine Vorstellung von den vielen verschiedenen und interessanten Persönlichkeiten, die diesen hochspezialsierten Beruf ausmachen. Es sollte nie vergessen werden, daß der Mastercloser, egal welche einzigartige Persönlichkeit er auch immer hat, das Rückgrat einer jeden Verkaufsorganisation ist. Ohne diese starke, charismatische oder tonangebende Führungskraft wären die Closer, egal wie gut sie sind, weniger gut organisiert, hätten einen weniger guten Zusammenhalt, wären damit weniger produktiv und würden konkret weit weniger an Abschlüssen erzielen. Der Mastercloser ist mit einem guten Maß an Mut, Liebe oder Überzeugung gesegnet, und er benutzt diese Gaben auf seine eigene Art, um seine Männer und Frauen auf den Weg des Erfolgs zu führen.

Der „Sidekick" des Masterclosers – seine rechte Hand

Nur wenige Verkaufsmanager können ohne einen kompetenten Partner, ihren Assistenten oder „Sidekick", auskommen. Closer haben viele Spitznamen für diese „Nummer zwei", und die meisten davon – „Lakai", „Kriecher", „Yes-Man" – sind nicht so freundlich wie „Sidekick". Doch wie auch immer die Verkäufer ihn nennen, dem „Sidekick"-Manager kommt eine sehr wichtige Funktion innerhalb der gesamten Verkaufsorganisation zu. Ohne diesen vertrauten Verbündeten, ohne diese „rechte Hand" wäre der Mastercloser verloren.

Denn der Sidekick ist kein Ersatzmann, der um Beförderung bettelt. Er ermutigt und unterstützt den Mastercloser. Er muß Anweisungen ausführen und sich engagieren, jederzeit bereit, falls nötig, die Führung zu übernehmen. Egal wie stark seine Persönlichkeit ist, der „Sidekick" muß sich anpassen, um mit seinem Mastercloser zu harmonieren. Das ist genauso wie bei einer guten Ehe: Jede gute Ehe braucht einen Partner, der großzügig Kompromisse eingehen und dem anderen auf seinem „Spezialgebiet" die führende Rolle überlassen kann.

In zu vielen Fällen sind die „Sidekicks" leider nur mittelmäßige Manager, die von dem jeweiligen Mastercloser, mit dem sie zusammenarbeiten, nicht genug über Führung lernen. Im Idealfall allerdings ist der Assistent der Kopf eines Sales-Teams, dem eine Person übergeordnet ist.

In einer guten Armee und in einer guten Verkaufsmannschaft vermissen die Männer nichts, wenn der Kommandeur einmal nicht da ist, solange der „Sidekick" ebenfalls gut ist. Besonders bei zeitlich begrenzter Abwesenheit des Managers sollte der kompetente Assistent versuchen, das gleiche Arbeitstempo und das gleiche Arbeitsniveau beizubehalten, so daß die Produktivität nicht durch eine Tempoveränderung beeinträchtigt wird. Nur wenn der „Sidekick" seine Karrieresituation verbessert, sollte er langsam die Arbeitsweise insoweit ändern, daß sie seinem eigenen Stil entspricht.

Ein Verkaufsteam unterscheidet sich dadurch von der Armee, daß es hier kein Offizierskasino gibt, um den stellvertretenden Manager (erster Leutnant) von den Verkäufern (Unteroffiziere) zu trennen. Der „Sidekick" kann sich frei unter den Closern bewegen und herausfinden, ob es Probleme zwischen dem Manager und den Verkäufern gibt. Es ist seine Aufgabe, diese Probleme zu lösen oder zu schlichten, bevor sie so groß werden, daß sie den Arbeitsablauf beeinträchtigen. Die besten Assistenten können Dinge glätten, ohne daß es so aussieht, als bevorteilten sie den Manager oder den Closer. Nimmt der „Sidekick" einmal eine Position ein, so wird diese fast immer in der Ecke des Masterclosers sein. (Dies muß er wohl tun, wenn er seinen Job behalten will).

Der „Sidekick" kann seine Bewegungsfreiheit in der Verkaufsmannschaft genießen, wenn er nicht als der Lakai des Chefs verschrien ist. Er muß für die Verkäufer viel Einfühlungsvermögen aufbringen, selbst wenn er der Ansicht ist, der andere sei im Unrecht. Der „Sidekick" muß klarstellen, daß er nicht der Mastercloser ist, und daß er nicht das letzte Wort hat. Dies hält einen Closer davon ab, sich über den stellvertretenden Manager aufzuregen, wenn er anstehende Probleme mit ihm bespricht. Die Verkäufer sollten das Gefühl bekommen, daß der Assistent ein zuverlässiger Verbündeter ist, der ihre Beschwerden oder Argumente dem Mastercloser vorträgt. Mit der Zeit wird der stellvertretende Manager sowohl den Manager als auch den Closer davon überzeugt haben, daß er bei einem Streit ein verläßlicher Befürworter der jeweiligen Partei ist.

Der professionelle „Sidekick"-Manager sollte den gesamten Ge-
schäftsbetrieb genauso kennen wie auch alle Maßnahmen, die zur
Leitung einer effizienten Verkaufsmannschaft durchgeführt werden müssen. Der stellvertretende Manager ist derjenige, der die
Namensverlesung während des Vertretertreffens vornimmt. Er ist
der „Aufmunterer" bei den morgendlichen Besprechungen des Masterclosers, und er sollte genügend über das Thema wissen, um einige intelligente Hintergrundinformationen liefern zu können. Er
ist derjenige, der dafür zu sorgen hat, daß alle Verträge ordnungs-
gemäß unterschrieben und die Büroarbeiten in Ordnung sind.
Wenn die Sachbearbeiter und die Sekretärinnen nicht ihren eigenen Leiter haben, so muß der „Sidekick" eben auch noch Bürolei-
ter sein.

Der stellvertretende Manager ist derjenige, der den Meckereien, alten Geschichten und schlechten Witzen des Masterclosers zuhören
muß. Er muß sowohl den emotionalen Bedürfnissen des Chefs
nachkommen als auch dessen geschäftlichen Anforderungen. Es
kann unangenehm sein, die zweite Geige des „Angst-und-
Schreckens"-Masterclosers zu spielen, und es kann Spaß machen,
Assistent des „Playboy"-Masterclosers zu sein.

Natürlich gibt es auch Verkäufer mit einem unglaublichen Talent,
in mißliche Lagen zu geraten. Und es entwickeln sich Persönlich-
keitskonflikte unter den Verkäufern, zu deren Klärung der „Sidekick" nicht einfach Hilfe holen kann. Er muß die Probleme selbst
lösen, bis alles wieder gut funktioniert und der positive Teamgeist
das Bild beherrscht.

Für den „Sidekick" gilt eine ungeschriebene Grundregel: Er sollte
die schwache Seite des Masterclosers schützen und im Auge behalten, und er soll den Manager freihalten von irgendwelchen
schädlichen Aussagen oder negativen Meinungen, die innerhalb
der Verkaufsmannschaft oder der Firma zirkulieren. Solche Aussagen oder boshaften Gerüchte können von unbedeutenden Rivalitä-
ten oder aber auch von ernstzunehmenden Vorfällen herrühren,
aber sie können die Effektivität des Managers schmälern und so
den Verkaufserfolg beeinträchtigen. Der „Sidekick" darf sich nie-

mals der Illusion hingeben, eine Welle der Unzufriedenheit oder ein Skandal werde ihn nach oben bringen. Bei vielen Entlassungen „gehen" die Assistenten mit ihrem Chef.

Genauso wie der Assistent der „Spionagechef" des Masterclosers ist, so muß er auch wachsam für alle Entwicklungen in der Hierarchie sein, die zwischen ihm und seinen direkten Chef stehen. Denn ein rechtzeitiges Vorgehen nach der „Diplomatie auf Zehenspitzen" kann dem Mastercloser verbergen, daß eine Karriereverbesserung auf dem Plan steht. Der Job, den Sie retten, könnte Ihr eigener sein.

Wie Sie sehen, hat der „Sidekick" viele wichtige Funktionen, die die Dinge in Gang halten. Er ist viel mehr als nur ein Kindermädchen, ein Friedensstifter oder ein Freund für Closer oder Mastercloser. Er ist derjenige, der die Verkaufsmannschaft zusammenhält, so daß die Closer die Arbeit tun können, die sie am besten beherrschen: das Verkaufen, und der Mastercloser den Job, für den er bezahlt wird: die Führung des Sales-Teams.

Es gibt genauso viele Typen von stellvertretenden Managern, wie es Manager selbst gibt. Lassen Sie uns drei Haupttypen des „Sidekick" untersuchen:

– den positiven Sidekick,
– den negativen Sidekick und
– den Yesman-Sidekick.

Der „positive" Sidekick

Dieser Assistent erhellt das Büro mit seiner Begeisterung. Er liebt seine Arbeit, ist nicht besorgt um seine Position oder seine Aussichten, selbst den Sessel des Masterclosers einnehmen zu können. Seine Zufriedenheit beruhigt die Closer und sogar die Kunden; der Mastercloser vertraut auf die Fähigkeiten seines Assistenten im Bereich der Kontaktpflege. Vielleicht ist dieser „Sidekick" sogar talentierter als sein Chef, aber das läßt er niemals durchblicken. Wird seine Initiative verlangt, spornt er den Mastercloser zum richtigen

Zeitpunkt ruhig und mit Charme an, so daß der Chef nicht merkt, daß sein Assistent eigentlich das Sagen hat. Genau wie dieser Sidekick weiß, wie weit er und sein Chef die einzelnen Verkäufer antreiben können, so weiß er, wie weit er bei seinem Chef gehen kann.

Der „positive" Assistent hat keine Feinde. Die Closer spüren, daß er ihr Freund und Fürsprecher in jeder schwierigen Situation mit dem Chef ist. Er arbeitet daran, die Harmonie zwischen den Verkäufern und dem Management und unter den Verkäufern aufrechtzuerhalten. Der „positive" Sidekick möchte nur, daß die Closer weiterhin auf Umsatz eingestellt bleiben, und daß keine Energie für „negative" Streiterei vergeudet wird. Dieser Typ des Assistenten beruhigt sowohl seinen Chef als auch die, die unter ihm stehen mit seiner „Alles-wird-gut-gehen"-Haltung; sein Stil macht ihn zu einer wertvollen Kraft der Firma.

Der „negative" Sidekick

Oberflächlich betrachtet sieht es so aus, als möge dieser Assistent des Masterclosers weder seinen Job noch die Closer – und schon gar nicht die Kunden. Dieser „negative" Assistent hat gewöhnlich ein entschiedenes „Nein!" für die Closer bereit, die einen neuen Verkaufsansatz ausprobieren möchten oder etwa Hilfe bei ihren privaten Finanzen benötigen. Dieser konsequente Negativismus ist seine Art, die für ihn nötige Wand aufzubauen, die ihm einen reibungslosen Umgang mit seinen Untergebenen ermöglicht. Wenn die Closer von ihm allerdings einmal eine bestätigende Antwort oder einen positiven Kommentar erhalten, werden sie von dieser unerwarteten Anerkennung angespornt – genau wie ein Verhungernder, dem man ein Steak hinwirft. Indem er seine Verkäufer psychisch hungrig hält, bleiben sie finanziell einigermaßen zufrieden und arbeiten maximal.

Dieser Arbeitsstil des Assistenten muß allerdings wesensgemäß sein. Für jeden anderen wäre es verhängnisvoll zu versuchen, seine Methode und seinen Stil zu imitieren. Dieser Typ des Master-

Sidekick gewinnt nicht nur die ungern gegebene Loyalität der Closer, sondern er wird auch von den Oberen geschätzt und respektiert. Der entsprechende Mastercloser dieses Sidekick könnte allerdings weder der „positive" noch der „Mister-Optimismus"-Typ sein. Im Gegenteil muß der „negative" Sidekick entweder mit einem zurückhaltenden Mastercloser arbeiten oder mit einem, dessen Arbeitsweise nicht mit seinem eigenen Stil kollidiert.

Der „Yesman"-Sidekick

Wie der Name schon sagt, ist die wichtigste Aufgabe dieses Assistenten, dem Ego des Masterclosers immer wieder Auftrieb zu geben. Der „Jasager"-Assistent ist mehr als nur ein kompetenter Ausführer der Befehle seines Masterclosers, er ist auch ein gelernter Macher. Er kennt das Verkaufsgeschäft gut genug, um die Position der Closer einnehmen zu können. Ebenfalls kennt er die Vertragsgestaltung und die Büroarbeit in- und auswendig und muß deshalb seinen Vorgesetzten nicht mit Verfahrensangelegenheiten zur Last fallen. Er arbeitet ausdauernd und ist 24 Stunden bereit. Nichtsdestoweniger hat er die Energie und die Loyalität, den Mastercloser zu unterstützen, wenn dies erforderlich ist.

Das klingt so, als erfülle dieser Typ des Sidekick selbst die Voraussetzungen für einen Mastercloser. Das ist zwar richtig, aber im Moment ist diese „Partner"- oder „Nummer-zwei"-Position genau das, was er für das aktuelle Stadium seine Lebens will. Er gewinnt daraus Befriedigung, daß er ein hervorragender Yesman ist. Wenn eine höhere Position ruft, so kann er diese genausogut einnehmen, wie er zu einer anderen Firma wechseln kann. In der Zwischenzeit hält er fröhlich Schritt mit dem Tempo der anderen.

Der einzig schwacher Punkt liegt beim Yesman-Assistenten darin, daß er daran arbeiten sollte, eine etwas liebenswertere Person zu werden. Er hilft seinen Closern und wächst über sich hinaus, um den Kunden zu helfen, aber man kann die ärgerliche Tatsache nicht übersehen, daß er immer in allem mit seinem Chef, dem Mastercloser, übereinstimmt. Egal, was der Mastercloser sagt, ob es um Verkauf, Politik oder Sport geht oder ob er abgestandene Witze erzählt, der „Yesman“ wird fast immer die Ansichten seines Managers teilen.

Es kann den Closern auch auf die Nerven gehen, daß der „Yesman“-Assistent immer der Firma treu ergeben ist, sei es nun bei Betriebsausflügen oder bei formellen Abendessen. Hinter dem Rücken des „Jasagers“ spötteln die Closer, daß der Assistent das gleiche Auto wie der Mastercloser fährt und den gleichen Anzug trägt, um sich bei ihm einzuschmeicheln. Diese unterwürfige Neigung, den Mastercloser zu imitieren, unterhöhlt die Achtung der Mitarbeiter für den „Yesman“-Sidekick.

Ironischerweise ist die hauptsächliche Motivation für diese Imitation des „Jasagers“ diejenige, daß er in seinem Innersten genauso von den Closern respektiert und gemocht werden möchte, wie diese ihren Mastercloser mögen und respektieren. Wenn der „Jasager“ dann irgendwann in eine eigene hohe Managerfunktion hineinwächst, wird er wahrscheinlich erkennen, daß er vollen Respekt nur für die Persönlichkeit erhalten kann, die er tatsächlich ist, und nicht für die, die er gerne wäre. Sogar bevor er sich aus eigener Kraft zu einem Mastercloser entwickelt, genießt dieser Typ des Sidekick mehr Bewunderung, als er glaubt – und zwar dafür, daß er eine großartige Arbeit für sein Unternehmen leistet.

Auch der einzigartigste und charismatischste Manager hat oft eine ähnliche Lernphase als „Jasager“ durchlaufen. Schauen Sie sich doch nur in der Welt der Profisportler um. Die meisten der führenden Trainer in den Top-Mannschaften von heute waren vor kurzem noch Co-Trainer und befolgten die Anweisungen von jemand anderem. Sie sehen also, daß das „Jasagerdasein“ keine unheilbare Krankheit ist. Es kann jedoch für jemanden, der sich nur im Schatten einer dominanten Führerpersönlichkeit sicher fühlt, ein Elend während des ganzen Berufslebens bedeuten.

Die verschiedenen „Sidekick"-Typen

Der Sidekick ist kein Ersatzmann, sondern die „rechte Hand" des Masterclosers.

Der „positive" Sidekick

- liebt seine Arbeit;
- seine Zufriedenheit wirkt beruhigend auf den Closer;
- spornt ihn aber zum richtigen Zeitpunkt an.

Der „negative" Sidekick

- hat für gewöhnlich ein entschiedenes „Nein!" für die Closer bereit;
- baut eine für ihn nötige Wand um sich auf.

Der „Yesman"-Sidekick

- seine wichtigste Aufgabe ist, dem Ego des Masterclosers immer wieder Auftrieb zu geben;
- teilt fast immer die Ansichten seines Managers.

Das „Make-up" des Masterclosers

Es gibt ebenso viele Wege, ein erfolgreicher Mastercloser zu werden, wie es Menschen mit den verschiedensten Qualitäten gibt, die diesen Job anstreben. Der einzige gemeinsame Nenner ist Brillanz und das „sich-selbst-entzündende-Führungselement". Alle Profile professioneller Mastercloser beinhalten diese Fähigkeit, sich selbst zu motivieren und zu ermutigen und somit andere anzustecken.

Diese spezielle Fähigkeit ermöglicht es dem potentiellen Mastercloser immer, einen Schritt voraus zu sein, wenn es darum geht,
Ziele zu erreichen und Verpflichtungen zu übernehmen. Das „sich
selbst entzündende Führungselement" kann auch als ein starker in-
nerer Glaube an sich selbst beschrieben werden, als ein Selbstvertrauen, das so fühlbar ist, daß der einzelne die anderen inspiriert,
an ihn zu glauben.

Der eigene Charakter muß von Natur aus einen Funken dieses Führungselements enthalten, da es auf der ganzen Welt keine in Büchern beschriebenen erlernbaren Fähigkeiten gibt, die ausreichen,
um ein hervorragender Salesmanager zu werden und nicht nur den
Durchschnitt zu erreichen. Es ist zu hoffen, daß der Leser seinen
Weg zur Beherrschung des Managements in diesem Buch finden
kann und lernt, seine inneren Flammen des Ehrgeizes in dieser
sich selbst enzündenden Flamme zu entfachen, um sie, einem
olympischen Fackelträger gleich, weitergeben zu können.

Im 3. Kapitel, „Vorbereitung des Verkaufsteams", finden Sie mehr
Einzelheiten darüber, wie man dieses magische „selbstentzün-
dende Führungselement" erreichen und einsetzen kann.

Der Background des Masterclosers

Allerdings gibt es eine zielgerichtete Ausbildung oder einen idealen Abschluß, der jemanden für den Beruf des Masterclosers prä-
destinierte, nicht. Die wichtigsten „Noten" sind immer noch die
der „School of Hard Knocks" – und das bedeutet: immer wieder an
den wichtigen Türen klopfen, geduldig Kontakte knüpfen, die einen schließlich weiterbringen können.

Jeder Mastercloser hat seine eigene einzigartige Geschichte in bezug auf seinen Hintergrund beziehungsweise seine Ausbildung.
Zum Beispiel haben einige Verkaufsmanager niemals das Abitur
gemacht, während andere einen Doktorgrad von einer der besten
Universitäten der Welt vorweisen können. Akademische Grade
sind in diesem Geschäft aber keine Bedingung. Einige Masterclo-

ser kommen aus stabilen und wohlhabenden Familien, wohingegen andere aus zerrütteten Elternhäusern, in denen das Geld durchaus knapp war, stammen. Eine konfliktfreie persönlichen Vergangenheit könnte jemanden zu einem „Wall-Street"-Mastercloser werden lassen, wohingegen der Schmerz und die emotionale Entbehrung einer konträren Biographie jemanden dahin bringen könnte, als „Angst-und-Schrecken"-Mastercloser zu wirken.

Qualitative Unterschiede des Backgrounds machen auf lange Sicht jedoch nicht allzu viel aus. Manieren, Etikette, sicheres Auftreten und Niveau können von den meisten Menschen erlernt werden. Alles, was man braucht, ist dieser Funke an Begeisterung und die Motivation, aus Büchern zu lernen, sowie die Fähigkeit, Erfolgsrezepte verinnerlichen zu können.

Es muß jedoch daran erinnert werden, daß die Person, die ein wahrer Mastercloser werden will, unabhängig von seinem Hintergrund oder seiner Ausbildung, zwei weitere Eigenschaften haben muß, die nicht vollkommen erlernbar sind. Diese zwei Schlüsseleigenschaften lauten:

– Glaube an sich selbst und
– dieses wunderbare, kompromißlose Wort, welches *Mut* heißt.

Für den Mastercloser spielt es übrigens keine Rolle, wie alt er ist. Er kann ein Wunderkind oder ein Patriarch von 75 Jahren sein. Es ist wirklich egal, solange er seine Verpflichtungen gegenüber seiner Verkaufsmannschaft kennt und diese professionell ausführt.

Ein junger Mann mit außergewöhnlicher Haltung kann das „sich-selbst-entzündende Führungselement" von Selbstvertrauen, Eigenmotivation und Glaube von Natur aus haben, während ein älterer Mann diese Eigenschaften während seiner 40jährigen Laufbahn in diesem Geschäft erworben hat. Das Funkeln seiner Augen und der Tonfall seiner Stimme sagen seinen Closern immer noch: „Geht und packt sie", wenn auch sein Händedruck vielleicht nicht mehr ganz so fest ist, wie er einmal war.

Nehmen Sie sich bitte auch folgende Anmerkung zu Herzen: Sie können kein Erfolgsteam leiten, indem sie mit Ihrem Lebenslauf winken und ständig Ihre vergangenen Erfolge beschwören. Damit können Sie vielleicht im Personalbüro Eindruck schinden; die Closer wollen jedoch lediglich wissen, was Sie in letzter Zeit konkret für sie getan haben und was Sie in Zukunft für sie tun werden. Closer können auf Anhieb sagen, ob ein neuer Verkaufsmanager ein Gewinner- oder Verlierertyp ist.

Die ganze „feurige" Metaphorik des „sich-selbst-entzündenden Führungselements", die den Mastercloser auszeichnet, ist kein Zufall. Man kann mit einer einzigen Flamme hunderte von Feuern entfachen, ohne dabei die ursprüngliche Flamme zu verlieren. Genauso ist es mit dem speziellen motivierenden Feuer eines Masterclosers. Sein glühender Enthusiasmus verbreitet sich über das Büro bis das ganze Team „heiß" ist und auf Erfolg brennt. Die Glut eines erfolgreichen Teams von Closern geht wiederum auf den Mastercloser über und heizt ihn seinerseits wieder auf. Mastercloser kennen die Tatsache, daß das, was man gibt, auch immer wieder zu einem selbst zurückkehrt.

Das Vertrauen in andere ist für einen Mastercloser genauso wichtig wie der Glaube an sich selbst. Sogar der „negative" Mastercloser kann den Verkäufern vermitteln, er wisse in seinem tiefsten Innersten, daß sie ihr Fach beherrschen. Doch der Glaube an sich selbst ohne die Fähigkeit, Sympathie unter den Mitarbeitern zu entfachen, wird nur als Arroganz interpretiert. Kein Background der Welt kann einen Mastercloser davor bewahren, als ichbezogen und als nicht-teamorientiert bewertet zu werden.

Der gesunde Menschenverstand

Mastercloser handeln nicht nur im Geschäft und in Verkaufssituationen intelligent, sie besitzen auch ein gutes Maß an gesundem Menschenverstand. Ohne diesen Menschenverstand, der tagein, tagaus für den Manager arbeitet, gäbe es nirgendwo ein Sales-Team oder eine Vertriebsgesellschaft, die sich nicht schließlich selbst zerstören würde.

Täglich gibt es Vorfälle, die der Mastercloser nicht dadurch lösen kann, daß er in einem Fachbuch nach einer Antwort blättert. Viele Probleme haben mit Closern und ihrem Talent, in unangenehme Situationen zu geraten, zu tun. Der Mastercloser trägt die Verantwortung dafür, daß die Probleme vom Tisch kommen, und dabei hat derjenige Manager Erfolg, der seinen gesunden Menschenverstand einsetzt. Kommt ein Closer beispielsweise unter Einfluß von Tabletten oder Alkohol zur Arbeit, so wird ein Manager mit Menschenverstand die beste Lösung finden, ohne gleich übertrieben emotional zu reagieren (wie etwa eine sofortige Kündigung) oder auf eine allzu überlegte Maßnahme, die auf dem fachlichen Rat irgendeines Allerweltspsychologen basiert, zurückzugreifen.

Der wahre Mastercloser kann die Situation zum Vorteil aller abwägen. Haben Walter Whiskey oder Catherine Cocaine der Firma niemals Nutzen gebracht, und könnten sie in ihrem jetzigen Zustand die Firma in eine peinliche Lage bringen, so würde der gesunde Menschenverstand eine diskrete aber umgehende Entlassung vorschreiben. Für den Fall aber, daß Walter und Catherine der Firma einige Jahre gute Dienste geleistet haben, muß der Mastercloser jedoch alles tun, um die Arbeitsleistung der Closer zu erhalten. Hierbei muß sich der Manager auf seine Kenntnis über den jeweiligen Closer verlassen.

Handelt es sich um Leute, die Kritik vertragen können, so wird der Mastercloser sie in der Ungestörtheit seines Büros nach ihren Problemen befragen. Er wird einerseits Mitleid zeigen, andererseits jedoch auch eine feste Haltung einnehmen. Dem Closer wird eine Art „Probezeit" oder ein verlängerter Urlaub eingeräumt, damit er von seiner Sucht loskommen kann. Der gesunde Menschenverstand empfiehlt dem Mastermanager, zu diesem Zeitpunkt nicht von einer endgültigen Entlassung zu sprechen, da ein talentierter Closer sich jederzeit wenden und seine wiederentdeckten Fähigkeiten bei der Konkurrenz einsetzen kann.

Würden Walter oder Katharina eine offene Auseinandersetzung keinesfalls unbeschadet überstehen, so muß der Mastercloser mit seinem gesunden Menschenverstand improvisieren. Er wird an sei-

nen geplagten Closer eine Notiz übermitteln, in der es heißt, daß
für den Closer zwei Wochen bezahlter Urlaub am nächsten Tag beginnen und daß diesem zwei Wochen unbezahlter Urlaub ange-
hängt werden. Drogen oder Alkohol werden nicht erwähnt, aber
der Closer wird die Mitteilung klar und deutlich verstehen, wenn
er liest: „Wir schätzen Ihre Arbeit und freuen uns darauf, Sie in
vier Wochen in alter Frische wiederzusehen." Der Closer kann somit sein Gesicht wahren und braucht sich nicht allzu sehr bestraft
zu fühlen, wenn er nach dem Kampf gegen seine Dämonen in das
Unternehmen zurückkehrt.

Gesunder Menschenverstand ist nicht nur ein Werkzeug, sondern
auch eine besondere Gabe, die alle Mastercloser genießen. Der
Verkaufsmanager nutzt diese besondere Gabe in schwierigen Situationen wie der oben genannten in der gleichen Weise, wie ein
Philosoph die Logik anwendet. Ein Meister des allgemeinen Men-
schenverstandes wird:

– zuerst das Problem analysieren,
– dann die Alternativen abwägen
– und schließlich eine solide Lösung finden, die für alle Beteiligten am besten ist.

Der gesunde Menschenverstand kann nicht wie die anderen Eigenschaften des Masterclosers automatisch oder in einem Klassenzimmer erlernt werden. Er muß allmählich durch die tägliche Erfahrung erworben werden. Ein Assistent, der seinen gesunden Menschenverstand weiterentwickeln möchte, sollte das Handeln und
die Gedankengänge seines Masterclosers studieren. Vielleicht sollten er konkret auftauchende Verkaufsprobleme und die entspre-
chenden Lösungen niederschreiben. Diese Aufzeichnungen können ihm als Leitfaden bei der Fehlerlösung dienen, wenn er mit
ähnlichen Problemen als Manager umgehen muß.

Ein Verkaufsmanager wird täglich mit neuen und herausfordern-
den Problemen konfrontiert. Dazu gehören Personalprobleme und
Schwierigkeiten im Geschäft. Der einzige Weg, als Sieger hervor-
zugehen, ist derjenige, alle emotionalen Reaktionen zu elimi-
nieren, seine Instinkte zu überprüfen und seinen Menschenver-

stand einzusetzen. Muß ein Mastercloser ständig Antworten nachschlagen, Übergeordnete um Rat fragen oder seine Assistenten konsultieren, so sollte er besser eine andere Arbeit suchen. Diejenige, die er jetzt hat, wird ihm einen frühen Tod bescheren.

Sind Sie ein glücklicher, produktiver Stellvertreter, haben jedoch keinen gesunden Menschenverstand, um das Schiff alleine zu lenken, dann geben Sie es auf. Der Menschenverstand eines Masterclosers kommt nicht automatisch mit einem neuen Büro oder einem besseren Gehalt. Überwinden Sie Ihren Stolz und sagen Sie der Firma, daß sie besser einen neuen Manager einstellen soll; erzählen Sie ihren Vorgesetzten, Sie seien auf der Position zwei glücklicher und produktiver. Der Mut, spontan wichtige Entscheidungen treffen zu können, ist das Kennzeichen eines hervorragenden Masterclosers. Für einen Stellvertreter ist es auch schon mutig, zuzugeben, daß er zur Übernahme einer größeren Verantwortung nicht in der Lage ist.

Nennt man die Eigenschaften und Verhaltensmuster eines Masterclosers, sollte man nicht vergessen, daß er mit all seiner Inspirationskraft, seinem Menschenverstand und seinem Mut dennoch nur ein menschliches Wesen ist. Er hat die gleichen Kopfschmerzen und denselben Kummer, die gleichen emotionalen und physischen Schmerzen und Sorgen wie jeder andere auch. Doch der große Unterschied zwischen dem Mastercloser und anderen Leuten innerhalb oder außerhalb der Verkaufsfirma ist die Art, wie er mit seinen täglichen Problemen umgeht.

Selbstvertrauen

Das Selbstvertrauen eines Masterclosers ist herausragend. Er denkt und handelt anders als andere Leute, weil er eine natürliche Führungspersönlichkeit und ein Problemlöser ist. Muß er zum Beispiel zu einem wichtigen Treffen fliegen, und die Fluggesellschaft, bei der er gebucht hat, wird bestreikt, so weigert er sich einfach, auf dem Boden zu bleiben. Auch wenn alle anderen Fluggesellschaften völlig ausgebucht sind, so wird er nicht wie all die anderen einfach nur herumstehen und auf eine Stornierung warten, sondern er wird zu einem anderen Flughafen fahren, um von dort einen Flug zu bekommen, oder er wird vielleicht sogar ein Privatflugzeug mieten, wenn seine Firma davon profitieren könnte.

Der Mastercloser kennt keine Niederlage – schon deshalb nicht, weil dieses Wort in seinem Wortschatz nicht vorkommt. Seine verantwortungsbewußte Persönlichkeit offenbart sich auch in Bereichen, die die eigentliche Problemlösung nicht umfaßt. So zum Beispiel, wenn der Mastercloser gerade von einem Kaufhaus kommt, in dem kleine Bäumchen in Übertöpfen angeboten werden. Er hat die Idee, daß ein halbes Dutzend dieser Bäumchen genau das ist, was das Verkaufsbüro benötigt, um noch attraktiver zu werden, und natürlich werden diese Bäumchen noch am selben Nachmittag angeliefert. Der Firmenchef vezeiht dem Manager nicht nur diesen Spontaneinkauf, sondern ihm wird auch das „neue" Büro so gut gefallen, daß er noch Monate später schwören wird, daß diese Bäumchen für den neuesten Aufschwung bei den Umsatzzahlen verantwortlich sind.

Der Mastercloser ist so berechnend wie ein entschlossener Unternehmer und dennoch intuitiv wie ein Künstler. Er verbindet sein Selbstvertrauen mit der Bereitschaft, Risiken einzugehen; er setzt auf diejenigen, denen er vertraut, verbunden mit einem umsichtigen Sinn dafür, wann er gehen und die Sache aufgeben muß. Ein guter General weiß, wann er den Rückzug einzuleiten hat.

Diese paradoxen Eigenschaften des positiven Denkens und ein Sinn für das Praktische, zusammen mit einem mutigen, aber einfühlsamen Führungsstil machen den Mastercloser zu einer einzigartigen Sorte von Manager.

Häufig spiegelt das äußere Erscheinungsbild des Masterclosers diese Eigenschaften von Bestimmtheit, Selbstsicherheit und Freundlichkeit wider. Er geht mit dem Selbstvertrauen eines Führers; er steht gerade in der Position der Überzeugung; seine Augen zwinkern mit einer natürlichen Rücksichtnahme für andere. Stellen Sie einen Mastermanager mit einer Gruppe von Pendlern in eine Reihe und er wird aus der Menge hervorstechen wie ein Drei-

Sterne-General inmitten eines Büros von Geschäftsleuten. Garantiert werden sich der General und der Mastercloser von der Masse abheben, auch wenn ihre Kleidung nicht den Beruf verrät.

Wie sich ein Mastercloser privat verhält

Der Mastercloser im Privatleben

Der Mastercloser neigt dazu, im Umgang mit seiner Frau und seiner Familie etwas zu streng und fordernd zu sein. Mit anderen Worten: Er ist im Zusammenleben nicht die einfachste Person. Der Verkaufsmanager hat die Angewohnheit, seine Arbeit und zu oft auch seine Sorgen mit nach Hause zu bringen. Diese Angewohnheit hilft ihm nicht gerade in seiner Beziehung zur Familie. Das soll keine pauschale Verurteilung sein, sondern vielmehr eine beobachtete Verallgemeinerung. Natürlich kann ein außergewöhnlicher Salesmanager ein idealer Ehemann und Vater oder Ehefrau und Mutter sein. Aber die Neigung, die Fertigkeiten des Master-Managements selbst beim Öffnen der Haustür zu verbreiten, ist doch manchmal lästig.

Der Mastercloser hätte es gerne, wenn seine Familie genauso reibungslos funktioniert wie sein Verkaufsteam. Ist es da verwunderlich, daß sich Unmut aufbaut, wenn von der Ehefrau und den Kindern ein ideales Verhalten erwartet wird und der Verkaufsmanager selbst nur ein Minimum dazu beiträgt? Der Familie fällt es schwer zu verstehen, daß der Mastercloser mit Leib und Seele Verkaufsmanager ist. Es ist praktisch unmöglich, ihn dazu zu bewegen, all seine „Verkaufsgefühle" und seine Gedanken an das Geschäft mit dem Betreten des Hauses abzulegen. Er ist ein Meister im Verbergen von Gefühlen, die sein Verhältnis zu Kunden, Verkäufern oder Vorgesetzten beeinträchtigen könnten; legt er jedoch zu Hause seine Krawatte ab, neigt er dazu, diese gespeicherten negativen Gefühle und Frustrationen abzulassen – und dies dann auch noch bei Menschen, die er liebt.

Natürlich ist die Tatsache, daß man seine Arbeit mit nach Hause nimmt, nicht nur eine Folge der emotionalen und psychischen Belastung. Die zur persönlichen Verfügung stehende Zeit vieler Mastercloser wird durch die immer präsenten Probleme ihres Assistenten oder eines Closers oft unterbrochen. Auch wenn das Telefon ausgehängt wird, es nützt nichts: Entweder hat der Manager einen wichtigen Bericht mitgenommen, den er für das Vertretertreffen am nächsten Tag lesen muß, obwohl gerade sein Jüngster Hilfe bei den Mathematik-Hausaufgaben bräuchte oder die Schwiegereltern zu einem Besuch hereinschauen, weil sie gerade in der Nähe sind.

Zu Hause kann dieser immer kühle und diplomatische Profi reizbar und voller emotionaler Ausbrüche sein. Nun gut, ein Mastercloser ist auch nur ein Mensch, und es muß einen Ort geben, wo er sich nicht mehr als ein übermenschlicher Führer von Menschen verhalten braucht. Alles läuft viel ruhiger, wenn die Familie des Masterclosers erkennt, wie viel Spannung und Sorge den ganzen Tag über im Verkaufsbüro aufgestaut wurde. Ein Mastercloser braucht seine oder ihre Familie für positive Unterstützung, Verständnis und Liebe. Die Familie muß erkennen, daß der Manager eine Menge Energie, Rücksichtnahme und Sympathie gegenüber anderen während seines Arbeitstages aufgebracht hat. Die einzige Quelle, die für den Manager groß genug ist, um diese Gefühle und ernste Liebe wieder zu erneuern, ist seine Familie.

Das soziale Leben des Masterclosers

Nimmt der Verkaufsmanager eine soziale Aufgabe wahr oder nimmt er an einer öffentlichen Versammlung teil, sei es nun für seine Firma oder auch nicht, so scheint er eine vollkommen andere Person zu sein. Im allgemeinen erscheint er in seiner Haltung viel entspannter und zurückhaltender als im Verkaufsbüro oder sogar in seinem eigenen Zuhause.

Für dieses veränderte Verhalten gibt es verschiedene Gründe. Ist der Mastercloser gesellschaftlich unterwegs, kann er erstens die

Merkmale seiner Führungseigenschaften zur Schau stellen, ohne daß er durch seine Verantwortung belastet ist. Er kann sich entspannen und Zahlen oder Leistungen vergessen, selbst wenn es sich um eine Feier handelt, an der die ganze Verkaufsmannschaft teilnimmt. Anstelle der Vermittlung der Führerrolle oder sogar von Einschüchterung (im Falle des „Angst-und-Schrecken"-Masterclosers) kann er sich wie ein wohlgenährter Löwe in seinem Ruhm sonnen.

Während er sich freundlich unter die Menge mischt und sich wirklich amüsiert, hat sich sogar der „Playboy"-Mastercloser immer unter Kontrolle. Ein Mastercloser erlaubt es nicht, daß Alkohol oder etwas anderes über ihn Kontrolle bekommt. Eine weibliche Managerin fängt nicht an zu flirten oder gefährdet ihre berufliche Ausstrahlung in anderer Form, und ein Mann läßt sich nicht zu schlechten Aussagen hinreißen. Mastercloser hüten sich vor jenen eifersüchtigen Menschen in der Firma, die sie dauernd beobachten und nur darauf warten, daß sie unangenehm auffallen. Leider gibt es häufig neidische Geier, die um einen herumkreisen, in der Hoffnung, daß sie sich endlich auf einen Verkaufsmanager hinabstürzen können, der einen Fehler begangen hat.

Außerdem vergißt der Mastercloser nicht, daß er ein wichtiger Vertreter seines Verkaufsunternehmens ist und daß er sich im Scheinwerferlicht befindet, wo alle ihn beobachten können. Der Mastercloser wird sich in der Öffentlichkeit immer von seiner besten Seite zeigen und ein perfekter Gentleman beziehungsweise eine perfekte Lady sein. Fast bei jeder gesellschaftlichen oder öffentlichen Veranstaltung wird der Mastercloser mit der Menge freundlich umgehen – wie ein Politiker, der sich um ein Amt bewirbt. Es ist auch interessant zu beobachten, wie diplomatisch und zurückhaltend sich der ansonsten energische Manager bei diesen gesellschaftlichen Veranstaltungen verhält, besonders gegenüber Leuten, die nicht zu seinem Verkaufsteam gehören.

Der Mastercloser allein

Doch wie verhält sich der Mastercloser in den besonderen Momenten der Einsamkeit? Der Manager hat ein hohes Niveau an Energie, und man kann ihn selten dabei erwischen, wie er sich in einer Hängematte herumlümmelt. Tut er dies dennoch, so stehen die Chancen hoch, daß er einen Managementbericht oder eine andere ernst-hafte Lektüre in den Händen hält. Da der meisterhafte Manager nicht einseitig ist, hält er sich wahrscheinlich über aktuelle Themen auf dem laufenden und verfolgt ernsthaft ein Hobby.

In der Tat lieben es die meisten Mastercloser, alleine zu sein. Sie benötigen diese ruhige Zeit zum Nachdenken, und um alles in ihrem aktiven Leben in einer richtigen Perspektive zu halten. Ein Mastercloser genießt einsame Spaziergänge oder Angel-Ausflüge; er achtet den Frieden und die Ordnung der Natur.

Der Mastercloser ist nicht wirklich einsam, wenn er alleine ist, da er nicht nur an sich selbst glaubt, sondern sich auch selbst mag. Sein Selbstvertrauen erlaubt es ihm sogar, über sich zu lachen, wenn er alltägliche Fehler macht. Der Mastercloser sucht die Abgeschiedenheit – nicht um geistige Gesundheit wiederzuerlangen, sondern um die Stärke zu finden, weiterhin als Dynamo zu fungieren. Es überrascht die Closer vielleicht, wenn sie ihren Manager in tiefer Meditation vorfinden, aber er hat ein Bedürfnis, mit einer Quelle der Weisheit und Vitalität, die über ihm selbst liegt, in Berührung zu kommen.

15 wichtige Ziele

Um dieses Kapitel abzuschließen, das den Mastercloser definiert, einstuft und weitere Hintergrundinformationen gibt, wollen wir uns die 15 wichtigsten Punkte nochmals in Erinnerung rufen:

1. Ein wahrer Mastercloser hat keine Angst davor, Entscheidungen zu treffen oder zu handeln. Er ist bereit, sich den Folgen jedes Fehlers zu stellen, indem er die volle Verantwortung auf sich nimmt. Er wird niemand anderen für seine Fehler verantwortlich machen.

2. Ein Mastercloser wird zu jedem, den er trifft, freundlich sein, egal wie schlecht er sich emotional oder physisch fühlt. Es gibt keinen Closer oder Kunden, der den Mastercloser so wütend machen könnte, daß dieser aufbraust und seine Selbstbeherrschung in einer Auseinandersetzung verliert.

3. Der Mastercloser weiß alles über professionelles Verkaufen. Der Manager kann „übernehmen", Verkaufsverträge erstellen und ablegen, und er kann sogar einem Angestellten zeigen, wie er das Farbband seines Druckers wechseln muß.

4. Der Mastercloser vergißt nie, daß er viel mehr als nur ein Chef für seine Closer ist. Er ist eine Kombination aus Freund, Vater, Lehrer und Führer. Er ist immer da, um behilflich zu sein.

5. Ein Mastercloser sieht es mehr als ein Kompliment – und nicht als eine Beleidigung – an, wenn einer seiner Closer eine Managementposition bei einer anderen Firma annimmt. Es schmeichelt ihm eher, wenn er entdeckt, daß der besagte Verkäufer seinen Führungsstil übernimmt.

6. Ein echter Mastercloser ist nicht neidisch auf das erfolgreiche Verkaufsmanagement eines anderen Master-Managers und ärgert sich auch nicht darüber. Anstatt diese Unsicherheit zu offenbaren, fühlt er sich vielleicht zu einer stärkeren – aber dennoch nicht feindschaftlichen – Rivalität angespornt.

7. Ein herausragender Mastercloser lebt täglich in vollen Zügen und betrachtet Probleme als Herausforderungen und die dazu passenden Lösungen als seine Belohnung. Diese positive Begeisterung trägt er in jede schwierige Situation, der er sich gegenübersieht. Seine Closer finden ihn niemals bestürzt oder geschlagen von den Härten des Geschäfts.

8. Hatte der Manager privat einen Konflikt auszutragen – wie zum Beispiel einen Streit mit seiner Ehefrau, so überträgt er diese Gereiztheit nicht auf das Verkaufsteam. Keine großen oder kleinen äußeren Krisen beeinflussen seine Leistung oder gar die gesamte Verkaufsbilanz. Die Closer sehen ihren Manager nie nervös oder verstimmt.

9. Ein Mastercloser mißt den Erfolg immer an der untersten Linie – an den Abschlußprozentzahlen und dem Umsatzvolumen, das seine Mannschaft erbringt.

10. Ein Mastercloser behandelt die persönlichen Probleme eines Closers immer vertraulich. Nur bei den ernstesten Problemen sollte der Manager es riskieren, das Band des Vertrauens zwischen sich und seiner Mannschaft zu brechen.

11. Der Mastercloser wird der erste sein, der einen Closer ermutigt, wenn dieser deprimiert ist; er wird der erste sein, der einem Closer gratuliert, wenn dieser gute Arbeit geleistet hat; und er wird auch der erste sein, der einem Mitarbeiter den Weg weist, wenn dieser von der Linie abkommt.

12. Der Mastercloser hört immer aufmerksam den Vorschlägen der Closer, des Büropersonals und sogar des Hausmeisters zu, auch wenn er meint, alles zu wissen. Seine Autorität steht niemals seiner Zugänglichkeit und seinem Einfühlungsvermögen im Wege.

13. Der Mastercloser wird niemals einen Closer in der Öffentlichkeit erniedrigen oder kritisieren. Die gesamte Mannschaft, sich selbst eingeschlossen, kann er bei einer Sitzung scharf kritisieren, für Einzelkritik aber ist die Öffentlichkeit ein un-

geeignetes Forum. Entlassungen und ernste Verwarnungen werden immer hinter verschlossenen Türen ausgesprochen.

14. Der Mastercloser sollte sich immer die Zeit nehmen, auf die persönlichen Probleme eines Closers einzugehen. Ob das Problem unwichtig erscheint oder im Gegenteil ein Fall für den Arzt oder Psychiater ist, in jedem Fall wird der Mastercloser das Bedürfnis seines Angestellten respektieren, sich ihm gegenüber zu offenbaren. Der Manager sollte ein väterliches Image fördern und gleichzeitig erkennen, daß er für manche eben den Beichtvater spielen muß und für andere den guten Freund oder den Papi.

15. Jeder Mastercloser sollte sich entsprechend der Würde seiner Position kleiden; er sollte einen feinen Anzug bei der Arbeit tragen und eine gute Golfkleidung auf dem Green. Auch wenn der „Good-Old-Boy"-Mastercloser gerne in Hemdsärmeln herumläuft, sollte er doch in einem Anzug erscheinen. Der Verkaufsmanager muß nicht nur Klasse haben, sondern er muß diese auch demonstrieren.

Vergessen Sie bei aller Information in diesem Kapitel über die Charakteristika der verschiedenen Typen von Masterclosern nicht, daß jeder, der einige grundlegende Gaben mitbringt, und jeder, der mit Hingabe an seiner Selbstverbesserung arbeitet, zu einem Mastercloser heranwachsen kann.

2. Kapitel

Verkaufsbüro und Sales-Force – auf Erfolg programmiert

Erfolg oder Mißerfolg hängen manchmal nur von Kleinigkeiten ab: vom richtigen Standort, der richtigen Ausstattung, ja selbst die Größe der Möbel und die Farben, die Sie wählen, sind wichtige Erfolgsfaktoren. Erfahren Sie im folgenden, wie Sie Ihr Verkaufsbüro auf Erfolg einrichten, und wie Sie es professionell führen – auch in bezug auf Ihre Mitarbeiter. Lernen Sie, auf welche Kleinigkeiten in der Persönlichkeit Sie bei Closern achten müssen – besonders bei der Neueinstellung. Denn schließlich können nur loyale und engagierte Mitarbeiter Sie auf Ihrem Weg zu Spitzenleistungen unterstützen.

Befinden sich Teile der Räumlichkeiten Ihrer Firma im Erdgeschoß, so sorgen Sie dafür, daß Sie Ihr Verkaufsbüro auf Straßenebene einrichten können. Plazieren Sie das Verkaufsbüro in eine passend und möglichst belebte Nachbarschaft und an einen Ort, von dem aus man leichten Zugang zu eventuellen weiteren Einrichtungen des Gebäudes hat.

Haben Sie das Verkaufsbüro von einem Vorgänger übernommen, so drücken Sie ihm Ihren eigenen Stempel auf. Vergewissern Sie sich, daß das Büro einen guten optischen Eindruck macht und eine einladende Atmosphäre ausstrahlt. Das Auge sollte sich auf farbenprächtigen Pflanzenarrangements ausruhen können; der harte Eindruck der meisten Büroeinrichtungen aus Stahl und Plastik kann so vermindert werden. Haben Sie kein Talent für Inneneinrichtung, so scheuen Sie sich nicht, einen Fachmann zu engagieren.

Vergessen Sie nie, daß der Kunde zuerst einen Gesamteindruck erhält und dann erst die Innengestaltung eines Verkaufsbüros sieht. Ihr Büro sollte visuell Wärme, eine familiäre Atmosphäre, aber auch Professionalität ausstrahlen.

Das Verkaufsbüro: auf Erfolg eingerichtet

Die Gestaltung des Verkaufsbüros

Innerhalb des Verkaufsbüros sollte die Einrichtung dieselbe Art soliden Vertrauens widerspiegeln, wie dies etwa bei einer bedeutenden Bank der Fall ist. Also: kein imitiertes Holz, keine Klappstühle, keine Pseudokunst. Das Büro sollte so aussehen, als wäre es dazu eingerichtet, die nächsten 100 Jahre zu bestehen. Es sollte dem Kunden den Eindruck einer sicheren und angesehenen Institution vermitteln. Die Einrichtung eines Verkaufsbüros hat somit dieselbe Funktion wie der Anzug bei der Kleidung.

Für die Closer ist es leichter, mit einem Kunden einen Abschluß zu tätigen, der sich wohl, geehrt und sogar etwas verwöhnt fühlt. Haben Sie einen Präsentationsraum, so machen Sie nicht den Fehler, zwar einen wunderschönen Präsentationsraum zu haben, dann aber lediglich ein behelfsmäßiges Büro vorzeigen zu können. Gehen Sie nicht davon aus, daß ein Kunde bereits „verkauft" ist, wenn er an Ihrem Schreibtisch sitzt, um die Papiere zu unterschreiben. Auch wenn der Kunde kaufwillig hereinkommt, so kann er es sich doch noch anders überlegen, wenn er über eine heruntergekommene Verkaufsumgebung entsetzt ist.

Nur eines macht die Arbeit des Closers leichter: Jede Kleinigkeit, die dazu beiträgt, den Kunden zu beruhigen, die ihm Vertrauen einflößt und ihn fühlen läßt, daß man ihn respektiert, ist bedeutend, um den Umsatz zu erhöhen. Das Verkaufsbüro, das sich diese Erkenntnisse zunutze macht, wird der Konkurrenz weit voraus sein.

Hintergrundmusik

Jedes Detail, das den Kunden beruhigt und ihm Vertrauen einflößt, ist einer Betrachtung wert, einschließlich solcher Einzelheiten wie der Musik im Hintergrund. Stellen Sie technisch einwandfrei aufgenommene Hintergrundmusik zusammen, die im gesamten Verkaufsbüro läuft; Musik, die unbewußt positive Gefühle hervorruft. Es gibt auch Musikfirmen, die fachkundig die Art von Musik auswählen und aufnehmen, die sich am besten für Ihre Kunden eignet.

„Überdimensionale" Möbel

In einigen wichtigen Verkaufsbüros stellen Firmen auch absichtlich überdimensionale Möbel im Empfangsbereich auf. Dadurch fühlt sich der Kunde physisch kleiner im Verhältnis zu der „Größe" der Möbel. Dieses Gefühl wirkt sich auf das Unterbewußtsein des Kunden aus, indem es sein Handeln und seine Gedanken weniger aggressiv, dreist und egoistisch werden läßt. Die „Größe" der Möbel überwältigt den Kunden und versetzt ihn in eine eher „ehrerbietige" Stimmung. Diese Taktik der überdimensionalen Möbel funktioniert; die Möbel müssen jedoch zu der Architektur des Verkaufsbüros passen, um natürlich zu wirken.

Die Farben des Verkaufsbüros

Farben sind sowohl für das Äußere als auch für das Innere eines Verkaufsbüros sehr wichtig. Verwenden Sie niemals aggressive Farben wie zum Beispiel ein helles Rot; dies läßt die meisten Kunden nur vorsichtiger werden. Farben, die die Stimmung der Menschen positiv beeinflussen sind eher zuversichtliche Farben wie Königsblau, Waldgrün, Gold und warme Brauntöne. Es gibt auch helle, beschwingte Kombinationen, die „funktionieren" – wie etwa kühle Pastelltöne und Wüstenfarben. Es ist sicher, daß Farben die Stimmung eines Kunden beeinflussen, und ein Mastercloser tut gut daran, sich fachlichen Rat bei der Auswahl der richtigen Farben für sein Büro einzuholen.

Refreshment-Areas

Richten Sie einen besonderen Ort für Erfrischungen im Verkaufsbüro ein. Wenn schon nichts anderes vorhanden ist, so sollte es wenigstens immer frischen Kaffee für den Kunden geben. Diese kleine Aufmerksamkeit ist sehr wichtig. Sie ermöglicht ihnen, Gastfreundschaft und Rücksichtnahme auf den Kunden zu zeigen. Vergessen Sie nicht, daß jeder positive Schritt, der hilft, den Kunden vor und während des Treffens mit dem Closer zu entspannen und zu lockern, dazu beiträgt, den Kunden in eine Kaufstimmung zu versetzen. Umsatz ist schließlich die Grundlinie, und der Mastercloser muß jede mögliche Verkaufsstrategie heranziehen, um erfolgreich zu sein.

Technische Mindestausstattung

Der Mastercloser muß sein Verkaufsbüro im wesentlichen mit der gleichen Technologie ausrüsten, die auch allgemeiner Standard von größeren Unternehmen ist. Die „großen vier" Merkmale sind:

1. Computer,

2. Kopierer,

3. Moderne Telefonsysteme,

4. Telefaxgerät.

Die Gründe für die Notwendigkeit dieses Equipments sollten einleuchtend sein. Schließlich kann es sich kein Büro erlauben, Umsatz zu verlieren, weil es sich technologisch noch in den Siebzigern befindet. Die altehrwürdigen Reihen von Aktenordnern sind nicht nur unansehnlich und teuer – ihretwegen müßten Sie Angestellte für die Ablage anwerben oder Ihre Sekretärinnen bemühen, Informationen aus den Akten zu sammeln – und dennoch werden Sie ohne Computer niemals schnell genug eine Akte finden, um die Fragen eines ungeduldigen Kunden zu beantworten. Muß der Mastercloser selbst ein Computerprogrammierer sein? Nein, aber er sollte sich soweit mit seinem Computer auskennen, daß er Daten selbst speichern und abrufen kann und nicht der Hilfe der Closer, des Assistenten oder des Büroleiters bedarf. Außerdem kann man mit einem Computer viele wichtige Schriftsätze als Schablone wieder auffinden und sofort ausdrucken.

Ein Kopierer kann ebenfalls zum Beispiel benötigte Formulare liefern, verschmutzte Kohlepapierkopien und andere Anachronismen werden selbstverständlich vermieden. Egal, ob es sich um die Kopie eines Kundenschecks handelt, um einen Vertrag, eine Telefonnotiz eines Closers oder einen Reisebericht – Sie müssen die Kopiermöglichkeiten direkt verfügbar haben und nicht in einer anderen Abteilung oder in irgendeinem Abstellraum versteckt.

Über einen Anrufbeantworter hinaus, der Nachrichten von Kunden oder Closern nach Geschäftsschluß freundlich und verläßlich aufnimmt, sollten Sie sich um ein System bemühen, welches einem Kunden niemals ein Besetztzeichen zumutet. Dieser Anrufer könnte sonst die nächste Nummer auf seiner Liste anwählen und Ihrer Konkurrenz den Auftrag vergeben, den er Ihnen so gerne gegeben hätte.

Genauso wird Sie ein Kunde oder Auftraggeber, der gerne per Telefax ordert, aussortieren, wenn er keine Telefaxnummer auf Ihrer Visitenkarte oder in Ihrer Eintragung im Branchenbuch findet.

Müssen in Ihrem Geschäft Pläne, Bestellungen oder Dokumente verschickt oder empfangen werden (und was wäre das sonst für ein Verkaufsbüro?), so ist eine Telefaxverbindung nicht weniger dringend erforderlich.

Aus ähnlichen Gründen des Entgegenkommens gegenüber den Kunden ist es vorteilhaft, einen Notar im selben Gebäude oder in der Nähe des Büros zur Verfügung zu haben. Der Mastercloser sollte möglichst alle seine Geschäfte im Haus selbst erledigen können, ohne hinausgehen zu müssen und Zeit für Routinearbeiten zu verschwenden. Denn in diesen verlorenen Minuten könnte der Kunde kalte Füße bekommen und vom Kauf zurücktreten.

Wenn der Kunde einen Vertrag unterschreiben will, darf es keine Verzögerungen und keine peinlichen Momente geben. Der gründliche Mastercloser weiß, wie entscheidend es ist, alle Formulare und Verträge zur Hand zu haben und immer ausreichend Papier in der Kopiermaschine vorzufinden.

Kleidungskodex für Mitarbeiter

Sofern es nicht nur einen oder zwei Mitarbeiter gibt, muß der Mastercloser allen Leuten, die in seinem Verkaufsbüro arbeiten, eine Kleidervorschrift auferlegen. Der Sinn davon ist, daß jeder in dem Verkaufsbüro sauber und ordentlich aussieht und Erfolg widerspiegelt. Es darf keine Entschuldigungen für Schlampigkeit oder Unsauberkeit geben. Auch wenn der Mastercloser seine Mannschaft morgens manchmal kontrollieren muß, so wird sich der Extraaufwand auszahlen. Stören Sie sich nicht daran, daß sich die Closer vielleicht ein wenig darüber amüsieren. Aber wenn sie geschäftstüchtig aussehen, fühlen sie sich auch so und verkaufen dementsprechend. Alles, was dazu beiträgt, ein Verkaufsbüro professioneller aussehen zu lassen, kann nur den Umsatz steigern, und sei es das Aussehen der Mitarbeiter.

Edle Toiletten

Die Toiletten sollten immer sauber sein, besonders die Damentoiletten. Nichts kann für einen Kunden abstoßender sein, als eine schmutzige oder ungepflegte Toilette in einem Verkaufsbüro. Der Mastercloser sollte sich davon überzeugen, daß die Toiletten genauso sauber und schön gestaltet sind, wie jeder andere Teil des Verkaufsbüros auch. Vor allem die Damentoilette sollte überlegt und geschmackvoll ausgestattet sein. Alle negativen Eindrücke auf den Kunden machen den Verkauf nur viel schwieriger.

Der Präsentationsraum

Ihr Verkaufsbüro ist vielleicht so eingerichtet, daß es gleichzeitig auch die Funktion eines Präsentationsraumes übernehmen kann. Sie verfügen möglicherweise nicht über den Luxus eines separaten Besprechungsraumes, so daß Sie nunmehr mehrere Punkte berücksichtigen müssen.

In einem Raum für Abschlußverhandlungen sollten die Besprechungstische weit genug auseinander stehen, so daß der Kunde die Gespräche von einem anderen Tisch nicht mithören kann. Die Geräuschkulisse in einem großen Raum mit vielen Closern und Kunden schafft Aufregung und eine positive Verkaufsatmosphäre, aber lassen Sie die Kunden einander nicht zu nahe kommen, so daß sie andere Verkaufspräsentationen oder Verhandlungen an den Nachbartischen nicht mithören können.Ihre Kunden könnten sonst den Rat eines anderen Closers, Preisangaben oder finanzielle Vereinbarungen miteinander zu vergleichen versucht sein. Dies unterbricht nicht nur die Präsentation eines Closers, sondern kann auch zu Unmut auf Seiten des Kunden und zu unangenehmen Reibungen zwischen den Closern führen.

„Schlagen Sie die Zeit tot"

Bringen Sie keine Uhren an den Wänden Ihres Präsentationsraumes oder in dem Raum, in dem Abschlüsse getätigt werden, an.

Genauso wie Spielcasinos nicht gerne anzeigen, wie sehr die Zeit schon fortgeschritten ist, machen Sie es einem Kunden nicht zu leicht, darüber nachzudenken, daß er bereits woanders sein müßte. Der Mastercloser muß das Interesse des Kunden für sein Produkt und für die Präsentation seines Closers aufrechterhalten. Er verhindert, daß der Kunde darüber nachdenkt, wieviel Zeit es in Anspruch nimmt, einen Abschluß zu tätigen.

Förderung der Aufmerksamkeit

Der Raum, in dem Abschlüsse getätigt werden, sollte nicht – wie das Verkaufsbüro – ein „gemütliches Wohnzimmer" sein. Plüschsessel und sanfte Musik würden die Kunden zu diesem Zeitpunkt zu sehr entspannen, wo Sie doch wollen, daß sich diese jetzt ausschließlich mit ihrer Kaufentscheidung beschäftigen. Die Stühle in diesem Raum können ruhig aus Holz sein und eine gerade Rückenlehne haben. Vorteilhaft sind Stühle mit Armlehnen, so daß der Kunde nicht seine Arme verschränken muß – denn das erzeugt wiederum eine negative Haltung.

Keine Ablenkungen

Sorgen Sie dafür, daß Sie alle Arbeitspapiere und das ganze Verkaufsmaterial, Verträge, Finanzierungskonzepte usw. bei der Hand haben, jedoch nicht im direkten Sichtfeld des Kunden. Alle Verkaufsmaterialien, die unnötigerweise herumliegen, haben nur eine abschreckende Wirkung auf den Kunden. Befindet er sich erst einmal am Abschlußschreibtisch, ist er oft in Abwehrstellung und wartet nur auf eine Gelegenheit, um einen Einwand vorzubringen: „Herr Closer, Sie haben mir Finanzierungsbedingungen gemäß Plan A vorgeschlagen, aber nach dieser Broschüre habe ich gerade herausgefunden, daß für mich Plan B besser wäre."

Das sorgfältig vom Closer aufgebaute Szenario wurde durch Materialien unterbrochen, die dieser bestimmte Kunde nicht zu diesem Zeitpunkt sehen sollte. Ein leerer Vertrag oder ein Arbeitsblatt, welches auf einem Tisch herumliegt, könnte einen Kunden in der-

selben Weise einschüchtern wie eine Spritze zur subkutanen Injek-
tion, die auf dem Schreibtisch eines Arztes herumliegt, einen Patienten entnerven kann. Um sicherzugehen, daß der Closer nur das
hervorruft, was er wünscht – und wann er es wünscht –, sollte er
einen ordentlichen Schreibtisch haben, auf dem sich alle Materialien außerhalb der Sicht- und Reichweite des Kunden befinden.

Der Closing-Table

Es gibt mehrere Auffassungen zum Aussehen des optimalen Closing-Table, also des Tischs, an dem die Abschlüsse getätigt werden. Viele professionelle Closer bevorzugen die Intimität von runden Tischen, wohingegen andere die amtliche Ausstrahlung bevorzugen, die durch rechteckige oder quadratische Tische hervorgeru-
fen wird.

Bei einem runden Tisch kann sich der Closer jederzeit zu der eifri-
geren Ehefrau oder dem Geschäftspartner beugen und somit eine
Zwei-zu-eins-Mehrheit schaffen, um den Verkaufsabschluß zu for-
cieren. Sieht sich der Closer öfter zwei oder mehreren resistenten
Käufern gegenüber, ist jedoch ein quadratischer Tisch, an dem die
Stühle weit voneinander entfernt stehen, zu bevorzugen. Auf diese
Weise fühlt sich der Closer nicht von den schwierigen Kunden
„umzingelt" und steht somit nicht so sehr unter Druck, auf die For-
derungen der Kunden einzugehen. Im Gegenteil: der Closer befin-
det sich in der besseren Position, standhalten zu können und ohne
Einschüchterungen zu verhandeln.

Egal welche Form der Tisch hat, er sollte auf jeden Fall stabil sein.
Das Geschäft hat den Anschein eines Hinterzimmer-Schwindels,
wenn es auf einem wackeligen Tisch abgeschlossen wird. Sorgen
Sie dafür, daß der Tisch so stabil ist, wie Sie es vom Schreibtisch
eines Bankdirektors annehmen.

Tips zur Gestaltung des Verkaufsbüros

– Das Büro sollte so aussehen, als sei es dazu eingerichtet, die nächsten 100 Jahre zu bestehen.

– Bei überdimensional großen Möbeln fühlt sich der Kunde kleiner, das versetzt ihn in eine „ehrerbietige" Stimmung.

– Wählen Sie niemals aggressive Farben für das Verkaufsbüro, verwenden Sie zuversichtliche Farben.

– Halten Sie immer eine Erfrischung oder zumindest frischen Kaffee bereit.

– Sorgen Sie für eine technische Mindestausstattung von Computer, Kopierer, ein modernes Telefonsystem und Faxgeräte.

– Sorgen Sie dafür, daß jeder, der im Verkaufsbüro arbeitet, Erfolg schon durch seine Kleidung widerspiegelt.

– Vergessen Sie niemals die Toiletten; sorgen Sie dafür, daß sie zumindest immer sauber sind.

– Im Präsentationsraum sollten die Tische weit genug auseinanderstehen, damit der Kunde keine Gespräche vom Nachbartisch mitverfolgen kann.

– Bringen Sie keine Uhren im Präsentationsraum an.

– Das Verkaufsbüro ist kein Wohnzimmer – fördern Sie die Aufmerksamkeit des Kunden schon durch die richtige Raumausstattung.

– Der Kunde darf nicht durch Unterlagen auf dem Schreibtisch abgelenkt werden.

– Legen Sie besonderen Wert auf den Closing-Table, er sollte so stabil sein, wie der Abschluß, den Sie tätigen wollen.

Die Führung eines professionellen Verkaufsbüros

Verwenden Sie keine Stechuhren

Es gibt keinen Grund, Stechuhren zu benutzen. Gelingt es einem Mastercloser nicht, seine Mitarbeiter dazu zu bringen, pünktlich zur Arbeit zu erscheinen, so ist er schlicht sein Geld nicht wert. Stechuhren haben vielleicht ihren Platz in einer großen Fabrik, nicht aber in einem professionellen Verkaufsbüro. Jede Person, die in dem Verkaufsbüro arbeitet, sollte den begeisternden, gewinnenden Geist ihres Masterclosers besitzen. Es gibt einfach keine Zeit für Unpünktlichkeiten.

Es ist wahr, daß die Mäuse auf dem Tisch tanzen, sobald die Katze das Haus verläßt. Aber der Mastercloser ist ein Tiger und keine Katze. Seine hochmotivierten Closer arbeiten wie Männer und nicht wie Mäuse. Eine Stechuhr vermittelt nur den Eindruck eines Rattenrennens, und zwar dort, wo eigentlich mehr der Anschein eines Clubhauses oder eines militärischen Kommandoraums erweckt werden sollte. Der Closer, der immer die Stechuhr drücken muß, wird nur seine Zeit totschlagen und auf den Feierabend warten.

Der Mastercloser und sein Arbeitgeber

Welche dominierende Persönlichkeit den Mastercloser auch auszeichnen mag, er muß doch die höhere Position seines Chefs anerkennen. Der Chef (der Besitzer oder Geschäftsführer der Firma) muß seinerseits anerkennen, daß der Mastercloser der Fachmann ist, der seine Closer kennt und motiviert. Ein echter Mastercloser mischt sich nicht in die Angelegenheiten der Führungsriege ein, und diese wiederum respektiert sein Revier. Es wird jedoch Zeiten geben, in denen sich der Mastercloser und der Chef des Unternehmens nicht in die Augen sehen. Passiert dies, sollten sich beide Parteien auf ihre Positionen zurückziehen und bedenken, ob einer von ihnen vielleicht gerade dabei ist, die Grenzen ein wenig zu überschreiten. Erzielt ein Mastercloser gute Ergebnisse, sollte der Vorgesetzte ihn nicht an der kurzen Leine halten. Will der Mastercloser laufend die Firmenpolitik umstürzen, so ist es an der Zeit, daß er seine eigene Firma eröffnet.

Wie man mit Büropersonal umgeht

Der Mastercloser sollte den Sekretärinnen und anderen Mitarbeitern denselben Respekt wie seinen Closern entgegenbringen, damit sich niemand in dem Verkaufsbüro als Person zweiter Klasse fühlt und somit auch nicht zweitklassig arbeitet. Der Star-Closer und die Stenotypistin sind gleichermaßen wichtige Mitglieder eines Winning-Teams.

Der Office-Manager

Der Office-Manager ist nicht identisch mit dem Salesmanager. Er oder sie arbeitet in dem Verkaufsbüro und sorgt dafür, daß alle Schreibarbeiten und wiederkehrende Büroabläufe reibungslos funktionieren. In einem geschäftigen Büro wäre der Mastercloser ohne einen kompetenten Büromanager verloren. Der Office-Manager sollte alle Berichte und Verkaufsverträge auf dem aktuellen Stand halten, so daß der Mastercloser in seiner Arbeit des Verkaufens ohne unnötige Unterbrechungen fortfahren kann.

Der Büromanager arbeitet für den Mastercloser – und nicht umgekehrt. Wenn ein Bürochef denkt, daß er oder sie eine professionelle Verkaufsmannschaft besser führen kann als der Mastercloser, dann leidet die ganze Firma unter dieser verdrehten Führungskette.

Für das Verkaufsteam immer erreichbar

Wie lauten die Pflichten eines Masterclosers, nachdem er das Büro verlassen hat?

1. Der Manager ist wegen seiner persönlichen Verpflichtung seinem Verkaufsteam gegenüber immer im Dienst. Der Mastercloser ist derjenige, an den sich alle Closer wenden, wenn sie einen persönlichen Bankier, einen Eheberater oder einen Geistlichen benötigen.

2. Die freien Stunden des Managers außerhalb des Büros gehören keineswegs ihm allein. Er vertritt immer sein Unternehmen und sucht ständig nach neuen Ideen, um den Umsatz anzukurbeln. Der Mastercloser ist mit seinem Beruf verheiratet, und seine Frau schätzt diese „andere" vermutlich nicht sehr. Die Kinder des Managers hätten es vielleicht gerne, wenn sich der Papa bei Familienausflügen etwas mehr entspannen würde, aber er ist für seine Firma eine wandelnde Investition in die Öffentlichkeitsarbeit, sogar im Eishockeystadion oder beim Picknick. Er ist Mastercloser, Salesmanager und Führer – und das sieben Tage in der Woche. Seine Überzeugungskraft und seinen Charme legt er niemals ab. Einem Mastercloser das Geschäft zu verbieten – das geht niemals gut.

Wer bekommt wann einen Bonus?

– Frage: Wann sollte ein Mastercloser Boni und andere Belohnungen an seine Mitarbeiter verteilen?

– Antwort: Bei jeder Gelegenheit!

Das Belohnungssystem ist für jedes Verkaufsbüro ein wichtiges Instrument. Es zeigt den Büroangestellten, daß der Mastercloser nicht nur bemerkt, wenn Arbeiten gut erledigt wurden, sondern daß er dieses auch schätzt.

– Frage: Ruft ein Bonus, durch den ja ein einzelner ausgewählt wird, nicht Eifersucht und Unmut hervor?

– Antwort: Das ist eben Kapitalismus.

Lassen Sie einen mittelmäßigen Closer, der seit Jahren keinen Bonus bekommen hat, ruhig auswandern. Wenn der Bonus im richtigen Geist an einen einzelnen vergeben wird, so wird er die anderen nur zu größeren Anstrengungen anregen. Niemand wird die Closer Smith und Jones als die Lieblinge des Managers beschuldigen, wenn Berichte von Erfolgen aus ihren Gebieten bei einer Teambesprechung für alle einsehbar und zum Anreiz aller vorgelegt werden.

Es ist klug, ab und zu einige positive Statistiken herauszugeben, und dann jedem, der es verdient, einen Bonus einzuräumen. Solche unerwarteten Briefumschläge sind wie Weihnachten im Juli. Plötzlich strahlen alle Begeisterung und Stolz aus. Diese Aufregung wird an den Kunden weitergegeben, der wiederum einen Umsatzaufschwung hervorruft, den letztlich eigentlich der Mastercloser inszeniert hat.

Was gegeben wird, kehrt auch wieder zurück. Die geschickte Investition in Boni für die Mitarbeiter kann sich durch verdoppelte Umsätze zweifach für die Firma auszahlen. Diejenigen Mastercloser, die nicht sehr viel verbal loben, wissen, daß Boni eine deutlichere Sprache sprechen als Worte.

Der Umgang mit Getratsche

Der Mastercloser muß mit Büroklatsch umgehen können, der zunächst vielleicht unbedeutend erscheint, schnell aber zu einem destruktiven Keil anwachsen kann, der sich zwischen die Mitglieder des Verkaufsteams schiebt. Als erstes muß der Verkaufsmanager die Quelle des Tratsches herausfinden, er muß die beteiligten Personen zur Rede stellen und Dichtung von Wahrheit trennen. Dann sollte der Manager das Problem unmittelbar angehen und es im Keim ersticken – das Gerede unterdrücken, bevor es außer Kontrolle gerät und die Leistung des Teams mindert.

Gott weiß, daß Closer genauso menschlich sind wie andere auch –
vielleicht sogar noch mehr –, und daß einiges an den häßlichen Gerüchten über das Verhältnis von Joe mit der Frau von Carl oder
über die Schmiergeldaffäre von Fred mit einem Kunden der Firma
dran ist. Der Mastercloser weiß, wann er diskret um Hilfe von außen bitten muß, wann er zum Beispiel einen Berater oder Rechtsanwalt hinzuziehen sollte, und wann er versuchen muß, die Dinge
selbst zu bereinigen. Auch wenn sich Gerede als unwahr herausstellt, muß der Manager wissen, wann es an der Zeit ist, den
„Transfer" des bestimmten Closers oder Angestellten vorzuberei-
ten, der zu viel Verwirrung gestiftet hat.

Der Mastercloser muß immer sehr hellhörig sein, was für die eher
zurückhaltenden Typen von Managern, die nicht einen so engen
Kontakt zu ihren Closern haben wie andere, schwierig sein kann.
In diesem Fall wird der Mastercloser häufig einen Vermittler zum
Einholen von Informationen einsetzen. Dieser Vermittler ist oft ein
Assistent oder ein vertrauter, erfahrener Closer, der als das „Ohr"
des Masterclosers fungiert, um Ärger ausfindig zu machen und die-
sen zu beseitigen, bevor er überhand nimmt.

Die richtige zeitliche Abstimmung kann besonders entscheidend
sein, wenn ein Manager mit dem Problem konfrontiert wird, daß
zwei seiner Angestellten einen internen Krieg austragen. Der Mastercloser wird die sich befehdenden Angestellten in sein Büro bestellen, sie sich gegenübersetzen und ihre Schwierigkeiten bereinigen lassen. Diese „Beilegung" kann zehn Minuten oder zwei Stunden dauern, wird jedoch immer der Mühe wert sein. Ist das Problem gelöst, und beide Parteien können sich wieder die Hände
schütteln, wird es wieder Frieden in dem Büro geben. Gelingt dies
nicht, muß der Manager entscheiden, wer schuldig war – und er
muß einem oder beiden die Kündigung aushändigen. Der Manager
muß früh genug als Schiedsrichter einschreiten, um zu verhindern,
daß der ganze Mitarbeiterstab Position bezieht und den kooperati-
ven Geist des Verkaufsteams runiniert, der für den Erfolg so entscheidend ist.

Der Absatzplan

Der Mastercloser arbeitet einen Absatzplan aus und erstellt seinen Spielplan gemäß den Richtlinien der Firmenziele, die er mit dem höheren Management abgestimmt hat. Es ist die Aufgabe des Masterclosers, den festgelegten Absatzplan zu erreichen oder sogar zu übertreffen. Alleine oder zusammen mit der Hilfe eines vertrauenswürdigen Assistenten setzt sich der Mastercloser hin, um seinen Angriffsplan auszuarbeiten:

1. Zunächst unterteilt er das kommende Verkaufsjahr in Monate.

2. Dann analysiert er das monatliche Potential eines jeden seiner Closer.

3. Er überprüft seinen Warenbestand und setzt entsprechende monatliche Verkaufsquoten fest.

4. Um die monatlichen Verkaufsziele zu veranschaulichen, werden Schaubilder erstellt. Bei regelmäßigen Treffen informiert der Mastercloser sein Team, ob die gesteckten Ziele erreicht wurden.

5. Der Mastercloser handelt entsprechend, um sicherzugehen, daß den Zielen im nächsten Monat entsprochen wird.

So sehr der Mastercloser sein Leben auch durchorganisieren möchte, sollte er dennoch niemals Opfer von zu viel Planung oder unrealistischen Erwartungen werden. Er muß jedoch jeden einzelnen Closer, die Gebiete und die monatlichen Trends berücksichtigen, so daß alle festgelegten Ziele zwar eine große Herausforderung, aber dennoch realisierbar sind.

**Wichtige Hinweise zur Führung eines
professionellen Verkaufsbüros**

- Verwenden Sie keine Stechuhren.

- Akzeptieren Sie Ihren Chef als Vorgesetzten.

- Behandeln Sie niemanden im Verkaufsbüro als Person zweiter Klasse.

- Der Manager ist immer im Dienst – auch im Privatleben.

- Vergeben Sie Boni – das fördert die Motivation der Mitarbeiter.

- Ersticken Sie Getratsche im Keim.

- Erstellen Sie einen Absatzplan.

Ein einwandfreies Verkaufsbüro

Alle bisherigen Betrachtungen bezüglich Dekoration und Gestaltung des Inneren und Äußeren des Verkaufsbüros wären umsonst, wenn es danach nicht in einem einwandfreien Zustand gehalten würde. Wahrscheinlich gibt es einen Verwalter auf dem Grundstück, aber die endgültige Verantwortung liegt beim Mastercloser. Dieser muß alles in den Griff bekommen, was im Büro vor sich geht, egal ob es sich um flackernde Lampen handelt, die nicht ersetzt werden, oder darum, daß der Boden am Montagmorgen gefährlich glatt ist.

Zusammen mit den Boni für Verkäufe sollte es einen „Umweltpreis" für denjenigen Angestellten geben, der sich am meisten um das Verkaufsbüro und die Verkaufsfläche kümmert. Rufen Sie alle Mitarbeiter dazu auf, Dosen, leere Tassen oder schmutzige Aschenbecher immer gleich vom Schreibtisch zu entfernen. Closer sollten alle Risse in der Decke, in der Tapete oder Schmutzflecken auf dem Teppich entdecken und sie mitteilen, bevor dies ein Kunde tut.

Vergessen Sie niemals, daß das Verkaufen eine emotionale und psychologische Aufgabe darstellt und nicht nur eine mechanische oder mathematische. Eine saubere, in Ordnung gehaltene Umgebung regt den Geist eines jeden an und fördert den Stolz auf das „Zuhause" von neun bis fünf. Der Kunde ist ein „Gast" in diesem „Zuhause". Ein jeglicher Zweifel über die „Gastfreundschaft" oder über die Professionalität in dem Büro trägt zum Unwohlsein des Kunden bei und führt damit unweigerlich zu verlorenen Umsätzen.

Beginn und Abschluß des Geschäftsjahres

Der Mastercloser muß sein Geschäftsjahr mit einer Extraportion Begeisterung beginnen und beenden. Er muß jeden im Team von der beginnenden Saison begeistern und seine Leute bis zum letzten Blatt des Verkaufskalenders motiviert halten. Jeder arbeitet besser, wenn er in einem Rhythmus steckt, und ein Mastercloser hält seine Mitarbeiter in dem Rhythmus, der dem notwendigen Tempo der jeweiligen Kampagne entspricht.

Eine andere sichere Methode, das Verkaufsteam zu inspirieren, ist, gutes Büropersonal zu haben. Indem man den Mitarbeitern Respekt zeigt und sie sofort über wichtige Firmenentscheidungen informiert, fühlen sie sich miteinbezogen. Es fällt leicht und ist auch bequem, in das vom Mastercloser gut vorgefertigte Muster zu fallen, egal wie herausfordernd die Verkaufsquoten auch sein sollten. Und nichts macht ein Verkaufsbüro solider und erfolgreicher als zuverlässiges, loyales und engagiertes Personal. Um diese produktiven Angestellten zu halten, muß der Mastercloser sie laufend über den Verkauf, die gesamte Teamleistung und, was sogar noch wichtiger ist, über sie selbst in Begeisterung versetzen.

Der Mastercloser läßt seine guten Leute wissen, daß sie sich entwickeln und daß sie nicht stagnieren. Ihre Gehälter und Boni sollten dies widerspiegeln. Eine weitere – kostengünstige – Möglichkeit ist die Übertragung von Verantwortung an die Mitarbeiter. Genauso wie der Mastercloser mit jedem Geschäftsjahr sein persönliches Verhältnis zu seinem loyalen Verkaufsteam vertieft, so sollte sich auch das Selbstverständnis der Closer verstärken. Die erfahrenen Mitarbeiter sollen spüren, daß sie mehr zu sagen zu haben und mehr Gewicht bei der Entscheidungsfindung bekommen.

Die Mitarbeiter im Bürobereich müssen ebenfalls von ihrer Arbeit begeistert sein. Motivierte Bürokräfte halten die Moral der Closer hoch, wohingegen eine endlose Reihe von ständig wechselnden Büroangestellten die Loyalität der besten Closer dämpfen kann.

Die Begeisterung zu Beginn der Saison muß von Hoffnung und Energie, Herausforderung und Vertrauen gekennzeichnet sein. Zum Ende des Geschäftsjahres sollte das Gefühl der Zufriedenheit und der Anerkennung vorherrschen, auch wenn die Ziele vielleicht nicht 100prozentig erreicht wurden. Jedes Mißgeschick muß in einen Vorteil umgewandelt werden, in eine herausfordernde Hürde, die das Verkaufsteam zur Überwindung reizt. Genauso wie der Sportbegeisterte sagt: „Wartet nur bis zur nächsten Saison!", so muß auch der Mastercloser seine Mitarbeiter aufmuntern, damit sie bereit und willens sind, noch bessere Umsatzzahlen zu erzielen und noch mehr im neuen Geschäftsjahr zu erreichen.

Worauf Sie bei der Einstellung von Closern achten müssen

Bei der Zusammenstellung des Verkaufsteams ist nichts so wichtig wie die Auswahl der besten Profis, die verfügbar sind. Jeder normale, durchschnittliche Manager kann Lebensläufe durchlesen und Mitarbeiter aufgrund von vergangenen Berichten und anderen oberflächlichen Kriterien einstellen. Nur der Mastercloser nutzt seinen Instinkt und seinen Verstand, um diejenigen Leute zu bekommen, die für seine besondere Art des Verkaufsteams am besten arbeiten.

Es gibt zehn Punkte, die man bei der Einstellung von Closern beachten sollte:

1. Hören Sie der Geschichte des Closers genau zu

Das erste, was ein Mastercloser lernen muß, wenn er in seinem Büro Platz nimmt, um einen potentiellen Closer zu befragen, ist genaues Zuhören. Hierfür gibt es zwei Gründe: Erstens ist der Closer nervös, und in seiner Nervosität macht er wahrscheinlich untypische Fehler, während er erklärt, warum er den Posten will und warum er dafür qualifiziert ist.

Der Mastercloser sollte deshalb nicht eine Liste vorhersehbarer Fragen präsentieren, bei denen der erfahrene Closer genau auf ein Stichwort reagieren kann. Der Mastercloser sollte einfach nur dasitzen, ruhig sein und zuhören. Dadurch wird der Closer gezwungen, auszuschweifen, und er kann seine vorbereitete „Schallplatte" nicht einsetzen. Der Closer wird erkennen, daß er mit seiner geplanten Präsentation nicht weit kommt. Mit einem unmittelbaren „Fahren Sie fort!" ist der Closer gezwungen, entweder zu lügen anzufangen oder die Wahrheit zu erzählen. Unter diesen Umständen werden auf jeden Fall einige versteckte Tatsachen über den Hintergrund des Closers und seine Persönlichkeit zutage treten.

Der zweite Grund für die passive Zuhörerhaltung des Managers ist derjenige, daß er sehen will, ob der zukünftige Angestellte ein wirksamer Closer ist. Indem er aufmerksam zuhört und beobachtet, kann der Mastercloser eine Menge über den Closer erfahren, der vor ihm sitzt. Natürlich würde der Closer den Manager gerne in eine angenehme Konversation verwickeln und ihm lieber seine Kongenialität als seinen Nutzen verkaufen. Der Manager, der nicht auf diese Falle hereinfällt, kann sich zurücklehnen und den Closer nach seinen beruflichen Fähigkeiten und nach seinem Charme einstufen.

2. „Hören" Sie auf die Körpersprache des Closers

Befragt der Mastercloser einen Closer, so registriert er alles über sie oder ihn – angefangen von der Uhrenmarke bis hin zu der Schuhpolitur. Der beobachtende Manager nimmt wahr, ob der Closer gepflegt ist, ob er seine Nägel und die Haare geschnitten hat, ob er sich rasiert hat; ihm fällt auf, ob er unter einem Kater oder einfach unter einem harten Leben leidet. Ein Manger sollte in der Lage sein, dies innerhalb von Minuten der ersten Begegnung herauszufinden.

Wenn der Mastercloser das Redetempo und die Stimmlage des Bewerbers beachtet, vergißt er gleichzeitig nicht, die Sprache der Augen, der Hände und der Körperbewegungen zu lesen. Wenn die Augen des Closers im Zimmer umherirren oder wenn er dem Manager nicht direkt in die Augen schauen will, gibt es offensichtlich ein Problem. Es könnte sein, daß der Closer lügt oder daß er oder sie schlichtweg peinlich berührt darüber ist, daß er um eine Arbeit bitten muß. Der Mastercloser wird die Wahrheit herausfinden und keine schnelle Verurteilung vornehmen – und es dadurch vielleicht versäumen, einen potentiellen Top-Closer einzustellen.

Der Mastercloser beobachtet auch die Hände des Closers. Sind die Finger ruhig und entspannt, oder greifen sie nervös nach Dingen? Zitternde oder schwitzende Hände könnten auf ein Gesundheitsproblem hindeuten, auf Nervosität oder darauf, daß der Bewerber lügt. Körperbewegungen können ähnliche Dinge aussagen – achten Sie deshalb auf Zuckungen, Unruhe oder wiederholtes Übereinanderschlagen der Beine. Der Verkaufsmanager muß alles beobachten. Er darf nicht einen soliden Lebenslauf oder ein attraktives Gesicht einstellen, er braucht eine überzeugende Persönlichkeit. Die Position des Managers hängt vom Closer ab; deshalb sollte man sich auf diesen Closer unbedingt verlassen können.

Was tut man, wenn der Closer absolut ruhig bleibt und ein derart guter Schauspieler ist, daß er oder sie all die verräterischen Anzeichen von Problemen versteckt? Machen Sie sich keine Sorgen, jeder macht Fehler bei der Einstellung. Nebenbei bemerkt, wenn die-

ser „Schauspieler" so gut über seine Unerfahrenheit oder ein Gesundheitsproblem hinweggetäuscht hat, sollten Sie nicht überrascht sein, wenn er oder sie sich auch in eine Top-Closer-Position
„hineinschauspielert".

3. Überprüfen Sie den Background

Unternehmen Sie immer eine Überprüfung des Werdegangs Ihres
potentiellen Closers. Auch wenn Sie das instinktive Gefühl haben,
einen Closer vom Fleck weg einstellen zu müssen, bringen Sie ihn
in den Warteraum und führen Sie einige Telefongespräche mit den
betreffenden Institutionen und früheren Arbeitgebern. Die Überprüfung des Lebenslaufs schützt den Manager und seine Verkaufsfirma vor zukünftigen Problemen. Die extra aufgewendete Zeit
und die Anstrengung, die die Überprüfung verlangt, ist in vielerlei
Hinsicht der Mühe wert. Der Closer, der gerade befragt wurde,
kann vielleicht gerade von einer anderen Verkaufsfirma hinausgeschmissen worden sein, und zwar wegen finanzieller oder persönlicher Verfehlungen; womöglich ist er ein Betrüger, der laufend die
Stelle wechselt.

Solche Probleme können ausgeschaltet werden, bevor sie beginnen, sofern sie vor der tatsächlichen Einstellung bekannt sind. Es
ist die Aufgabe des Masterclosers, eine erfolgreiche, mächtige und
begeisterte professionelle Verkaufsmannschaft aufzustellen, und es
ist unmöglich, dieses Ziel zu erreichen, wenn sich herausstellt, daß
auch nur einer der Closer ein Unruhestifter ist. Ein Mastercloser
weiß, daß er kein Arzt oder Psychiater ist, der solche „schlechten
Menschen" verändern oder retten und sie in einen leistungsfähigen
Closer verwandeln kann. Der Mastercloser muß ausreichend An-
passungsarbeit mit den gesunden neuen Angestellten mit sauberer
Vergangenheit leisten. Er kann es sich nicht leisten, seine Arbeit
auszudehnen und eine Sozialhilfeagentur zu führen.

Ein Mastercloser wirft einen Angestellten nicht unbedingt hinaus,
wenn er nachträglich den schwachen Punkt entdeckt, der von An-

fang an die Einstellung des Closers eigentlich versagt hätte. Ist erst einmal die Beziehung zwischen Manager und Closer hergestellt, hat der Manager die berufliche Verpflichtung, dem geplagten Closer zu helfen. Läßt ein Mastercloser ein geniales Verkaufstalent mit einem belasteten Background einfach gehen, ohne ihm irgendwelche Hilfe oder Aufmunterung zukommen zu lassen, so ist dieser Manager nicht klug, sondern paranoid.

4. „That Special Spirit"

Führt der Mastercloser ein Einstellungsgespräch für eine Closerposition durch, zeigen sich seine Fähigkeiten besonders deutlich. Der Mastercloser sollte sich während des Gesprächs mental Notizen machen, indem er sich die starken Eigenschaften merkt und sie nach dem Interview aufschreibt. Der Manager muß versuchen, genau zu erklären, wo und warum dieser oder jener Closer in seine gesamte Mannschaft passen könnte oder auch nicht.

Ist der befragte Closer „ausgebrannt" und hat all seinen Wettbewerbsgeist verloren, so zeigt sich dies zweifellos im Gesichtsausdruck, in den Augen und in der Stimme. Ein Mastercloser muß beurteilen, ob solch ein Closer noch „heiße Kohlen" übrig hat, die wieder zu einem richtigen Feuer entfacht werden könnten. Hat der Mastercloser den Eindruck, daß die Kohlen des Closers bereits kalt oder zu Asche geworden sind, wird er selbst den erfahrensten Closer nicht aufnehmen. Solch ein geistig schwungloser Closer kann die Begeisterung der gesamten restlichen Mannschaft herabdrücken.

5. Finden Sie heraus, ob der Closer zielstrebig ist

Der erste Schritt bei der Überprüfung der Dynamik und der Zielstrebigkeit des zukünftigen Closers ist, herauszufinden, ob der mögliche Kandidat die Stelle wirklich will. Es gibt drei einfache Möglichkeiten, wie der Mastercloser dies herausfinden kann.

Sagen Sie dem Befragten erstens, er sei wahrscheinlich nicht gut genug für die Verkaufsmannschaft, die zusammengestellt werden soll. Erzählen Sie ihm, die Mannschaft werde nur aus starken Persönlichkeiten zusammengesetzt und daß er einfach nicht die notwendigen Erfolge vorweisen könnte, um sich zu qualifizieren. Nachdem Sie diese Bemerkung gemacht haben, sollten Sie sich zurücklehnen und dem Closer die Chance geben, sich selbst gut zu verkaufen. Der Mastercloser wird dann erkennen, ob der mögliche Kandidat ein Feigling ist oder ein Kämpfer, der die Stelle will und sie auch verdient.

Zweitens kann ein nicht überzeugter Mastercloser die Geduld und Ausdauer des möglichen Kandidaten durch absichtliche Verzögerungen testen. Erst wird er dem Closer sagen, er solle am nächsten Tag noch einmal ins Verkaufsbüro kommen, um das Vorstellungsgespräch abzuschließen. Wenn der Closer dann kommt, sollte der Manager die Verabredung um einen weiteren Tag verschieben. Erscheint der Closer am dritten Tag mit derselben Begeisterung und Zielstrebigkeit, wird der Mastercloser ihn einstellen.

Drittens sollte der Mastercloser dem Bewerber mitteilen, er werde nur zur Probe eingestellt, bis er seine Kompetenz unter Beweis gestellt hat. Der Mastercloser sollte seine Zweifel darüber äußern, daß der mögliche Kandidat die Probezeit überhaupt besteht und es bis ins Verkaufsteam schafft. Der Manager sollte sich sogar so verhalten, als wäre das Angebot einer Probezeit eine großzügige Geste seinerseits. Will der Closer die Stelle auch zu diesen Konditionen annehmen und drückt er seine Dankbarkeit für dieses „Entgegenkommen" aus, ist er zuversichtlich, daß er sich in der Probezeit beweisen wird. Wenn sich auch alles andere über den Kandidaten als positiv erweist, so sollte der Manager ihn sofort einstellen.

Es ist eine Tatsache, daß Mastercloser Mitarbeiter mit einem hohen Grad an Zielstrebigkeit und Hartnäckigkeit brauchen. Die einzige Möglichkeit, diese Eigenschaft zu messen, bietet die manchmal schmerzliche Feuerprobe der Befragung und der Provokation wie oben beschrieben.

6. Kann der Closer Kritik vertragen?

Kann der Closer keine konstruktive Kritik vertragen, dann ist er oder sie in einem Bereich überempfindlich, in dem sein oder ihr Ego zu wichtig ist. Beinahe jeder gute Closer glaubt von sich selbst, daß er ein Geschenk des Himmels für die Verkaufsbranche ist. Jeder gute Closer kann Bescheidenheit lernen, wenn die Lektion von einem Mastercloser erteilt wird.

Der schnellste Weg für einen Mastercloser, um festzustellen, ob ein Closer übermäßig empfindlich auf konstruktive Kritik reagiert, bietet sich beim ersten Einstellungsgespräch. Der Manager kann zum Beispiel damit beginnen, daß er einem Kandidaten, der auffälligen Schmuck trägt, erzählt, er sehe es nicht gerne, wenn seine Closer zu sehr „glitzern". Oder der Mastercloser könnte den Kandidaten darüber informieren, daß niemand innerhalb seines Verkaufsteams während der Arbeitszeit Cowboystiefel tragen dürfe. Nimmt der Closer an dieser Kritik Anstoß, oder teilt er sogar etwas Unmut darüber mit, daß ihm gesagt wird, was er anzuziehen habe, so weiß der Mastercloser bereits, daß er ihn nicht einstellen wird. Verhält sich der Kandidat bei einem nebensächlichen Thema, wie etwa Kleidung, negativ oder aggressiv, so wird er oder sie sicherlich auch bei wichtigeren Themen der Firmenpolitik Widerstand leisten oder noch Schlimmeres tun.

Der Mastercloser muß die Kontrolle behalten, und er muß dies von Anfang an klarstellen – auch wenn er selbst eine Vorliebe für Cowboystiefel hat.

7. Finden Sie heraus, ob der Closer an sich selbst glaubt

Egal wie groß die Motivations-Fähigkeiten des Mastercloser sind, er muß mit jemandem beginnen, der ein gewisses Maß an Vertrauen in seine eigenen Fertigkeiten hat. Der Mastercloser kann nicht immer bereits in einem Vorstellungsgespräch herausfinden, ob der zukünftige Closer Selbstvertrauen hat. Man kann sich jedoch einen einigermaßen repräsentativen Eindruck über den Closer verschaffen, indem man ihm die folgenden Fragen stellt:

1. Fragen Sie den Closer, welche seine Ziele im Leben sind, worauf er hinarbeitet. Fast jede Antwort ist ausreichend, wenn sie ohne Zögern kommt und mit Überzeugung vorgetragen wird.

2. Finden Sie heraus, warum der Closer seine bisherige Stellung aufgeben und für Ihre Firma arbeiten will. Finden Sie heraus, ob er rastlos herumstrampelt, oder ob er seine Karriere vorantreibt.

3. Fragen Sie den Closer direkt, warum er an sich selbst glaubt. So vage und erschreckend diese Frage auch ist, so wird sie doch recht aufschlußreich zeigen, ob der Closer mit selbstsicherem Humor oder mit ernster Panik reagiert. Glaubt der Closer wirklich an sich, so wird er zweifellos in seinen Aussagen überzeugen.

Der durchschnittliche Closer ist an diese Art der persönlichen Fragen und der Fürsorge von einem erfahrenen Salesmanager nicht gewöhnt und wird somit um so eher seine Maske fallenlassen. Geschieht dies, so sind fünf Minuten einer offenen Unterhaltung mehr wert als eine Stunde kontrollierter Antworten.

Direkte Fragen sind äußerst wichtig, damit der Mastercloser das Vertrauensniveau des künftigen Closers abschätzen kann. Ziel ist herauszufinden, ob der Bewerber das Potential hat, ein erfolgreicher Closer zu werden. Ist dessen Selbstbewußtsein aber getrübt, so muß der Mastercloser entscheiden, ob er ihm einen „aufbauenden" Job anbieten will oder nicht.

8. Hat der Bewerber Probleme mit Alkohol oder Drogen?

Bei den heutigen Statistiken ist es ein Mastercloser seiner Firma und den Closern schuldig herauszufinden, ob ein zukünftiger Closer ein Problem mit Alkohol oder Drogen hat. Ein Alkoholiker im fortgeschrittenen Stadium oder ein „Junkie" werden allerdings gar nicht erst zu einem Vorstellungstermin erscheinen. Der Manager muß also nur noch geschickt genug sein, um den unauffälligen, aber regelmäßigen Mißbraucher herauszufinden, der nach außen hin hochmotiviert und vertrauenerweckend erscheint. Diese Person ist ein Unfall, der darauf wartet, daß er passiert, egal, ob am Wochenende oder in den Ferien. In der heutigen schnellen und heftigen Konsumwelt ist es sehr wahrscheinlich, daß sich ein Alkohol- oder Drogenmißbrauchender unter den möglichen Kandidaten befindet.

Hat der Closer ein derartiges Problem, wird er kaum die Wahrheit erzählen. Es hängt deshalb vollkommen vom Instinkt des Mastercloser ab, ob er die Symptome erkennt und das Thema auf den Tisch bringt. Fragt der Manager den Closer, ob er ein Alkohol- oder Drogenproblem hat, sollte er dies auf eine ernsthaft fürsorgende Weise tun. Mit der Hilfe Gottes und den Diensten eines guten Beraters kann ein talentierter, aber mit Problemen behafteter Closer zauberhafte Umsätze für einen Mastercloser produzieren, der mutig an seinen Mitarbeiter glaubt.

9. Ist der Closer ehrlich?

Wie kann ein Mastercloser herausfinden, ob ein Closer ehrlich ist? Dies ist beinahe unmöglich. Der Manager kann lediglich die bisherige Karriere des Closers einer Überprüfung unterziehen, um herauszufinden, ob dieser in der Vergangenheit unehrlich war und dabei erwischt wurde. Auch wenn der Closer früher ein Schwindler war – Menschen können sich in ihrem Leben ändern. Unehrliche Closer wurden zu guten ehrlichen Bürgern, und ehrliche Closer über Nacht zu Gaunern. Auch ein Mastercloser kann sich in bezug auf diese Frage nicht 100prozentig absichern. Es ist sicher, daß er sich ab und zu die Finger verbrennt.

Der Mastercloser darf nicht vergessen, daß er sich an einwandfreie Regeln und Werte halten und seinem Mitarbeiterstab immer als das beste Beispiel an Gerechtigkeit und Ehrlichkeit vorangehen muß. Er wäre kein Mastercloser, wenn er sich anders verhielte. Indem er bei seinem Wort und seinen Prinzipien bleibt, wird der Mastercloser sichergehen, daß seine ehrlichen Closer alle unehrlichen zahlenmäßig bei weitem übertreffen.

10. Finden Sie einen loyalen und engagierten Closer

Ist der Kandidat von einem Sales-Team zu einem anderen abgewandert und besonders, wenn er oder sie zuvor schon mehrfach das Team gewechselt hat, so kann man annehmen, daß der Kandidat wenig Fähigkeit zur Teamloyalität hat. Hat ein Kandidat häufig Schulen und Adressen gewechselt, so kann dies ebenfalls einen Vagabunden ankündigen, der es nicht wert ist, daß Sie viel Zeit und Mühe investieren.

Die einzige Möglichkeit, die Masterclosern zur Verfügung steht, um echte Loyalität und Engagement zu fördern, ist ihr eigenes Verhalten. Der Closer muß wissen, daß der Manager zu ihm hält, wenn er in Schwierigkeiten gerät. Wenn der Mastercloser seine Closer beispielhaft führt, bleiben die Closer im allgemeinen ihrem Manager und der Firma treu. Die meisten Closer möchten Teil eines echten Profi-Teams sein, eines Erfolgsteams, auf das sie später einmal mit Stolz zurückblicken können: „Ich war ein Mitglied dieser berühmten Sales-Force."

Closer wissen, daß Loyalität und Teamarbeit die Schlüsselfaktoren sind, die für ein reibungsloses Funktionieren einer Verkaufsmannschaft von höchstem Format sorgen. Nichts ist erfolgreicher als der Erfolg, und häufig ist es gerade der erste positive Quartalsbericht, der die Closer zu einem Erfolgsteam zusammenschweißt. Dieser neue Zusammenhalt fällt auf den Mastercloser zurück, die Mannschaft wird ihn als Initiator ihrer erfolgreichen Teamanstrengung anerkennen.

---

10 Hinweise, worauf Sie bei der Neueinstellung eines Closers achten müssen

– Hören Sie sich die Geschichte des Closers sehr genau an, und lassen Sie sich nicht in eine angenehme Konversation verwickeln.

– Achten Sie darauf, was der Bewerber mit seinem Körper zu Ihnen spricht: wie ist seine Ausdrucksweise, wie seine Augen, Hände, Haare, wie sind seine Bewegungen?

– Überprüfen Sie den Werdegang eines Bewerbers, auch wenn Sie ihn am liebsten „vom Fleck weg" engagieren würden.

– Finden Sie heraus, ob der Closer das „gewisse Etwas" hat.

– Ist der Bewerber dynamisch und zielstrebig?

– Kann der Closer Kritik vertragen?

– Finden Sie heraus, ob der Closer an sich selbst glaubt.

– Achten Sie auf mögliche Alkohol- oder Drogenprobleme.

– Ist der Closer ehrlich?

– Suchen Sie nach einem loyalen und engagierten Closer.

Kontrolle der Mitarbeiter

Stellen Sie Regeln auf

Lassen Sie jeden Closer eine standardisierte Erklärung unterschreiben, die alle Regeln enthält, die das Verkaufsbüro betreffen und die Verkaufsaktionen bestimmen. Diese Verhaltensregeln sollten in klarer Sprache – nicht im Juristenjargon – formuliert sein. Die Erklärung sollte im wesentlichen eine Reihe von Rechten und Pflichten enthalten, die von jedem aus dem Sales-Team befolgt werden müssen. Die Verhaltensregeln sollten grundlegende „Gesetze" enthalten, die klarstellen, welche Geschäftsgepflogenheiten und Verhaltensweisen im Verkaufsbüro nicht toleriert werden.

Die Verhaltensregeln sollten im einzelnen folgendes enthalten:

1. Außerhalb der Arbeitszeiten sollen keine Treffen mit Closern oder übrigen Mitarbeitern des anderen Geschlechts stattfinden.

2. Verspätungen bei Teamsitzungen werden nicht toleriert; Entschuldigungen – und zwar nur solche, die glaubwürdig sind – müssen vor dem Treffen erfolgen.

3. Auf dem Gelände des Unternehmens wird der Genuß von Alkohol oder illegalen Drogen nicht akzeptiert; offenkundiger Mißbrauch solcher Mittel sind ein Grund für eine fristlose Kündigung.

4. Jeder Kunde muß mit dem allergrößten Respekt behandelt werden; wenn Probleme entstehen, werden sich die Closer an den Manager wenden und sich nicht gegenüber dem Kunden schlecht benehmen.

Diese Liste mit Geboten und Verboten ist von unschätzbarem Wert. Mißachtet ein Closer eine dieser Regeln, so muß der Mastercloser nur diese unterschriebene Erklärung zu den Verhaltensregeln aus der Akte des Closers hervorziehen. Dann entscheidet der Manager, wie er weiter vorgeht. Zumindest weiß jetzt der Closer, der diese Erklärung unterschrieben hat, daß er nichts zu seiner Verteidigung vorbringen kann, und daß die Sicherheit seines Arbeitsplatzes vollkommen in den Händen des Masterclosers liegt. Es ist nicht immer leicht, mit Kündigungen oder mit harten Verwarnungen umzugehen. Präsentiert jedoch der Manager eine solche Vereinbarung einem „schuldig gewordenen" Closer, setzt er sich damit klar ins Recht.

Befolgen Sie selbst die Regeln

Der Mastercloser muß sich an seine eigenen Betriebsregeln für das Verkaufsbüro halten, und er kann sich bei der Bestrafung für die Nichteinhaltung dieser Regeln nicht unklar verhalten.

Wird ein Mastercloser selbst des schlechten Benehmens für schuldig befunden, beruft er eine Sitzung ein, bekennt sein falsches Verhalten und tritt zurück. Er oder sie kann dann erhobenen Hauptes hinausgehen. Die Chancen sind hoch, daß die Mitarbeiter oder die Gesellschafter den Manager bitten, alles noch einmal zu überdenken – für den Fall, daß der Verstoß nicht zu schwer war. Ein Mastercloser kann eine Katastrophe, wie etwa, betrunken im Büro zu erscheinen, noch in eine Demonstration von Rechtschaffenheit verwandeln, indem er demonstriert, daß er bereit war, den höchsten Preis für das Nichteinhalten seiner eigenen Regeln zu bezahlen.

Der Mastercloser muß genauso gerecht – aber auch ebenso standfest – wie ein guter Armeegeneral sein. Er kann keine Ausnahmen machen oder die Gesetze des Verkaufsbüros der aktuellen Situation beliebig anpassen. Der Mastercloser führt keinen Popularitätswettbewerb durch, sondern leitet eine professionelle Verkaufsmannschaft, die ihr eigenes Leben und ihren eigenen Geist hat. Es ist seine Aufgabe, die Mannschaft so zu führen, daß sie als Erfolgsteam arbeitet. Jederlei Bevorzugungen wie beispielsweise unverdiente Boni oder besondere Begünstigungen, die einem Angehörigen des Teams gewährt werden, zerstören auf lange Sicht nur die Verkaufsmannschaft.

Der Mastercloser, der die Verhaltensregeln für das Verkaufsbüro schriftlich niederlegt, sollte diese auch selbst peinlich genau befolgen. Müssen, je nachdem, wie dies die Umstände verlangen, Veränderungen einer Regel vorgenommen werden, so muß der Manager diese Veränderungen offen und explizit einführen.

Verschließen Sie wichtige Papiere

Wie sehr ein Manager auch seiner Mannschaft vertraut, er muß doch gegen skrupellose, ehrgeizige Leute geschützt werden, die für Konkurrenzfirmen arbeiten oder eine konkurrierende Aktion starten wollen. Schließen Sie immer wichtige Papiere und Adreß-listen von Kunden weg, wenn Sie das Büro verlassen. Diese Listen und Kundenverträge sind zu wertvoll und verführerisch, als daß man sie einfach „kostenlos" herumliegenlassen dürfte. Der Schreibtisch des Masterclosers und seine Akten sollten verschlossen, vertrauliche Dokumente im Firmencomputer vor fremdem Zugriff gesichert sein.

Diese Art von Daten bildet die Grundlage eines professionellen Verkaufsunternehmens. Das Risiko, diese Informationen an irgendeinen Konkurrenten zu verlieren, rechtfertigt die Zeit, die benötigt wird, um die Unterlagen zu verschließen beziehungsweise abzusichern. Ein Mastercloser ist sich darüber bewußt, daß es im Geschäftsleben immer Leute geben wird, die sich nicht an die Regeln halten. Man kann so vertrauensvoll sein, daß man sein Zweitauto an einen Closer ausleiht, man sollte jedoch nicht so naiv sein, wertvolle Unterlagen leicht zugänglich aufzubewahren.

Führung der Closer

Führen Sie regelmäßige Versammlungen durch

Das Anberaumen regelmäßiger Closerversammlungen zu einer bestimmten Uhrzeit ist der erste Weg, wie ein Mastercloser die Arbeitsleistung und das Tempo seiner Closer kontrollieren kann. Es kann nicht genug betont werden, wie wichtig dieser Jour fixe für den Arbeitsrhythmus einer jeden professionellen Verkaufsmannschaft ist. Er bedeutet dasselbe für ein Verkaufsteam wie die Halbzeit für ein Basketballteam.

Vertreterversammlungen bilden und motivieren den Closer auf drei Arten:

1. Sie bringen die gesamte Verkaufsmannschaft zusammen, auch
   wenn sie über das ganze Land oder die Region verteilt ist und
   ermöglichen es ihr, sich als ein vereintes Team zu ordnen.

2. Sie ermöglichen es den Closern und dem Manager, Strategien
   neu zu überdenken, und machen Strategieentscheidungen entsprechend neuer Marketingentwicklungen auf diesem Gebiet
   möglich.

3. Sie führen die Closer zurück zu ihrem inspirierenden Mastercloser und ermöglichen es ihnen, neue Ziele zu entwerfen, die sie
   wiederum verjüngen und sie vor dem Ausbrennen bewahren.
   Wie nach einer Generalüberholung sollte der Closer vollkommen aufgemöbelt und voller neuer Energie, sein Produkt zu verkaufen, aus dem Team-Jour-fixe herausgehen. Das Team-
   Meeting sorgt dafür, daß der Closer immer wieder zur Höchstform findet.

Der Mastercloser entwickelt Kontrolle über seine Closer, indem er
erstens darauf besteht, daß jeder pünktlich zu diesen Sitzungen erscheint, egal ob das Treffen jeden Morgen um sieben Uhr in einem
örtlichen Büro stattfindet oder einmal im Monat um vier Uhr nach-
mittags für eine nationale Verteilerkette. Es darf keine Abwesen-
den und keine Unpünktlichkeit geben. Ein Mastercloser weiß: Ist
der Closer selbst nicht anwesend und kann man sich nicht auf ihn
verlassen, so ist er auch nicht von ganzem Herzen an der Sache des
Teams beteiligt.

Weiterhin gewinnt der Mastercloser Kontrolle bei diesen Sitzungen, indem er die Aufmerksamkeit eines jeden fordert und auch bekommt. Je nachdem,zu wekchem Typ sie gehören, leiten die Mastercloser ihre Sitzungen wie im Klassenzimmer, wie eine Rallye
oder den Kriegsrat – aber auf keinem dieser Treffen werden die
Closer Schlaf nachholen können. Auch nach der Begrüßung der
einzelnen Teilnehmer weiß ein Mastercloser, wie er Closer individuell beteiligen kann, etwa, indem er sie durch das zielgerichtete
Stellen bestimmter Fragen in die Pflicht nimmt. Eine ganze Palette
von Einflußmöglichkeiten, von visuellen Hilfen, ja sogar Scherze

und verhüllte Drohungen stehen dem Mastercloser zur Verfügung, um die Aufmerksamkeit der Verkaufsmannschaft aufrechtzuerhalten.

Die Versammlung wird ebenfalls bestens genutzt, wenn sie gleichzeitig als öffentliches Forum dient. Auch wenn Informationen gedruckt und an die Mannschaft verteilt wurden, nutzen Sie die einmalige Gelegenheit der Sitzung, um bedeutsame Trends, ominöse Warnungen oder optimistische Vorhersagen bekanntzugeben. Dies ist die Gelegenheit, öffentlich Belohnungen für die Closer des Monats, Boni und andere Anreize zu verteilen. Nachdem Sie die Folie mit der Umsatztabelle gezeigt haben, lassen Sie ein Foto von dem Baby des Closers Soundso folgen oder Dias vom Grillfest der Firma im letzten Monat. Die Mischung aus Arbeit und Vergnügen macht das Geschäft angenehmer und die Verbindung von Familienneuigkeiten mit Firmen-News läßt die Firma langfristig auch zu einer Familie werden.

Helfen Sie Closern bei finanziellen Problemen

Benötigt ein verdienter Closer finanzielle Hilfe, oder hat er Probleme mit seinen privaten Rechnungen, sollte sich ein Mastercloser einmischen. Es ist zwar emotional wie finanziell belastend, sich auf diese Weise einer Person gegenüber zu verpflichten, aber vergessen Sie nicht, daß dies eine weitere große Chance für den Mastercloser ist, um die immerwährende Loyalität eines Closers zu gewinnen. Die Hilfe bei persönlichen finanziellen Problemen muß nicht gleich bedeuten, daß Sie ihm 5000 Dollar geben oder seine überfällige Rechnungen bezahlen. Es bedeutet vielmehr, beteiligt zu werden, indem man dem Closer hilft, seine Finanzen zu ordnen und seine Steuerangelegenheiten zu regeln. Der Umgang mit täglichen Geschäftstransaktionen erleichtert dem Closer keineswegs den Umgang mit seinen eigenen finanziellen Details, so daß viele von ihnen einen Mastercloser sehr schätzen werden, der sich mit ihnen hinsetzt und einen Finanzplan ausarbeitet. Hat der Manager einmal damit angefangen, der persönliche Berater oder Buchhalter des Closers zu sein, sollte er dies durch periodische Überprüfungen auch weiterverfolgen.

Indem er für den Closer diese Extraaufgabe übernimmt, erfüllt er zwei Ziele. Erstens verhilft er seinem Closer wieder zu einer gesunden, unbelasteten Verkaufseinstellung, weil er ihn von dem Druck oder den Unsicherheiten befreit, die dessen Karriere oder Arbeitsleistung behindern könnten. Und zweitens hat der Mastercloser jetzt Kontakt mit dem Privatleben des Closers bekommen. Er ist sozusagen zum großen Bruder, zu einer Vaterfigur geworden, dessen Urteil und Anweisungen bestimmt respektiert und befolgt werden. Es hat enorme positive Auswirkungen, wenn ein Closer seinen Kollegen erzählt, was für ein toller Typ der Mastercloser ist, wieviel er sich wirklich um seine Leute sorgt und wieviel er wirklich über den Umgang mit Geld weiß.

Verkaufsberichte für die Lebenspartner

Führen Sie alle zwei Monate ein Telefongespräch und schicken Sie regelmäßig Berichte an den Closer beziehungsweise die Closerin und den jeweiligen Partner, damit die ganze Familie beteiligt wird. Einige Closer denken vielleicht, dies sei etwas hinterlistig, aber es erfüllt wichtige Ziele. Erstens wird hierdurch auch dem Lebenspartner transparent, wie die Gehaltssituation aussieht. Zweitens kann der Partner jetzt moralische Unterstützung leisten, um seinen Lebensgefährten durch eine schlechte Phase zu bugsieren, oder er kann ihm zujubeln, wenn die Provisionen und Boni weiterfließen.

Ein Mastercloser weiß, daß hinter jedem erfolgreichen Closer jemand steht, der Unterstützung leistet.

Allerdings sollte diese Art der Berichterstattung immer wieder einmal ausgesetzt werden, damit sie nicht ihre Wirkung verliert.

Veranstalten Sie regelmäßig Team-Partys

Der Mastercloser sollte regelmäßig zu Team-Partys einladen, um Spannungen abzubauen und den Teamgeist aufrechtzuerhalten. Gelungene Feiern halten die Motivation und die Moral in der Verkaufsmannschaft über die gesamte Verkaufssaison hoch, manchmal genügend, um die Konkurrenz auszuboten.

Der Mastercloser nutzt diese Feiern auch, um seine Closer und deren Familien kennenzulernen. Er kann das Verhalten der Closer beobachten und sehen, wer zum Beispiel zu viel trinkt, zu laut und zu übermütig wird oder die Kontrolle verliert und sich zum Narren macht. Häufig geschieht es gerade in solch einer informellen Umgebung, daß der Closer als erster auf den Manager zugeht und mit ihm über Probleme spricht, die niemals im offiziellen Rahmen des Verkaufsbüros zur Sprache kommen würden.

Die meisten Mitarbeiter können auf einer Bürofeier oder einem Betriebsausflug aus sich herausgehen, aber ein Mastercloser läßt sich niemals gehen. Er muß immer die Kontrolle bewahren und ein gutes Beispiel für andere sein. Vergessen Sie nicht, daß jeder immer ein Auge auf den Chef wirft; Rivalen warten nur darauf, daß Sie einen Fehler machen.

Halten Sie immer die Augen offen

Der Mastercloser sollte ständig wachsam sein und immer wissen, was innerhalb und außerhalb des Büros geschieht. Weiß er nicht, was um ihn herum passiert, bekommt er zum Beispiel kleine Eifersüchteleien und Streitereien, Machtkämpfe, „gelegentlichen" Drogenmißbrauch, Büroaffären, finanzielle Betrügereien usw. nicht mit, so ist er deutlich im Nachteil. Er ist dann nicht in der Lage, Katastrophen zu verhindern, und wird diese niemals bereits im Keim ersticken können.

Ein wichtiger Weg, wie der Mastercloser die Kontrolle bewahren kann, geht von seiner unheimlichen Fähigkeit aus, alle schmutzigen Geheimnisse zu kennen und entschieden zu reagiern, um die Firma vor Schaden zu bewahren. Auch ein Mastercloser benötigt Hilfe, um über alles, was sich in seiner Mannschaft tut, informiert zu sein. Damit er aber immer alles weiß, benötigt er Insider, die ihn auf dem laufenden halten. Erscheint Ihnen die Idee, Agenten oder Informanten unter den Angestellten zu haben, als verabscheuungswürdig, so sind Sie sich nicht im Klaren darüber, wie brutal die Verkaufswelt sein kann und wie gefährdet eine „mächtige" Position als Mastercloser ist. In der Liebe und im Krieg ist alles gerecht – und was ist die Verkaufswelt anderes als eine Mischung aus Liebe und Krieg?

Man kann jedoch nicht einfach Closer einstellen, damit sie als Spione arbeiten. Und auch der freundlichste Assistent ist nicht ein so effektiver Aufpasser wie ein Closer. Wie aber stellt dann der Mastercloser diese unverzichtbaren Geheimagenten ein? Erstens kann sich der Manager auf diejenigen Closer verlassen, denen er persönlich geholfen hat. Diese werden sich als dankbar erweisen und ihm wichtige Informations-Leckerbissen liefern. Es muß ihnen einfach klargemacht werden, daß ihre diskrete Hilfe beim Zusammentragen von Informationen sehr gebraucht und geschätzt wird. Ertappen sich die Agenten dabei, daß sie das Vertrauen einzelner Closer vielleicht mißbrauchen, so müssen sie doch erkennen, daß ihre Dienste auf lange Sicht allen Closern helfen.

Außerdem kann garantiert werden, daß es in jedem Verkaufsbüro immer Leute gibt, die Informationen an den Mastercloser weitertragen. Ein Mastercloser weiß, daß solche Informationen angeboten werden, um sich einzuschmeicheln oder Rivalen auszuschalten, so daß man diese Informationen immer mit Vorbehalt entgegennehmen muß. Der Mastercloser sollte sich beide Wege zur Informationsbeschaffung offenhalten, so daß er sich immer auf mehrere Paar Augen und Ohren verlassen kann.

Zeigen Sie Respekt – und Sie erhalten Respekt

Bei aller Kontrolle über das Privatleben und die finanzielle Situation des Closers vergißt der Mastercloser nie, seinen Closern gegenüber echtes Vertrauen und aufrichtigen Respekt zu demonstrieren. Denn Respekt wird durch Respekt erwidert.

Der Mastercloser nimmt sich die Zeit, den Problemen und Vorschlägen des Closers zuzuhören. Ein Closer sollte das Gefühl haben, daß er bei bestimmten Dingen mitreden und mit seiner Initiative die Umsätze steigern kann. Ein Mastercloser wird auf einer Sitzung stolz verkünden, daß ein neuer Plan oder ein neuer Ansatz von dem Kollegen John oder der Kollegin Carola in die Tat umgesetzt wird. Ein Closer schätzt den Freiraum, der ihm durch den Manager gewährt wird, sehr, und ein Closer, der sich ernst genommen fühlt und am Geschehen beteiligt ist, stellt ein wertvolles Gut für den Manager und die gesamte Verkaufsmannschaft dar.

Respekt bedeutet auch, daß einem Closer, der nicht gut arbeitet, ein Extra-Training angeboten wird, daß ihm besondere Aufmerksamkeit und Fürsorge zukommt, anstatt daß er gleich hinausgeschmissen wird. Macht ein Closer einen Fehler, so ermöglicht es der Respekt seines Managers, daß dieser Fehler vergeben und vergessen wird.

Der Mastercloser verteilt nicht einfach Respekt, weil er so ein netter Mensch ist, sondern er hat erkannt, daß er einen Closer kontrollieren und steuern kann, wenn er seinerseits dessen Respekt gewonnen hat.

Was Mastercloser über Closer wissen müssen

1. Alle Closer denken von sich, sie seien die besten. Ein Mastercloser sollte sich besser daran gewöhnen, daß alle Closer ein
   ausgeprägtes und sensibles Ego haben. Closer sind professionelle Überreder; ihre Arbeit besteht darin, Produkte an Menschen
   zu verkaufen. Entwickeln sie sich zu Top-Closern, glauben sie,
   sie könnten jedem alles verkaufen, und alle davon überzeugen,
   die Dinge zu sehen wie sie selbst. Sie fangen an zu denken, sie
   hätten auf alles eine Antwort, und reden sich ein, auch die Mastercloser müßten von ihrem Charme und ihrer Weisheit begeistert sein.

   Ein Mastercloser kann das Vertrauen hinter dem übertriebenen
   Ego schätzen, weil er gleichzeitig weiß, daß der Top-Closer in
   seiner Arbeit erfolgreich ist.

2. Der Manager muß ebenfalls wissen, wie er die ausgeprägt wett-
   bewerbsbewußte Natur des Top-Closers ertragen und umlenken
   kann. Er versucht nicht, gegen die Alleswisser-Mentalität anzu-
   kämpfen, nutzt diese jedoch angemessen zum Wohl der Firma.
   Werden Umsatzzahlen herausgegeben, achten die Top-Closer
   sehr darauf, wer im oberen Prozentbereich der Verkaufsmannschaft aufgeführt ist. Obwohl sie dies vielleicht nicht zugeben
   wollen, konkurrieren ernsthafte Closer instinktiv. Sie nehmen
   nicht nur wegen des Gehalts, wegen der Provision oder der Befriedigung, die sie daraus ziehen, daß sie andere Leute davon
   überzeugen, ihre Produkte seien die besten, an dem Verkaufs-
   spiel teil, sondern auch wegen des Ruhms, daß alle Kollegen
   wissen, wie gut sie wirklich sind. Ein Top-Closer wird schneller
   und härter arbeiten, um besser zu verkaufen als sein Kollege,
   und nicht, um einen Bonus zu erhalten. Top-Closer wollen anerkannt werden, wenn sie sich an der Spitze befinden, und der
   Mastercloser sollte ihnen diese Anerkennung nicht verwehren.

3. Mastercloser müssen sich auch über die Neigung der Closer zur
   Übertreibung bewußt sein. Vergessen Sie nicht, daß Closer ge-
   schulte Schauspieler sind und ihre Präsentationen am liebsten in

den buntesten Farben ausmalen. Nun gut, diese Angewohnheit zur Beschönigung und Aufbauschung ist auch genau dieses: eine Angewohnheit. Der Mastercloser wird diese Kommunikationsangewohnheit verzeihen und sogar schätzen, wenn er lernt, zwischen dem Realen und dem beinahe Realen im Umgang mit seinen Closern zu unterscheiden. Ein Mastercloser gerät deshalb nicht in Panik, wenn er über einen „schrecklichen Mißbrauch von Firmenvermögen" erfährt oder von einem „heftigen Streit unter Closern während des Wochenendes." Wahrscheinlich hat jemand nur die paar Dollar mißbraucht, die die Frankiermaschine wert ist, und die zwei Streithähne hatten nur einen feurigen Dialog. Der Mastercloser wird ruhig vorgehen, um sich die Informationen bestätigen zu lassen, und sich nicht darauf losstürzen, um aus einer Mücke einen Elefanten zu machen.

4. Erfolgreiche Closer denken häufig, sie könnten besser führen als ihr eigener Manager. Alle guten Closer glauben in ihrem tiefsten Herzen, sie wären ganz tolle Mastercloser, gäbe man ihnen nur die Chance dazu. Dieses intuitive Gefühl erweist sich vielleicht in manchen Fällen als richtig, aber ein Mastercloser – der selbst ein ausgeprägtes Ego hat – schätzt wahrscheinlich selbsternannte Stellvertreter weniger.

Der Mastercloser wird erkennen, daß sogar die selbstbewußteren, lärmenderen Closer nicht seine Autorität bedrohen. Sie reagieren lediglich ihre Managementphantasien ab. Wenn seine besten Closer nicht das Bedürfnis hätten, ab und zu eine Sitzung dominieren zu wollen, käme ein Mastercloser auf den Gedanken, mit seiner Verkaufsmannschaft sei etwas nicht in Ordnung. Es ist gut, Closer zu haben, die nicht immer mit dem Chef einer Meinung sind.

Der echte Mastercloser wird sich die Zeit nehmen, um sich die Kritik seiner Closer anzuhören, – in der Hoffnung, etwas zu lernen, was zur Umsatzsteigerung beiträgt.

Manchmal wird ein Manager auf einen fragwürdigen Vorschlag der Closer eingehen, nur um seine Flexibilität zu demonstrieren.

Er wird keine „Wie ich nicht anders erwartet habe"-Rede halten, nachdem die Realisation des Vorschlags schiefgelaufen ist; er wird die Closer lediglich taktvoll daran erinnern, daß er von dem Vorschlag von Anfang an nicht viel gehalten hat. Der Manager sollte fortfahren und sagen, daß er dennoch den Vorschlag berücksichtigt hat, weil er von seinen Mitarbeitern viel hält. Leicht gedemütigt ist die Mannschaft jetzt um so williger, sich durch das Wissen und die Erfahrung ihres Masterclosers leiten zu lassen.

Der Mastercloser, der seine Mannschaft mit Jasagern gespickt hat, die immer mit ihm einer Meinung sind, oder ein Mastercloser, der alle seine Leute mit seinem dikatatorischen Stil unterwürfig gemacht hat, besitzt zweifelsohne eine Verkaufsmannschaft, die nicht ihr Bestes geben wird. Der Mastercloser weiß, wie weit er zugunsten von Innovation und Kreativität zurückstecken muß, ohne sich gleichzeitig gänzlich zurückzuziehen und ein Vakuum für ziellose Ideen und Anarchie zu öffnen.

5. Die meisten Closer sind so faul, wie es der Manager erlaubt. Natürlich wird der Durchschnittscloser an die regelmäßigen, zugeteilten Kunden verkaufen; es ist jedoch schwierig, einen Closer ins freie Feld zu schicken und neue Aufträge herzuzaubern. Der Mastercloser versteht diese natürliche Angst und den Abscheu gegenüber dieser Art des Verkaufens bei seinen Closern, so daß er seine Mitarbeiter jeden einzelnen Tag drängen, würdigen, unterstützen, bedrohen und bestechen wird, um sie auf dieses Extragebiet zu führen, wo der Erfolg schließlich liegt.

6. Manager müssen wissen, daß nur wenige Closer mit den ihnen zugewiesenen Gebieten oder Kunden zufrieden sind. Mehrere Closer werden immer darauf hinweisen, daß man ihnen das schlechtere Gebiet zugewiesen hat, wohingegen die Lieblinge des Managers mit den leichteren Gebieten beauftragt würden (einfache und „automatische" Kunden). Der Mastercloser muß verstehen, daß es nur allzu menschlich ist, wenn einem der Rasen des Nachbarn grüner erscheint als der eigene. Sobald die Zuweisungen verteilt sind, muß ein Mastercloser darauf hinwei-

sen, daß die Gebiete und Kundenzahlen jedes Closers so gleichmäßig wie möglich verteilt sind. Der Manager sollte solche Behauptungen mit Grafiken unterstützen und das Murren ein für alle Mal mit Beginn der Saison beenden.

Gelegentlich steckt hinter dem Gezänk der Closer allerdings auch ein wenig Wahrheit. Einige Mastercloser sind parteiisch; sie schicken einen Anfänger oder einen Closer, um den sie sich nicht besonders kümmern, in ein neues, ja sogar dürftiges Verkaufsgebiet. Für diese Art der Taktik gibt es keine Entschuldigung, da es andere Mitglieder der Mannschaft befremdet. Der Manager sollte dem Closer keine aussichtslosen Kunden zuteilen als ein Mittel, um dessen Niederlage herauszufordern. Wenn er ihn wirklich nicht leiden kann, oder wenn er berechtigte Gründe hat, sollte er dies offen äußern und sich von dem betreffenden Closer trennen.

Im allgemeinen sieht ein Mastercloser, daß seine Closer auch nur Menschen sind. Sie mögen vielleicht selbstzerstörerische Angewohnheiten haben, sie mögen vielleicht denken, daß kein Chef gerecht ist, sie mißinterpretieren vielleicht einen Laufburschenjob, wenn sie etwas von der Post holen sollen, als eine erniedrigende „Strafe" durch den Manager. Zuweilen kann ein Mastercloser den Eindruck erhalten, er hätte es mit Kindern und nicht mit Erwachsenen zu tun. Wie auch immer, ein Manager muß die Geduld und das Verständnis von Eltern aufbringen. Der Mastercloser entwickelt auch die Liebe eines Vaters oder einer Mutter, während er seine Closer durch Dick und Dünn begleitet, während er sie zu produktiven Spitzenclosern macht. Er bekämpft nicht die Alleswisser-Mentalität, lenkt sie jedoch richtig – zum Wohl der Firma.

3. Kapitel

So führen Sie Ihre Closer zum Erfolg

Closer sind keine „normalen" Mitarbeiter. Closer haben eine ganz besondere Persönlichkeit, die eine ganz besondere Art von Führung erfordert. Sie zu führen ist nicht einfach und bedarf einer festen Hand, es bedarf eines Masterclosers, der selbst eine besondere und starke Persönlichkeit ist.

Erfahren Sie in diesem Kapitel, wie Sie Ihre Closer optimal führen und motivieren. Erkennen Sie die wichtige Bedeutung von Sales-Meetings, welche Gründe es gibt, sie durchzuführen, welche Strategien Sie anwenden können, und was die Grundregeln für ein effizientes Meeting sind. Bereiten Sie Ihre Closer optimal auf den Verkauf und die Kunden vor, dann werden Sie die Umsatzzahlen erreichen, die Sie erreichen wollen.

Motivierung und Ausbildung durch Sales-Meetings

Das vorrangige Ziel dieser überaus wichtigen Sales-Meetings für den Mastercloser ist die Kontrolle über seine Closer. Geht vom Podium keine Macht und keine Kontrolle aus, so wird der Mastercloser niemals die Beherrschung des Fachs erreichen, die er für seinen Geschäftserfolg benötigt. Egal, wie erfolgreich der Mastercloser im Einzelgespräch ist, er muß die Fähigkeit besitzen, Führungsqualitäten auf die gesamte Gruppe auszustrahlen, damit das Closertreffen zur Bühne für seinen starken, zielgerichteten Willen wird. Noch so viele Notizen eines kompetenten Bürokraten können nicht die Aura von Kontrolle schaffen, die ein Mastercloser während der Teamsitzung ausstrahlt.

Die sieben Hauptgründe für ein Sales-Meeting

1. Kontrolle

Der Gehilfe der Kontrolle ist die Disziplin. Führen Sie ein, daß die Teamsitzungen an einem bestimmten Ort stattfinden, zu einer festgelegten Zeit. Bevor der Mastercloser die Sitzung selbst eröffnet, sollte er die Closer miteinbeziehen und ihnen verschiedene Aufgaben zuteilen. Diese können folgendes umfassen:

– Feststellung der Anwesenheit,

– Verlesung des Protokolls der letzten Sitzung,

– Vortrag der Tagesordnungspunkte der aktuellen Sitzung,

– Verteilen von wichtigen Kopien oder Computerausdrucken,

– Verantwortung dafür, daß im Sitzungsraum angemessene Stühle vorhanden sind, daß das Mikrofon funktioniert und daß der jeweilige Redner ein Glas mit frischem Wasser zur Verfügung hat.

Der frühe Morgen ist die beste Zeit für Teamversammlungen, da in diesem Zeitraum die Aufmerksamkeit maximal ist. Man kann über die Closer keine Kontrolle ausüben, wenn diese geistig und körperlich von der Tagesarbeit erschöpft sind.

2. Motivation

Vergessen Sie nicht, daß Closer nichts verkaufen können, wenn sie weder von sich selbst, noch von dem Produkt überzeugt sind. Anders gesagt, sie müssen laufend motiviert werden, und dies ist eine der Hauptverantwortlichkeiten des Masterclosers. Der Mastercloser nutzt seine Closersitzungen als die beste Möglichkeit, seine Closer zu motivieren. Egal wie gut der Manager bei Einzelgesprächen ist, Sales-Meetings sind die einzigen organisierten Versammlungen, die regelmäßig stattfinden und die einzige Gelegenheit für die gesamte Mannschaft, sich zusammenzusetzen und sich geistig verstärkt auf dasselbe Ziel zu konzentrieren.

Einem Verkaufsteam, das in viele verschiedene emotionale Richtungen läuft, ohne ein gemeinsames Ziel und denselben Zweck zu verfolgen, geht schnell der Atem aus, und es hat bald keine Energiereserven mehr. Boni für einzelne halten manche der Closer für einige Zeit motiviert, aber nur effiziente, informierende Sales-Meetings halten alle Closer die ganze Zeit über bei der Stange. Der Mastercloser muß seine Sitzungen wie eine Wahlkampagne gestalten oder wie die Show in der Halbzeit einer Sportveranstaltung. Er muß Begeisterung verbreiten, und den Teamgeist auf bestimmte Gruppenziele hinlenken.

3. Unterrichten Sie

Teamsitzungen sollten für jeden Closer eine Lernerfahrung darstellen. Der Mastercloser muß die Closer über Entwicklungen des Verkaufs und über technische Neuerungen im Zusammenhang mit der Produktpalette der Firma auf dem laufenden halten. Der Mastercloser lehrt seine Closer neue Verkaufsmethoden und Verkaufstechniken. Er hält sie die ganze Saison über verpflichtet, stellt deren Umsätze und die konkurrierender Abteilungen oder Firmen grafisch dar. Der Mastercloser ist außerdem ein meisterhafter Ausbilder, der es niemals erlaubt, daß sein Unterricht langweilig oder übermäßig theoretisch würde. Instinktiv oder durch Übung weiß dieser Manager, wie er seine Stimmhöhe zu variieren hat, wie er Blickkontakt mit jedem aufnimmt und die Closer mit Fragen wach hält.

4. Setzen Sie spezifische Ziele

Sales-Meetings bieten den richtigen Zeitpunkt und sind der richtige Ort, an dem der Manager seine Closer genau wissen läßt, was von Ihnen erwartet wird. Nur die Angabe einer konkreten Zahl ermöglicht dem Closer einzuschätzen, ob er den Anforderungen seiner Firma entsprochen hat oder nicht. Die Closer sollten darüber hinaus in die Pläne der gesamten Abteilung oder der Firma eingeweiht sein, so daß deren besonderer Beitrag zu diesen Zielen kritisch gemessen und betrachtet werden kann. Für die Closer und das gesamte Team muß ein realistischer Plan aufgestellt werden, auch wenn dieser Ziele für einen Zeitraum von mehreren Monaten umfaßt. Verfügt ein Closer nicht über einen festgelegten Spielplan mit einem Anfang, einer Mitte und einem Ende, so kann er genausogut versuchen, eine Regatta mit einem schnellen Boot, aber ohne Einsatz des Steuerruders zu gewinnen. Vergessen Sie nicht, daß Sie niemandem erzählen können, welches sein Ziel sein soll, wenn Sie selbst nicht wissen, wo es langgeht.

Mastercloser lassen ihre Verkaufsmannschaft das gesamte Marketingziel wissen, so daß jeder Beteiligte die gleiche Vorstellung von seinem Ziel hat, um die Arbeit zu erledigen. Mit Hilfe eines bestimmten Ziels kann ein Closer, der versagt, motiviert werden, aufzuholen, ein übereifriger Closer dagegen kann sich entspannen und eine frühzeitige Erschöpfung abwenden.

5. Belohnen Sie

Wenn ein amerikanischer Footballspieler einen Touchdown vor all seinen Mannschaftskameraden und 50 000 Fans machen würde, und nicht ein einziger würde applaudieren oder klatschen, dann würde der Starathlet in das Clubhaus zurückgehen, seine Kniepolster abnehmen und nie wieder spielen wollen. Es ist egal, ob es sich um einen professionellen Club handelt, eine millionenstarke Armee oder um ein Verkaufsteam von nur vier Leuten. Erbringt jemand eine gute Leistung, möchte er dafür anerkannt und belohnt werden, und er erwartet dies auch. Bleiben gute Umsätze unbemerkt, wird auch ein erfahrener Closer seine Sachen packen und woanders hingehen.

Vertretertreffen bieten ein ideales Forum für die Vergabe von Belohnungen und für die Anerkennung von Teams. Jeder kann vom Teamerfolg begeistert werden, der durch den Einzelerfolg eines Star-Closers erreicht wurde, und jeder fühlt, daß auch er selbst solche Umsatzzahlen produzieren kann. Auch ein ruhigerer, mehr introvertierter Closer wird durch die Aufmerksamkeit aufrichtig geehrt und ist dann eher geneigt, Tips an Kollegen weiterzugeben, mit denen er vorher noch konkurriert hat. Natürlich kann Erfolg süchtig machen. Der Mastercloser weiß, welchem Ego er wieviel Aufmerksamkeit schenken muß, um das oberste Leistungsniveau aufrechtzuerhalten.

6. Informieren Sie

Das Sales-Meeting bietet dem Mastercloser die Gelegenheit, jeden darüber zu informieren, was zur Zeit passiert, warum es passiert und wie es passiert. Mastercloser, egal wie beschäftigt sie sind, haben die Fähigkeit, wirksam und genau Verfahren zu erklären, Anweisungen zu geben und die gesamte Mannschaft über Neuigkeiten zu informieren. Die Closer sollten eine Sitzung mit dem Gefühl verlassen, alles Wichtige über die Firma, das Produkt, die Konkurrenz und aktuelle Trends zu wissen.

Bevor eine Verkaufsmannschaft über die neue Finanzierungskampagne oder den neuen Rabatt der Konkurrenz aus der Presse erfährt und sich fragt, was dies für sie bedeuten könnte, informiert sie der Mastercloser über neue Entwicklungen und stellt ihnen verschiedene Möglichkeiten vor, einen Gegenangriff zu starten. Ein Mastercloser ist in der Lage, bekannte Informationen neu und zwingend erscheinen zu lassen, als wären die Zuhörer Anfänger. Der Manager kann die Closer auf Trab halten, indem er plötzlich einen von ihnen bittet, den versammelten Käufern oder Gebietsrepräsentanten eine neue Entwicklung zu erklären.

7. Gruppieren Sie um

Warum gibt es bei jeder Mannschaftssportart eine Halbzeit, Auszeiten oder Pausen zwischen den Einheiten? Warum halten Armeegeneräle Kriegsrat inmitten der Schlacht ab? Die Antwort lautet: Beim Sport, im Krieg und im Geschäft ändern sich die Strategien der Gegner laufend. Auch ein Mastercloser merkt, wenn sich der Gegner in eine Dampfwalze oder einen Kamikazeangreifer verwandelt hat. Die Verkaufsmannschaft kann nicht erst im letzten Moment reagieren, wenn die Gegner bereits extreme offensive oder defensive Schritte eingeleitet haben. Der Manager muß das Vorgehen der Mannschaft neu gruppieren, neu ausrichten und neu anpassen. Ein Sales-Meeting ermöglicht dem Manager und den Closern, die Offensive der Konkurrenz zu analysieren und eine angemessene Reaktion zu koordinieren. Ein Mastercloser, einem guten Trainer vergleichbar, wird seine Closer in seine Strategie miteinbeziehen und sicherstellen, daß sich das gesamte Team für die nächste Halbzeit dem Spielplan entsprechend verhält.

Wie der Mastercloser das „self-igniting element" erlangt

Definition: Der Begriff „Self-igniting element" („selbstentzündendes Element") bedeutet die Fähigkeit zur Selbstmotivation und Selbstbestätigung ohne Hilfe von außen. Diese einzigartige Fähigkeit findet man in der Veranlagung und im Charakter von 99 Prozent aller echten Mastercloser weltweit.

Der Erwerb einer solchen Selbstmotivation ist eine komplizierte Angelegenheit. Erstens besitzt jedes menschliche Wesen – sei es nun reich oder arm geboren, schwarz oder weiß – zumindest eine besondere Fähigkeit, die es zum Nutzen seiner Mitmenschen einsetzen kann. Zweitens ist dieses einzigartige Talent mehr als ausreichend, um dem einzelnen ein angenehmes Leben zu ermöglichen.

Es ist traurig, wenn ein junger Mensch in einer Atmosphäre aufwächst, in der es keine Aufmunterung, keine positive Verstärkung für seine angeborene Fähigkeit gibt, – und somit die verlorenen Träume des Kindes vielleicht in einem sozialen Alptraum enden. Wird andererseits ein junger Mensch in einer positiven, anregenden Atmosphäre erzogen, umgeben von Menschen, die zur Realisierung dieses Traums ermutigen und seiner Neugier und dem Antrieb, der die Träume nährt, nachkommen, so wird dieses besondere Talent vielleicht ans Tageslicht gelangen, und der junge Mensch kann dann fortfahren, um dieses Geschenk zur Reife zu entwickeln.

Auch wenn es der heranreifende Geiger nie bis zum Konzertauftritt bringt oder wenn der kleine Baseballspieler niemals über die „Pony League" hinauskommt, ist dieses sich entwickelnde Individuum dennoch mit einer positiven Einstellung gegenüber sich selbst aufgewachsen. Der junge Erwachsene entwickelt eine merkliche Menge Mut, Kühnheit, Sicherheit und Hingabe. Diese bedingungslos geliebten und nicht-neurotisch genährten jungen Männer und Frauen wissen, daß sie etwas Besonderes sind, und daß sie mit ein wenig Zielstrebigkeit der oder die Beste auf dem Gebiet werden können, von dem sie glauben, daß ihre Talente dort am meisten gebraucht und geschätzt werden. Das Gefühl, geliebt zu werden, strahlt von solchen natürlichen Führertypen aus. Die Masse der weniger glücklichen Leute fühlt sich allein dadurch bereichert, daß sie sich zum Kreis dieser charismatischen „Stars" zählen dürfen.

Die meisten von uns, die nicht ihre angeborenen Fähigkeiten weiterentwickeln, die nicht die Ergebnisse unserer angeborenen Talente genießen, haben diese Fähigkeiten nicht entdeckt. Trotz dieses Handicaps können sie zumindest andere beobachten, die erfolgreich sind und mit selbstentwickeltem Ehrgeiz an einem Traum festhalten. Wenn ein Mastercloser-Typ mehr als der andere ein freundliches Charisma ausstrahlt und einen positiven Führungsstil zeigt, so liegt dies oft daran, daß der „positive" Manager seit der frühesten Kindheit in elterliche Zustimmung, Ermunterung und Liebe eingebunden war.

Träumte ein heutiger Closer als Jugendlicher von der Schauspielerei oder vom Beruf des Pfarrers, so ist er jetzt vielleicht glücklich mit dem Verkauf von Versicherungen oder Computersystemen. Im Verkauf – wie in jedem anderen Beruf – nutzt man seine natürlichen Fähigkeiten und erfüllt seinen Lebenszweck, wenn der Beruf der Berufung entspricht. Sie haben es geschafft, wenn Sie von der Arbeit nach Hause kommen, sich wohlfühlen und denken, daß alles so richtig ist, wie Sie es machen. Dieses Gefühl ist der Liebe ähnlich und hat nichts mit dem langsamen Ausbrennen durch einen langweiligen und lästigen Job, der Sie nicht herausfordert, gemein.

Haben sich deshalb eine Karriere und ein wahres Talent „gefunden", ermöglicht diese Verbindung eine fruchtbare und sich ausweitende „Zusammenarbeit". Der angeborene Mut und das Selbstvertrauen sind von einer kleinen Flamme zu einem großen Feuer angewachsen, das andere wärmen und erfreuen kann. Eine Person, die beides vereint, verfügt über das „self-igniting Leadershipelement" eines Masterclosers.

Der persönliche und berufliche Hintergrund eines Masterclosers ist geprägt durch das Talent, andere Menschen durch schwierige Situationen zu leiten und Closer dahin zu bringen, daß sie Brillanz in den unterschiedlichsten Situationen zeigen. Mit anderen Worten: Mastercloser sind Menschen, die ihre Talente entdeckt, genährt und weiterentwickelt haben. Sie sind mit dem Potential für eine charismatische Ausstrahlung geboren, aber sie haben auch daran gearbeitet, ihre spezielles sich selbst entzündende Führungseigenschaft zu erlangen.

Vergessen Sie nicht, daß niemand für den Verkaufsberuf geboren wurde, und daß der Beruf des Managers nicht für jeden, der Führungseigenschaften aufweist, in Frage kommt. Lägen die Talente des Masterclosers eher auf dem Gebiet des Ingenieurwesens oder der Unterhaltung, wäre diese Person niemals zum Verkauf gekommen. Geld ist niemals das Karrierekriterium für eine natürliche Führungspersönlichkeit. Solche Menschen, die es zum Mastercloser bringen, wissen instinktiv, daß der finanzielle Erfolg auf alles folgt, was sie anpacken.

Anmerkung: Hier und auch schon im 1. Kapitel wurde über die sich selbst entzündende Führungseigenschaft gesagt, daß die Umgebung oder der Hintergrund eines jungen Menschen entscheidend ist, und daß eine positive Atmosphäre den wichtigsten Faktor darstellt, der zu berücksichtigen ist. Hier liegt der Grund, warum so viele Immigranten in den Vereinigten Staaten Erfolg haben. Sie hatten die Vorstellung und den Antrieb, ihr offensichtlich unangenehmes Leben zu verbessern, und an einen Ort zu flüchten, wo sie frei sein und aufblühen könnten; dorthin, wo ihre Talente anerkannt würden. Ich hatte das Glück, für Vorgesetzte zu arbeiten, die aus anderen Ländern kamen, und die dafür kämpfen mußten, in die USA kommen zu können, um sich dort zu verwirklichen.

Wirtschafts-Immigranten sehen sich der Wahl gegenüber, sich entweder mit bequemer Mittelmäßigkeit abzufinden oder aber die Herausforderung anzunehmen, die zu sensationellem Erfolg ebenso wie zum Scheitern führen könnte. Der Mastercloser hat eindeutig den zweiten, seltener eingeschlagenen Weg gewählt. Seine Wahl spiegelt sich in seinen Gesichtszügen wieder, der Funke der sich selbst entzündenden Führungseigenschaft in seinen Augen. Jeder, der einen Mastercloser trifft, spürt sofort, daß dieser an sich selbst glaubt. Mastercloser können Closer, die mit ihnen zusammenarbeiten, dazu bringen, daß auch sie dieses Maß an Selbstvertrauen erreichen.

Wie man Top-Closer motiviert

Auch der beste Closer muß motiviert werden; der durchschnittliche Closer benötigt ständige Stützung seines Selbstbewußtseins. Bestätigt der Mastercloser das positive Bild, das der Closer von sich selbst hat, dann passiert etwas Wunderbares: Eine positive Kraft erwacht in dem Closer, eine wahre Begeisterung und Motivation. Der Mastercloser weiß, wie er das Ego seiner Leute reizen muß und wie er die einmal geweckte Begeisterung in höheren Umsatz verwandeln kann.

Arbeiten Sie am Ego des Closers

Alle Closer haben Super-Egos. Würden sie nicht glauben, sie könnten allein mit ihrem Charme Geld verdienen, wären sie jetzt Beamte, oder sie versteckten sich hinter einem Computer. Der Mastercloser kann jeden Closer motivieren, indem er ihn zur Seite nimmt, ihm in die Augen schaut und sehr ernst sagt: „Closer Bob, von der gesamten Verkaufsmannschaft sind Sie die einzige Person, von der ich sicher sein kann, daß sie heute etwas verkauft. Sie, Closer Bob, ob Sie es glauben oder nicht, sind der Anführer, derjenige, zu dem all die anderen aufschauen. Und gerade jetzt brauche ich ihre Führungskompetenz mehr denn je. Gehen Sie jetzt – und kommen Sie mit einem Verkaufserfolg zurück, so daß ich den anderen Closern zeigen kann, was ein echter Profi leistet." Unmittelbar, nachdem er dem Closer diesen Adrenalinstoß zugefügt hat, sollte der Mastercloser fest die Hand des Closers drücken und ohne ein weiteres Wort gehen. Diese Taktik wirkt Wunder.

Die oben genannte Taktik funktioniert nicht bei jedem Typ von
Closer. Sie kann auch nicht bei zu vielen Closern angewandt werden, ohne daß man Ihr Vorgehen entdeckt und unterläuft. Die Motivierung verschiedener Closer zur gleichen Zeit wird weiter unten
in diesem Kapitel behandelt.

Wenden Sie Logik an

Der Mastercloser kann Logik anwenden, um seine Closer auf viele
verschiedene Arten zu motivieren. Er kann beispielsweise privat
mit einem verschuldeten Closer sprechen und ihm erklären, daß die
einzige Möglichkeit zur Minderung massiver Schulden die ist, sich
nicht weiter über Einzelheiten seines Budgets Sorgen zu machen
und sich stattdessen auf den Verkauf zu konzentrieren. Er sollte erläutern, daß die einfache Antwort auf all die Probleme des Closers
die Steigerung seines Einkommens durch höhere Umsätze ist. Der
Mastercloser kann einen deprimierten Closer in einer schlechten
Verkaufsphase motivieren und ihn umstimmen, indem er die Berichte des Closers vom vergangenen Jahr hervorzieht und den Closer an seine vergangenen Erfolge erinnert. Er überträgt all die emotionalen Probleme des Closers in den logischen Bereich der Statistik, bemerkt Abweichungen ebenso wie das Erreichen des
Standards.

„Closer Bill, Sie waren in den Zeiträumen A, B und C ein hervorragender Closer, und Sie werden sicherlich auch bald wieder einer
sein. Schauen Sie sich an, wie Sie sich aus ähnlichen Krisen letztes
Frühjahr und im Jahr zuvor herausgeholfen haben."

Der wahre Grund für die Beeinträchtigung der Leistung eines Closers ist vielleicht eine Beziehungs- oder Ehekrise, der Mastercloser
weiß jedoch, wie er den Closer mit statistischen und technischen
Argumenten und Ratschlägen beruhigt, die den Closer wieder zurück auf den Erfolgspfad bringen. Indem der Manager Logik anwendet, schafft er im Büro emotionale Sicherheit. Die Closer bringen nicht ihre persönlichen Probleme mit ins Büro, sondern sie

freuen sich auf die Arbeit und lassen ihre emotionalen Belastungen vor der Tür.

Motivation durch Belohnung

Der Mastercloser weiß, daß seine Closer nicht nur eine geringere Leistung erbringen, sondern sich vielleicht bald auf „saftigere Weiden" begeben, wenn er sie nicht für gute Arbeit belohnt. Niemand plagt sich für das gleiche Geld ab, das er für eine viel weniger aufreibende Tätigkeit verdienen könnte. In der ehemaligen Sowjetunion hat man die Lektion gelernt. Eine Verkaufsmannschaft – eine Bastion des Kapitalismus – muß mit Gewinnbeteiligungen, Barauszahlungen, Orden, Geschenken und mündlichem Lob in Bewegung gehalten werden. Der Mastercloser entscheidet, welche Verkaufsprämien und Anreize für die jeweilige Gelegenheit oder den aktuellen Abschnitt der Verkaufssaison passend sind. Vergessen Sie nicht: Dienten Belohnungen nicht der Motivation, dann kämpften professionelle Sportler nicht um Pokale und Medaillen, und keine Armee der Welt verliehe Orden und Auszeichnungen.

Angst als Motivationsinstrument

Ein weiteres großartiges Mittel, welches Mastercloser anwenden, um Closer zu motivieren, ist die Angst. Angst kann als Ansporn entweder auf direkte oder indirekte Weise angewandt werden. Ein Beispiel der direkten Art ist folgendes: Der Manager sagt einem Closer offen, dieser werde bald keine Arbeitsstelle mehr haben, wenn er nicht bald bessere Umsätze erziele. Angst kann jedoch auch auf subtilere Weise eingesetzt werden. Der Mastercloser kann zum Beispiel einen Closer, der schlechte Leistungen erbringt, völlig ignorieren. Das Zeigen der kalten Schulter und der eisige Blick setzen im Kopf des Closers einen langsamen Prozeß in Gang: Zweifel, Verwirrung, Sorge und schließlich die Angst, hinausgeworfen zu werden. Motivation durch Angst funktioniert; sie muß jedoch durch einen Mastercloser eingesetzt werden, der genau weiß, was er tut und bei wem er es tut. Wird diese Methode falsch eingesetzt, kann sie ins Gegenteil umschlagen und einen schwachen – aber für die Zukunft vielversprechenden – Closer derart in Panik versetzen, daß er letztlich kündigt.

Setzen Sie Einschüchterung ein

Einschüchterung kann sehr wirksam sein, wenn sie richtig angewandt wird. Dabei muß der Mastercloser, der Einschüchterung als Motivationsmittel einsetzt, wissen, wie er vorzugehen hat und sowohl psychisch als auch physisch stark genug sein, um sein Handeln erfolgreich durchzuhalten. Eine Möglichkeit der Einschüchterung ist die, daß der Mastercloser dem Closer erzählt, er sei noch nicht gut genug, um in der Verkaufsmannschaft zu arbeiten und müsse noch mehr Verkaufstechnik von den anderen Closern lernen. Darüber hinaus könnte der Manager empfindliche Themen oder Bereiche ansprechen, um den Closer etwas unter Druck zu setzen.

Vielleicht kann eine zurückliegende finanzielle Hilfeleistung seitens des Managers dazu benutzt werden, um den Closer daran zu erinnern, daß er dem Mastercloser etwas „schuldet"; dieser wird dann härter arbeiten, um alte Schulden zurückzuzahlen, und um sich für vergangene Hilfeleistungen erkenntlich zu zeigen. Vergessen Sie nicht, daß das Mittel der Einschüchterung nur vorsichtig angewendet werden und keinesfalls in den Bereich der Demütigung übergehen darf.

Sorgen Sie für stolze Closer

Gute Closer sind sehr stolze Menschen, die ihre Produkte durch die Beherrschung der Überzeugungskunst verkaufen. Für sie zählt nur, daß ihr Ruf ihnen zu einem potentiellen neuen Job verhelfen kann, und sie wissen genau, daß ihr Lebenslauf für sich selbst spricht. Ist der Mastercloser raffiniert, so kann er den beruflichen Stolz und die Arroganz des Closers zu seinem eigenen Vorteil ausnutzen. Der Manager könnte etwa den stolzen Closer zum Gruppenleiter ernennen, und ihn dazu bestimmen, den unerfahreneren Closern des Teams den Weg zu zeigen. Indem er einem stolzen, erfahrenen Closer neue Verantwortung überträgt, erlangt der Mastercloser nicht nur Kontrolle über den Closer, sondern er drängt diesen auch ins Rampenlicht, wo er etwas leisten muß, um seinem Ruf gerecht zu werden.

Appellieren Sie an das schlechte Gewissen des Closers

Ein Mastercloser kann einen Closer mit einer offenen Aussprache so beschämen, daß dieser sofort konkrete Verbesserungen anstreben wird. Müssen bestimmte Closer motiviert werden, erklärt der Mastercloser ihnen, wie enttäuscht er über deren Leistung ist, wie sehr er auf sie gesetzt hat, die Mannschaft im Verkauf anzuführen. Der Mastercloser kann sogar die Familie des Closers miteinbeziehen, indem er erwähnt, daß alle Familienmitglieder auf seine Leistung zählen. Er könnte zum Beispiel sagen, daß man von ihm erwartet hat, er würde einen bestimmten Verkaufsvertrag einholen oder ein bestimmtes Umsatzziel erreichen. Closer können ein solches Gespräch nicht übergehen – dafür sind sie mit ihrer Arbeit zu sehr emotional verbunden. Nachdem diese offene Aussprache abgeschlossen ist, kann sich der Mastercloser zurücklehnen und ein Verkaufswunder beobachten.

Gehen Sie auf Emotionen ein

95 Prozent aller Closer setzen im Umgang mit Kunden Gefühle als ihr Hauptwerkzeug zum erfolgreichen Verkaufsabschluß ein. Aus diesem Grund verwundert es nicht, daß Closer häufig sehr gefühlsbetonte Menschen sind. Der Mastercloser kann diese Emotionalität nutzen, um seine Closer über die ganze Saison hinweg zu motivie-

ren. Besonders während eines persönlichen Gesprächs kann ein Mastercloser seine Mitarbeiter zu Höchstleistungen anregen, indem er sie zum Weinen oder Lachen bringt, indem er sie begeistert und in Aufregung versetzt, oder indem er sie verärgert. Gleich, welche Taktik oder welche Kombination unterschiedlicher Ansätze der Mastercloser anwendet, die Grundidee ist diejenige, daß die Vermittlung intensiver Emotionen einen Closer aus dem depressiven Stadium schlechter Leistung wachrütteln kann.

Unterrichten Sie den Closer über das Produkt

Jeder Closer muß, will er wirklich erfolgreich sein, alle wichtigen technischen und finanziellen Details über das Produkt, das er verkauft, kennen. Auch scheinbar weniger wichtige Informationen, wie etwa über die Fertigungstechnik des Produktes, können für das Vertrauen der Verkaufsmitarbeiter bedeutsam sein.

Allgemeine Kenntnisse über das Produkt

Es ist die Aufgabe des Masterclosers, seine Verkaufsmannschaft und die Mitarbeiter des Verkaufsbüros über das Produkt oder die Produkte, die von seiner Firma angeboten werden, zu unterrichten. Ein Grund, warum jeder allgemeine Kenntnisse über das Produkt haben sollte, liegt darin, daß ein gleicher, umfassender Informationsstand ein gemeinsames Bewußtsein zwischen allen Bereichen der Firma schafft. Es sorgt für eine positive Verbindung, die von allen geteilt wird, wenn zum Beispiel die Werbeabteilung weiß, was die Closer tun und umgekehrt. Anstelle von Ignoranz würden dann die verschiedenen Abteilungen ihre Arbeit gegenseitig schätzen. Sogar ichbezogene Closer werden sich dabei ertappen, wie sie den Erfolg bejubeln, der durch das Personal der Versandabteilung, der Rechnungsabteilung oder der Produktion erreicht wurde.

Damit ein Verkaufsbüro erfolgreich arbeiten kann, muß jeder Beteiligte vom Produkt voll und ganz überzeugt sein. Ein Ausflug zur

Fertigungsstätte oder das Betrachten eines Informationsfilms über die Produktion würde Closern dabei helfen, sich für ihr Produkt zu begeistern. Diesen Glauben an „ihr" Produkt würden sie wiederum an den Kunden weitergeben. Glaubt auch nur ein Angestellter der Firma nicht an den Wert des Produktes, ist die positive Einstellung der anderen vergeblich: Solche leise Mißtöne sorgen für Dissonanzen, die noch in Kundengesprächen gehört werden, sei es am Telefon, in der Poststelle oder im Empfangsraum. Allein durch eine Beschwerde über schlechte Verarbeitung oder eine Nörgelei an überhöhten Preisen kann der Esprit des gesamten Verkaufsbüros verloren gehen.

Die Firmengeschichte

Jeder, der im oder zusammen mit dem Verkaufsbüro arbeitet, sollte über sein Unternehmen Bescheid wissen. Dies trägt dazu bei, daß alle das Gefühl haben, im Unternehmen eine Rolle zu spielen und integrierter Bestandteil der Firma zu sein. Auch wenn die Firma bereits hundert Jahre alt ist, muß der Mastercloser eine dynamische Stimmung im Sales-Team schaffen, als wäre jeder Angestellte ein Pionier. Die Menschen im Verkaufsbüro zusammen mit den Closern müssen wissen, wie die Firma „funktioniert", wer welchen Bereich kontrolliert, wie die Hierarchiekette aufgebaut ist, wie die Leitlinien der Firma lauten, wer wofür Verantwortung trägt und so weiter. Jede Kleinigkeit, die dazu beiträgt, daß sich der Angestellte wichtig fühlt, fördert Begeisterung, Zufriedenheit und Erfolg im Team.

Die Vorteile des Produkts

Der Mastercloser muß seine Mannschaft regelmäßig über alle positiven, besonderen Eigenschaften informieren, die das Produkt seiner Firma gegenüber dem Konkurrenzprodukt auszeichnet. Er muß explizit jeden einzelnen Vorteil des Produkts erläutern, der einem

Closer beim Verkaufsabschluß von Nutzen sein könnte. Der Closer sollte zum Beispiel in der Lage sein, einen Kunden davon zu überzeugen, daß jemand in dessen spezieller Position einfach ein Solartelefon haben muß – und zwar mit der einzigartigen Reichweite und der Zuverlässigkeit, die nur seine Firma bieten kann. Was die Nachteile des Produkts angeht, so sollte der Closer wissen, wie er jedem Schwachpunkt gegenübertreten kann, am besten, indem er diese mit einem Produktvorteil relativiert. Der Closer wird zum Beispiel einen hohen Preis mit dem Argument verteidigen, daß seine Spülmaschine das vergleichbare Modell der Konkurrenz in der Leistung übertrifft und länger hält.

Einer gründlichen Kenntnis über die Vorteile des Produkts folgt ein umfassendes Verständnis der Funktionsweise jedes Verkaufsobjekts. Es wird nicht verlangt, daß die Closer Ingenieure sind, jedoch sollte der Mastercloser sicherstellen, daß jeder Closer über grundlegende Details der Funktionsweise und der Konstruktion Bescheid weiß. Handelt es sich bei dem Verkaufsgegenstand um ein Grundstück, so sollte auch ein Closer, der kein Geologiestudium absolviert hat, fachkundig über die obenliegende Drainage des Baulands oder die Möglichkeit eines tieferen Fundament-Aushubs sprechen können. Nichts kann einen Abschluß retten, wenn der Closer nicht unmittelbar und überzeugend auf die eine treffende Frage antworten kann: „Was bietet Ihr Produkt, was das Produkt der Konkurrenz nicht bietet?"

Die Konkurrenz

Genau darin liegt die Herausforderung, die die Closer zwingt, herauszubekommen, mit wem sie es zu tun haben. Häufig sind sie zu beschäftigt, um Informationen über die Konkurrenz einzuholen. Es ist deshalb die Aufgabe des Masterclosers, sie zu informieren. Jeder Closer verkauft sein eigenes Produkt besser, wenn er das Konkurrenzprodukt in- und auswendig kennt.

Der Kunde hat sich meist schon ein wenig umgeschaut, und weiß eine ganze Menge über die Vor- und Nachteile konkurrierender

Produkte. Vielleicht hat er bereits an Vorführungen teilgenommen oder Präsentationen von Closern der Konkurrenz gehört. Der Kunde hat eventuell den neuesten Ratgeber für Verbraucher gelesen oder Firmeninformationen, in denen präzise Preise und Finanzierungsmöglichkeiten aufgeführt sind. Es ist für den Verbraucher so einfach, dem Closer anhand seiner Broschüren zu „beweisen", daß er bei einigen speziellen Details Unrecht hat.

Der Closer jedoch, der sich mit seiner Konkurrenz gründlich vertrautgemacht hat, kann dem vergleichenden Einkäufer wirklich imponieren: „Ja, Herr Kunde, ich habe dasselbe Verbrauchermagazin gelesen. Darin wurde unser Kundendienst zwar nur auf Platz vier gesetzt, schauen Sie aber zwei Seiten weiter, so werden Sie feststellen, daß wir den höchsten Grad an Kundenzufriedenheit erreicht haben, und daß unser Kundendienst weniger betont wird, da unsere Anlagen so selten repariert werden müssen. Unsere Konkurrenten verwenden häufig minderwertige Ersatzteile, wohingegen wir nur Ersatzteile vom Hersteller akzeptieren. Sie sehen also, dieser vierte Platz bestätigt nur, daß wir die Besten sind."

Garantien und Verträge

Der Mastercloser sollte jeden Closer des Teams über die Feinheiten des Vertrages unterrichten, besonders über Garantien, die von der Firma angeboten werden. Kein Closer kann sein volles Verkaufspotential ausschöpfen, wenn er nicht den Vertrag in- und auswendig kennt. Der Mastercloser stellt sicher, daß seine Closer den Vertrag der Firma vor dem besten Rechtsanwalt im Land darlegen könnten, ohne ins Stottern zu kommen, ohne ein Kernstück auszulassen oder auch nur mit den Wimpern zu zucken. Closer müssen ihre Verträge lediglich gut lernen; es ist die Aufgabe der Manager, diese fachmännisch zu unterrichten.

Finanzierung

Genauso wie die Closer mit dem Vertrag vertraut sein müssen, so muß auch jeder Closer über die gesamten Finanzierungsmodelle Bescheid wissen, die von der Firma angeboten werden. Dies umfaßt Punkte wie zum Beispiel den Zinssatz, der berechnet wird, oder die Erhebung von Mahngebühren. Der Mastercloser sollte für seine neuen Closer besondere Seminare abhalten, sowie Auffrischkurse für seine erfahrenen Closer anbieten, um sicherzugehen, daß sie sich in allen Geldangelegenheiten gut auskennen.

Der Kunde stellt oft viele Fragen über das Schicksal seines schwerverdienten Geldes. Ein Closer, der bei diesen Fragen nicht mehr weiter weiß, hinterläßt einen schlechten Eindruck und kann schnell einen Verkauf verlieren. Bleibt der Closer bei einem dieser delikaten Punkte hängen, so sollte er sagen: „Dies ist eine ausgezeichnete Frage, mein Herr. Dieser Punkt wird bei uns gerade neu ausgearbeitet, deshalb werde ich mich bezüglich dieser Angelegenheit kurz mit dem Management besprechen." Ist der Kunde der Firma gut bekannt, so kann der Closer das Eingeständnis seines Nichtwissens auch vermeiden, indem er vorgibt, sich zu erkundigen, ob im Fall dieses Kunden eine Ausnahme gemacht werden kann: „Lassen Sie mich fragen, ob wir die Bedingungen aufgrund ihrer hervorragenden Kreditwürdigkeit zu Ihren Gunsten verändern können."

Rückgaberecht und Rücktrittsklausel

Jeder Closer muß wissen, welche Gründe oder Umstände es dem Kunden erlauben, vom Vertrag zurückzutreten. Mit einem Kunden, der seine Vereinbarungen kündigen will, muß man gerecht umgehen. Entläßt man ihn jetzt mit Würde, ermöglicht man ihm, zu einem späteren Zeitpunkt wiederzukommen; muß ein Kunde jedoch erst lange mit einem enttäuschten Closer debattieren, wird es ihm zu peinlich sein, jemals wieder auf die Firma zurückzugreifen. Natürlich sollte der Mastercloser jedem Closer beibringen, wie er seinen Kunden halten kann. Über dieses delikate Thema erfahren Sie Genaueres im 6. Kapitel.

Zehn Strategien für das Sales-Meeting

Ein Mastercloser wendet diese zehn Techniken für Teamsitzungen an, um alle Closer, die er anspricht, zu steuern, zu motivieren und anzuregen, sei dies nun im Haus selbst oder bei einer Veranstaltung außerhalb.

1. Closer-Versammlung: „Vorabbeurteilung eines Kunden"

Definition und Zweck

Hierbei handelt es sich um ein Meeting, bei dem mit einer Schocktechnik operiert wird. Sie hat das Ziel, die absolute Aufmerksamkeit jeder einzelnen Person zu erreichen, egal ob 20 oder 1000 Leute teilnehmen. Während dieser Sitzung wird den Closern beigebracht, Kunden nicht vorab zu beurteilen, sie nicht bereits als wünschenswert oder nicht wünschenswert einzustufen, bevor man überhaupt „Guten Tag" gesagt hat. Dies kann nur richtig durchgeführt und vermittelt werden, wenn der Mastercloser oder der Gastsreferent dem Publikum noch nicht bekannt sind, also von außen kommen.

Durchführung und Vermittlung

Dieses Meeting ist eine theatralische Closerversammlung, eine, welche regelrecht einstudiert werden sollte. Hat der Mastercloser dies zur Perfektion gebracht, wird er sich in seinem Verkaufsgebiet nach anderen Orten umsehen, um diese hochwirksame Vorführung noch einmal zu präsentieren.

Zunächst benötigt der Manager oder der Referent jemanden, dem man vertrauen kann, der ein Geheimnis für sich behalten kann und der qualifiziert seinen Part spielt. Dann braucht der Mastercloser oder der Gastreferent einen grünen Hausmeister-Overall und einen langstieligen Kehrbesen. Hat er diese Utensilien, muß der Master-

closer seine Vertrauensperson instruieren, um sicherzustellen, daß
diese das Drehbuch verstanden hat. Ohne die Hilfe dieser Person
funktioniert der Clou dieses Treffens nicht wirkungsvoll.

Während die Closer in den Sitzungssaal hereinkommen, sollte der
Mastercloser sich zurückziehen und sich den Overall über seinen
eigenen Anzug anziehen. Er sollte seine Krawatte öffnen, so daß
sie unter dem Overall nicht sichtbar ist, und er sollte sein Bestes
tun, um wie ein Hausmeister zu wirken, der seine Arbeit im und
um den Bereich des Treffens durchführt. Er sollte so aussehen, als
führe er letzte Aufräumarbeiten durch, bevor das Teamtreffen
beginnt.

Während die Closer in den Sitzungsraum hereinkommen, sollte der
verkleidete Mastercloser, der seinen Besen vor sich herschiebt, versuchen, neben einem der bestgekleideten Closer Platz zu nehmen.
Der „Hausmeister" sollte sich so benehmen, als sei er müde und
wolle sich nur für einen Moment zum Ausruhen hinsetzen. Aus-
nahmslos werden die Closer, neben denen er sitzt, ihm freundlich
erklären, daß die Plätze besetzt sind, oder sie werden aufstehen,
um einen anderen Platz zu finden. Mit anderen Worten: Sie denken, sie seien zu gut, um neben einem Hausmeister zu sitzen, sind
sie doch gekommen, um über „große Geschäfte" zu diskutieren
und einen berühmten Verkaufsstar zu hören, der über ein sehr
komplexes Thema spricht.

Der verkleidete Manager sollte umhergehen und versuchen, einen
Platz in verschiedenen Bereichen des Sitzungsraumes zu finden.
Immer spielt er die störende Rolle des neugierigen Verwalters, der
ein Weilchen bleiben will, um zu sehen, was hier vor sich geht,
und um herauszufinden, wer auf dem Podium sprechen wird.

Nach mehreren Versuchen, einen Platz unter den Closern zu finden, sollte der Mastercloser an das hintere Ende des Raumes gehen
und dort stehen bleiben, während das Treffen eröffnet wird und
sein „Komplize" ihn vorstellt. Unmittelbar danach sollte er forsch
auf die Bühne und zum Podium schreiten. Ohne während der über-
wältigenden Stille , die höchstens durch leises nervöses Lachen un-

terbrochen wird, auch nur ein Wort zu sagen, sollte der Sprecher am Podium den Besen fallen lassen und langsam den Hausmeisteroverall auszuziehen. Gemächlich, mit würdevollen Gesten, rückt er seine Krawatte zurecht, schaut auf das geschockte Publikum und stellt sachlich fest: „Der Grund dafür, daß Sie nicht mehr verkaufen, ist derjenige, daß Sie Menschen im voraus abqualifizieren. Dies ist das größte Problem des Closers."

Der Sprecher erklärt die Pointe, die das versammelte Publikum erschüttert: „Als Hausmeister habe ich versucht, in diesem Raum einen Platz zu bekommen, aber es ist mir nicht gelungen. Es scheint so, als wäre ich Ihnen nicht gut genug, auf jeden Fall haben Sie mich vorab so beurteilt. Hätten Sie gewußt, daß ich der Gastredner bin, hätte ich überall Platz nehmen können. Ich hoffe, das war anschaulich genug."

Nachdem er seinen Ansatzpunkt so wirkungsvoll demonstriert hat, sollte der Mastercloser mit seinem Vortrag beginnen.

2. Closer-Versammlung: „Countdown bis zum Ziel"

Definition und Zweck

Der Feind heißt Zeit. Dies ist das grundlegende Thema für das Team-Meeting „Countdown bis zum Ziel". Der Zweck dieser Art von Versammlung ist, ein Kurzziel zu setzen; danach sollte jeder im Verkaufsbüro darauf hinarbeiten, dieses Ziel rechtzeitig zu erreichen. Das Ziel wird gesteckt, um eine unmittelbare Spannung im Verkaufsteam und bei den Büroangestellten zu schaffen. Der Mastercloser verwendet diese Art von Vertretertreffen zum Beispiel, um einen zweimonatigen Verkaufswettbewerb zu beginnen, oder um einen wichtigen Verkaufsstichtag festzusetzen.

Der Mastercloser darf jedoch nicht vergessen, daß er diese Art von Vertretersitzung nicht öfter als dreimal pro Jahr einsetzen kann, und daß jedes Kurzzeitziel dieser Bezeichnung gerecht werden, nämlich auf kurze Zeit begrenzt sein soll. Ansonsten würden die

Closer und die Mitarbeiter des Verkaufsbüros schnell ihre Energie verlieren und im Gesamtspielplan des Managers versagen. Ein begrenzter „Verkaufswettbewerb" eignet sich hervorragend, jeden Teammitarbeiter dazu zu bewegen, über einen Zeitraum von acht Wochen 100prozentige Leistung zu erbringen.

Am Ende dieser acht Wochen wird es im Überfluß Belohnungen, Partys und Glückwünsche geben. Einzelne Gewinner des Wettbewerbs werden belohnt, keiner sollte sich jedoch als Verlierer fühlen. Die Firma hat ja die gesamte Leistung erheblich gesteigert, so daß jedem das Gefühl gegeben werden sollte, ein Gewinner zu sein.

Vergessen Sie nicht, daß der Mastercloser für diesen Wettbewerb festgelegte Regeln vorgeben und diese selbst befolgen muß. Einige Closer, die hart gearbeitet haben, fühlen sich vielleicht betrogen, wenn sie aus einem Wettbewerb, bei dem die Spielregeln nicht vollständig waren, nicht als Sieger hervorgehen. Wenn leistungsbereite Closer das Gefühl haben, sie hätten einen Wettbewerb verloren, weil dieser zu einem bloßen Popularitätswettbewerb verkommen ist, wird sie ihr Unmut vielleicht zur Konkurrenz treiben.

Durchführung und Vermittlung

Ohne jegliche Vorankündigung sollte der Mastercloser (nachdem er all seine Pläne ausgearbeitet hat und genau weiß, wie sein Wettbewerb ablaufen wird) im Rahmen eines Team-Jour-fixe verkünden, daß von sofort an für die nächsten 60 Tage ein umfassender Verkaufswettbewerb starten wird, der maximalen Einsatz verlangt. Er sollte die Regeln des Wettbewerbs offenlegen sowie auf die Belohnungen hinweisen, die am Ende dieser 60 Tage auf die Gewinner warten.

Der Mastercloser sollte bekanntgeben, daß es in dem Wettbewerb einen ersten, zweiten und dritten Preis für die besten Closer geben wird und außerdem einen ersten, zweiten und dritten Platz für die übrigen Mitarbeiter des Verkaufsbüros, die im selben Zeitraum die höchste Leistungsfähigkeit zeigen.

Es empfiehlt sich, großformatige farbige Schaubilder und grafische Darstellungen anzufertigen, damit jeder während dieser 60tägigen Verkaufsphase schnell sehen kann, wo er steht. Der Mastercloser muß täglich über den aktuellen Stand informieren. Er sollte die Zwischenstandspräsentation gestalten, als ginge es um ein bedeutendes Pferderennen. Er muß fortwährend für Begeisterung sorgen und die Mitarbeiter anfeuern. Die Belohnungen und/oder Preise, die der Mastercloser der Verkaufsmannschaft in Aussicht stellt, sollten entsprechend erstrebenswert sein.

Der Mastercloser muß lediglich den Preis des Produkts während dieses Zeitraums von 60 Tagen erhöhen. Dieses Plus genügt für die Finanzierung dieses Wettbewerbs. Vergessen Sie nicht, daß der Mini-Wettbewerb den Umsatz um mindestens zehn Prozent steigern wird, sofern er erstklassig durchgeführt wird.

3. Closer-Versammmlung: „Positiver Ansatz – Klasse zeigen"

Definition und Zweck

Bei einem Vertretertreffen wie diesem hat der Mastercloser nur ein Ziel, und dieses eine Ziel wird automatisch zu einem Spitzenergebnis in der Verkaufsleistung seiner Closer führen.

Der Mastercloser möchte, daß sich seine Closer wie Könige fühlen. Er möchte, daß sie das Gefühl haben, der stärksten Verkaufsmannschaft anzugehören, die sich jemals zusammengefunden hat, und daß es nirgendwo in der Verkaufsbranche einen weiteren Closer gebe, der stark genug wäre, um in dieser Mannschaft aufgenommen werden zu können. Der Mastercloser möchte an den Super-Egos seiner Closer arbeiten und er will, daß sie sich größer fühlen als jemals zuvor. Sein Ziel ist, daß sich alle so gut fühlen, daß sie aufhören, sich über ihre persönlichen Probleme Sorgen zu machen, und stattdessen voll auf die Arbeit konzentriert sind, die an diesem Tag erledigt werden muß. Er sagt ihnen, wie stolz er sei, mit ihnen zusammenzuarbeiten und wie selten sich so viele „Professionelle" gleichzeitig in einem Verkaufsteam befänden. Der Mastercloser kann während solch einer Sitzung wirklich dick auftragen; jeder Closer möchte nur noch mehr davon hören.

Wenn er seine Closer derart überschwenglich lobt, sollte der meisterhafte Mastercloser nicht vergessen, daß er diesen positiven Ansatz nur einmal in acht oder zehn Wochen anwenden kann, weil ansonsten die Wirkung nachläßt.

Durchführung und Vermittlung

Ein Meeting dieser Art sollte nach einem guten Verkaufstag abgehalten werden – und niemals nach einem schlechten, da die Lobeshymnen sonst unecht und verlogen klängen. Sobald das Protokollarische beendet ist, sollte sich der Mastercloser vor seine Mannschaft stellen und in freier Rede etwa folgendes vortragen: „Heute möchte ich Ihnen allen etwas sagen, was ich Ihnen noch nie als Gruppe gesagt habe. Der Grund, warum ich Ihnen dies jetzt mitteile, ist etwas, worauf mich meine Tochter gestern abend angesprochen hat. Sie fragte mich, wie sehr ich meine Arbeit mag. Nachdem ich ihr geantwortet hatte, fragte sie, ob ich dies jemals vor den Leuten, mit denen ich zusammenarbeite, geäußert habe. Ich habe darüber nachgedacht, es hat mich die ganze Nacht beschäftigt. Heute möchte ich Ihnen meine Gefühle mitteilen. Wie Sie alle wissen, bin ich seit langer Zeit in diesem Geschäft und mit vielen der besten Closer der Welt zusammen. Ich möchte aber, daß Sie alle folgendes wissen: In meiner ganzen beruflichen Laufbahn war ich niemals mit so vielen wunderbaren und talentierten Menschen wie Ihnen zusammen. Diese Verkaufsmannschaft, die wir hier haben, ist eine der stärksten und mächtigsten, die ich je leiten durfte. Ich liebe meine Arbeit nicht nur, weil ich der Chef bin, oder einfach, weil der Job lukrativ ist. Ich liebe sie, weil ich mit Ihnen zusammenarbeiten, von Ihnen lernen und mit Ihnen Erfolg haben kann. Dies wollte ich Ihnen heute sagen. Nun, fangen wir gemeinsam einen neuen guten Tag an."

Nach dieser Offenbarung sollte der Mastercloser einfach in sein Büro gehen.

4. Das Überraschungstreffen: „Bonusvergabe"

Definition und Zweck

Dieses Meeting gleicht im Prinzip dem „Countdown-bis-zum-Ziel"-Meeting, die folgende Aktion wird jedoch nur einen Tag dauern. Dieses Meeting muß für jeden in der Verkaufsmannschaft eine absolute Überraschung sein. Es hat die Absicht, spontan Erregung und Schwung zu verbreiten.

Der Mastercloser muß den ganzen Tag über erreichbar sein (was er ohnedies sein sollte), damit dieser Eintageswettbewerb als offizieller Wettbewerb angesehen wird. Der Mastercloser sollte sich darüber im klaren sein, was er mit diesem Wettbewerb erreichen will, und er sollte die Richtlinien bereits festgelegt haben, so daß jeder sie befolgen kann und genau weiß, was er zu tun hat. Das Überraschungsmeeting „Bonusvergabe" bedeutet einfach dies: Am Ende desselben Tages wird der Mastercloser Belohnungen oder Boni an die einzelnen Closer verteilen, die einen guten Tagesumsatz erzielen konnten.

Handelt es sich bei dem Bonus um Geld, so ist es am besten, wenn der Mastercloser Bargeld verteilt und sich dies quittieren läßt. Der Grund dafür ist einfach: Bargeld hat eine bessere Wirkung auf die Verkaufsmannschaft. Closer schätzen Bargeld mehr als ein Stück Papier mit der Unterschrift von irgendjemandem darauf. Nichts feuert einen Closer mehr an, hart zu arbeiten, als wenn er weiß, daß er am Ende des Tages seine Belohnung bar auf die Hand bekommt.

Mastercloser können kleine Überraschungswettbewerbe wie diese das ganze Jahr über durchführen, um die Mannschaft motiviert zu halten. Die Ergebnisse werden positiv ausfallen, solange die Closer nicht schummeln.

Durchführung und Vermittlung

Sind die Umsatzzahlen schlecht und muß der Mastercloser die Statistik schnell nach oben treiben, so ist dies der richtige Moment für einen derartigen Wettbewerb. Nachdem ein Rundruf getätigt wurde, sollte der Mastercloser etwa folgendes sagen:

„Sie alle wissen, daß unsere Umsätze schlecht und keineswegs dem Plansoll entsprechen. Wir alle wissen, daß jeder von Ihnen Besseres leisten kann, als er es im Moment tut.

Heute werden wir uns aber ein bißchen Vergnügen gönnen. Machen wir uns einen Tag lang nicht so viele Sorgen darüber, warum wir so wenig verkaufen. Hier ist mein Plan: Für jedes Produkt, das Sie heute zum vollen Preis verkaufen, werde ich Ihnen heute abend sowenig Mark in bar bezahlen, bevor Sie nach Hause gehen!"

Zu diesem Zeitpunkt muß der Mastercloser eine Handvoll Hunderter hochhalten, damit die Closer wissen, daß er das Geld tatsächlich bar bereithält.

„Verkaufen Sie heute wirklich gut, können Sie morgen frei haben," fügt er dann mit einem Lächeln hinzu. „Dies ist ein einmaliges Geschäft, und ich hoffe, daß Sie dies voll ausnutzen werden. Reißen wir uns zusammen und verkaufen wir wie Profis."

Nachdem der Mastercloser diese kleine Rede begeistert vorgetragen hat, sollte sein Assistent übernehmen und die Verkaufsmannschaft auf einen „Tag des Verkaufs" einstimmen. Der Mastercloser muß die Mannschaft immer in die richtige Richtung lenken. Geld ist meist ein verläßliches Ziel.

5. Closer-Versammlung: „Negativer Ansatz"

Definition und Zweck

Die Technik, die hier angewandt wird, ist die Umkehrpsychologie. Es handelt sich hierbei um ein Meeting, geleitet vom Mastercloser, das die Closer dazu bringen soll, über ihre Leistung beschämt zu sein, wenn sie schlecht verkauft haben. Diese Closerversammlung dient dazu, die puren Kampfgefühle des Closers anzusprechen und diese in positive und produktive Gefühle umzuwandeln. Der Mastercloser, der diese Art von Meeting durchführt, muß von seinen Closern sehr geachtet werden, sonst funktioniert diese Technik nicht.

Die Closerversammlung „Negativer Ansatz" führt zu positiven Ergebnissen, kann jedoch nicht öfter als an zwei aufeinanderfolgenden Tagen angewandt werden. Auch die Closer können nur ein gewisses Maß an Kritik vertragen. Wird dieses Maß überschritten (wenn sie denken, daß der Mastercloser sie absichtlich erniedrigt), werden sie rebellieren, sich gegen den Mastercloser wenden und ihn mit einem Verkaufsbüro ohne Closer zurücklassen. Um diesen Anreiz eines solchen Termins durchzuführen, muß der Mastercloser genau wissen, was er tut, und er muß genau wissen, wie weit er bei seinem Verkaufsteam gehen kann.

Kennt er nicht die Grenzen seines Teams, weiß er nicht, wieviel seine Leute ertragen können, sollte er diese Versammlung in einer abgeschwächten Form durchführen.

Durchführung und Vermittlung

Hat das Verkaufsteam des Masterclosers vier oder fünf Tage mit schlechtem Umsatz hinter sich, so kann das „negative" Closer-Meeting noch am selben Tag vernünftige Umsätze produzieren. Bevor der Mastercloser eine kurze Rede hält, sollte er sich von jedem aus dem Verkaufsbüro fernhalten (wenn nötig, kann er sich sogar in sein privates Büro zurückziehen und die Tür verschließen) und so den Anschein machen, als sei er wirklich verstimmt. Er muß den Eindruck erwecken, er meine es tatsächlich ernst und es gehe ihm um das Geschäft. Er kann an diesem Tag keine Witze machen oder mit einem seiner Büroangestellten plaudern, bevor dieses Treffen „Negativer Ansatz" vorbei ist, sonst wäre die Wirkung dahin.

Hat jeder Platz genommen, sollte der Mastercloser langsam vor die Gruppe treten und feststellen:

„Es gibt einen Grund, warum ich jeden von Ihnen zu dieser Sitzung berufen habe. Vergessen Sie nicht, ich habe alles getan, um sie einzustellen. Ich kümmere mich um ihre privaten Probleme, falls nötig. Ich helfe Ihnen, aus Schwierigkeiten herauszukommen. Ich halte zu Ihnen, selbst dann, wenn dies sonst niemand mehr tut. Ich glaube an Sie.

Als ich Sie einstellte, habe ich ehrlich geglaubt, Sie seien die allerbesten, professionellsten Closer in diesem Land. Ich erwartete von jedem von Ihnen, daß er so gut sei, wie ich es allen verkündet hatte. Es sieht aber so aus, als ob dies nicht der Fall ist. Die letzten vier Tage haben mir das Gegenteil bewiesen. Offensichtlich habe ich einen Fehler gemacht, und jetzt muß ich dafür bezahlen.

Heute brauche ich Umsatz, keine Entschuldigungen und kein Gejammer. Alles, was ich brauche, ist Umsatz. Heute brauche ich ein professionelles Verkaufsteam, auf das ich mich verlassen kann, genau das Team also, von dem ich glaubte, ich hätte es bereits. Ich stehe im Moment unter Druck und benötige professionelle Leistung, kein Haufen von Babys oder Anfängern, denen ich sagen muß, was sie zu tun haben. Heute brauche ich Leute, die genauso gut sind wie diejenigen, auf die ich gesetzt habe, – und nicht ein Haufen von Nieten, die immer nur Ausflüchte finden, wenn der Kunde gewinnt und sie verlieren.

Ich werde jetzt in mein Büro zurückgehen und meine Arbeit für Sie erledigen, wie ich es immer getan habe. Ich werde meine Arbeit so gut wie möglich erledigen, ohne mir Sorgen über meine Closer zu machen. Ich werde mich nicht aufregen und schreien; ich verhalte mich einfach wie ein professioneller Mastercloser und weiß, daß meine Verkaufsmannschaft sich heute wie ein professionelles Verkaufsteam verhält. Sie erwarten von mir das Beste, und ich gebe es Ihnen. Nichts anderes erwarte ich von Ihnen. Gehen Sie jetzt, und zeigen Sie mir, daß Sie die Profis sind, die ich in mein Team aufgenommen habe."

Nach dieser Rede sollte der Mastercloser direkt in sein Büro zurückgehen, die Türe schließen. Der Assistent sorgt dafür, daß die Closer sich unmittelbar darauf ihren Kunden widmen. Diese Art von Closerversammlung wirkt Wunder; der Mastercloser muß seine Intention jedoch wirklich auf diese düstere und dramatische Weise vermitteln.

6. Closer-Versammlung: „Bewegen Sie sich für Ihr Geld"

Definition und Zweck

Der Mastercloser hält diese Sitzung nur aus einem Grund ab: um zu zeigen, daß man sich bewegen muß, um Geld zu verdienen. Wie bereits erwähnt, sind Closer im allgemeinen faul. Diese Technik dient dazu, die „faule" Stelle zu beseitigen. Wendet der Mastercloser diese Art der Demonstration bei seinen Closern an, führt dies nicht nur zu schnellen Ergebnissen, man wird sich auch noch später an dieses Treffen erinnern und lange Zeit darüber sprechen.

Der „Trick" erscheint vielleicht einigen erfahrenen Closern einfach und kindisch, hat aber eine grundlegende Wirkung. Ein solches Meeting kann nur alle sechs Monate anberaumt werden. Wird es häufiger durchgeführt, gerät es für die Closer zum Witz, der wahre Zweck wird dann einfach ignoriert.

Denken Sie daran, daß man Closer mit Bargeld beeindrucken. Der Mastercloser sollte daher sicherstellen, daß er ausreichend Bargeld zur Hand hat, um diese Vorführung zum Erfolg zu führen. Das Meeting verlangt weiterhin absolute Geheimhaltung, damit die volle Wirkung auf jeden Anwesenden erzielt wird. Es ist deshalb am besten, wenn der Mastercloser dieses Treffen alleine durchführt und niemanden seine Absichten wissen läßt. Die Versammlung kann allen Beteiligten Spaß machen. Sowohl das Team als auch der Mastercloser blicken danach optimistisch in die Zukunft.

Durchführung und Vermittlung

Bevor irgendjemand anderes ins Büro kommt, muß der Mastercloser unter jeden Stuhl, der während des morgendlichen Treffens von den Closern benutzt wird, einen Hundertmarkschein kleben.

Nachdem er die Hunderter so befestigt hat, daß sie nicht gesehen werden können, geht er weiter seinen morgendlichen Verpflichtungen nach und verhält sich, als wäre alles ganz normal.

Ist die Zeit gekommen, zu der der Mastercloser seine morgendlichen Anweisungen gibt, sollte er nur über die Arbeitsgewohnheiten von professionellen Closern sprechen. Er sollte betonen, wie wichtig es für Closer ist, daß sie immer aktiv sind, daß sie ihr Gebiet bereisen und nach Kunden und neuen Verkaufsideen, die ihre Leistung verbessern, suchen.

Während seiner ganzen Rede betont er, daß sich Bewegung zu Handlung entwickelt und daß niemand seinen Lebensunterhalt verdienen kann, indem er an seinem Schreibtisch sitzt und träumt. Der Mastercloser sollte ebenfalls betonen, daß sich Closer zu beeilen haben, daß es gilt, neue Wege zu erforschen und daß sie es wagen müssen, an Chancen zu glauben, wenn sie weiterkommen wollen.

Hat der Mastercloser seine Rede beendet, sollte er, bevor er die Sitzung schließt, die Closer auffordern, aufzustehen und ihre Stühle umzudrehen. Entdecken die Closer die Hundertmarkscheine darunter, sollte der Mastercloser sagen: „Und vergessen Sie nicht, Sie müssen schon aufstehen, wenn Sie Geld verdienen wollen."

Der Mastercloser hat seine Ansicht deutlich gemacht und gleichzeitig die Loyalität seiner Mannschaft gestärkt. Nach dieser Anschauung erwartet den Mastercloser ein sehr produktiver Tag. Er wird das Geld, das er investiert hat, bald wieder reinholen.

7. Closer-Versammlung: „Schleife Deine Axt"

Definition und Zweck

„Schleife deine Axt" ist ein Closer-Meeting, bei welchem der Mastercloser eine Geschichte erzählt. Eine großartige Geschichte: Sie motiviert die Closer dazu, mehr über ihren Beruf zu lernen. Sie sollte vorher eingeübt werden, weil sie zu gut ist, als daß man sich vor der Mannschaft damit blamiert. Die Hauptintention liegt darin,

zu zeigen, wie wichtig es für alle Closer ist, immer neue Verkaufsideen und Verkaufstechniken zu lernen und einzuüben. (Die meisten professionellen Closer denken, sie wüßten bereits alles und
könnten von niemandem etwas Neues lernen.)

Die wunderbare (und wunderbar ist hier das richtige Wort) Wirkung, die diese Geschichte auf die Closer ausübt, ist diejenige, daß
sie die Idee des Masterclosers nachvollziehbar vermittelt, jedoch
gleichzeitig niemanden wirklich verletzt oder kritisiert. Die Closer
werden sich daran erinnern, daß ihnen ein fundamentaler und
wichtiger Kernpunkt vermittelt wurde.

Der Mastercloser wird mit den Resultaten sehr zufrieden sein.
Aber vergessen Sie nicht, diese Geschichte soll eine bestimmte Intention vermitteln, sie muß für kurze Zeit auf die Closer einwirken
können, bevor mit der Versammlung fortgefahren wird.

Durchführung und Vermittlung

Man kann die Geschichte direkt am Anfang eines Treffens erzählen oder aber irgendwann während des Treffens, und zwar dann,
wenn der Mastercloser glaubt, daß sie die größtmögliche Wirkung
erreicht. Denken Sie daran, dies ist eine Geschichte, die ein Mastercloser erzählen sollte, wenn er darstellen will, daß Closer immer üben müssen und ständig neue Informationen über ihren Beruf
aufnehmen sollten.

Die Geschichte: *Es war einmal ein junger Mann aus Texas, dessen
sehnlichster Wunsch es war, Holzfäller zu werden. Der junge
Mann war groß, stark und kräftig. In der Tat hätte er bei jedem
Profi-Footballteam mitspielen können, hätte er dazu eine Neigung
gehabt, jedoch, er wollte dies nicht. Er wollte nur der beste Holzfäller werden, der jemals einen Baum gefällt hat.*

*Nachdem er die Schule beendet hatte, setzte er sich in seinen Lie-
ferwagen und machte sich in den großen Nordwesten auf. Als er
dort ankam, ging er direkt zu einem Lager, betrat das Hauptbüro
und erzählte dem Vorarbeiter: „Ich komme aus Texas und habe
den ganzen Weg auf mich genommen, um ein großartiger Holzfäl-*

ler zu werden, geben Sie mir bitte eine Chance." Der Vorarbeiter
*überlegte kurz und erwiderte: warum nicht? Er gab dem jungen
Mann eine Axt, sagte ihm, er solle seine Habseligkeiten in die
Schlafbaracke bringen, und ließ ihn anfangen.*

*Der junge Mann aus Texas ging in den Wald, wo bereits hundert
andere Männer arbeiteten, und fing an, Bäume zu fällen. An diesem ersten Tag fällte der junge Mann (zum Erstaunen aller) alleine
200 Bäume. Am Abend aß er reichlich und ging früh zu Bett, damit
er es am nächsten Tag allen zeigen konnte. Er stand in der Däm-
merung auf, ging hinaus und arbeitete zehn Stunden lang sehr
hart, fällte jedoch nur 50 Bäume. Unzufrieden mit sich selbst (dennoch zum Erstaunen der anderen), ließ er das Abendessen am
zweiten Abend im Camp völlig aus und ging noch früher zu Bett,
fest davon überzeugt, daß er am dritten Tag phantastisch arbeiten
würde. Am dritten Morgen war er vor allen anderen im Wald, er
arbeitete den ganzen Tag und mehr, insgesamt zwölf Stunden, aber
er fällte nur fünf Bäume.*

*Völlig verwirrt, konfus und wütend auf sich selbst ging der junge
Mann aus Texas in das Büro des Vorarbeiters, warf seine Axt auf
den Tisch und sagte: „Das war's, ich habe genug. Ich bin nicht
zum Holzfäller geschaffen. Ich gehe zurück nach Texas." Gerade
wollte er hinausgehen. Da sagte der Vorarbeiter: „Halt, junger
Mann. Sie wollten der Beste sein, Sie sind es. Sie haben mehr Bäume gefällt, als zehn Männer zusammen. Aber Sie haben einen kleinen Fehler gemacht. Jeden Abend, nachdem Sie so viele Bäume gefällt haben, haben Sie vergessen, Ihre Axt zu schleifen."*

Nachdem er diese Geschichte erzählt hat, sollte der Mastercloser
sagen: „Denken Sie daran, jeder von uns muß täglich seine geistige
Axt schleifen, wenn wir der Beste sein wollen."

8. Closer-Versammlung: „Enttäuschung"

Definition und Zweck

Dieses Meeting sollte anberaumt werden, wenn die Umsätze wirklich schlecht sind. Es unterscheidet sich vom Meeting „Negativer Ansatz" dadurch, daß der Mastercloser nur mit dem empfindlichen Gefühl der „Scham" arbeitet. Das Wort Scham steht für ein sehr mächtiges und sehr ernstes Gefühl bei allen Menschen. Im Wörterbuch wird das Wort Scham beschrieben als „ein schmerzliches Gefühl der Schuld für unangemessenes Verhalten oder etwas Bedauerliches oder Entehrendes". Auch, wenn es viele nicht zugeben: Wird jemand beschämt, so ist diese Person ernsthaft verletzt.

Bei diesem Meeting benutzt der Mastercloser das Mittel der Scham, um eine positive Reaktion von seinen Closern zu erhalten.

Bevor der Mastercloser darüber nachdenkt, diese Art von Verkaufstechnik anzuwenden, sollte er sicher sein, daß er den Respekt des gesamten Verkaufsteams genießt; ist dies nicht der Fall, kann es sein, daß die gesamte Mannschaft rebelliert und auf der Stelle kündigt. Das Treffen zielt darauf ab, daß sich die Closer schlecht fühlen, weil ihre Leistung nicht dem Soll entspricht. Es vermittelt ihnen das Gefühl, sie ließen ihren Mastercloser und alle anderen Verantwortlichen im Verkaufsbüro hängen.

Diese Methode kann man nicht öfter als einmal in drei Monaten einsetzen, da sie die persönliche Ebene der Closer anspricht – und Closer sind, wer weiß aus welchem Grund, sehr empfindliche Menschen. Daher würde ein Mastercloser mit einem Übermaß solcher emotionaler Rhetorik seine Mannschaft nur zerstören, anstatt seine Mitarbeiter in eine „positive" Richtung zu lenken. Bei diesem Ansatz hält der Mastercloser selbst seinen Kopf hin. Fünf Tage lang muß er verkaufen wie die anderen Closer auch, die Ergebnisse sind es jedoch wert.

Durchführung und Vermittlung

Haben alle Closer im Sitzungssaal Platz genommen, sollte der Mastercloser mit ernster Stimme etwa folgendes vorbringen: „Ich habe mich immer vergewissert, daß ich mit den allerbesten Closern in der Branche zusammenarbeite. Gestern Abend, nachdem sie alle nach Hause gegangen waren, traf ich mich privat mit unserem Vorstand und mit einigen seiner Berater. Sie fragten mich, was mit der Verkaufsmannschaft los sei, warum wir nicht so erfolgreich verkauften, wie ich es ihnen zugesichert hätte.

Nun, ich wußte keine Antwort. Ich wußte nicht genau, was ich sagen sollte. Mit anderen Worten, ich fand keine Entschuldigung. Sie informierten mich darüber, daß sie mich bald feuern würden, wenn sich die Umsätze nicht verbessern würden. Sie gaben mir nur eine einzige Woche, um die Umsatzsituation zu verbessern.

Nach dem Treffen ging ich nach Hause, sah meine Familie und spürte, wie stark ihre Sicherheit von mir abhing. Ich war wirklich niedergeschlagen.

Meine Damen und Herren, ich glaube wirklich an das Produkt dieser Firma, welches wir verkaufen, und ich glaube zweifellos an mich selbst. Deshalb habe ich letzte Nacht die Entscheidung getroffen, daß ich mich nicht ganz auf Euch verlassen werde, um meinen Job zu sichern, sondern vor allem auf mich selbst. Die nächste Woche werde ich im Verkauf tätig sein, bis unsere Umsatzzahlen wieder auf dem Stand sind, auf dem sie sein sollten. Ich werde mich persönlich um Kunden bemühen. Ich werde so verkaufen, als gehörte ich zur Verkaufsmannschaft. Ich werde gleichzeitig Mastercloser und Verkäufer sein.

Warum? Weil meine Arbeit und meine Familie es wert sind. Ich weiß, daß ich verkaufen kann, und ich weiß, daß ich dazu beitragen kann, unsere Umsatzzahlen wieder dorthin zu bringen, wo sie hingehören. Will mich jemand unterstützen und die Mehranstrengung aufbringen, die wir benötigen, so sollen Sie wissen, daß ich mehr als dankbar bin. Denken jedoch einige von Ihnen, daß wir als Team nicht mehr verkaufen können, so sollten diese sofort kündigen. Ich werde es schaffen, mit oder ohne Sie. Ich werde meinen Teil dazu beitragen, daß sich die Umsätze wieder verbessern. Lassen Sie mich noch etwas sagen. Ich arbeite viel besser, wenn ich weiß, daß ich mit echten, professionellen Closern zusammenarbeite, die zu mir halten.

Sie wissen jetzt alle, was ich von heute an tun werde. Alles, worum ich Sie bitte, ist ein wenig Respekt mir gegenüber. Sagen Sie mir nun, was *Sie* von heute an zu tun gedenken."

Nachdem der Mastercloser dies gesagt hat, sollte er herausfinden, welche Konsequenzen die Closer ziehen. Dann sollte er sich dem Verkauf zuwenden und fünf Tage lang sein Bestes geben.

Anmerkung: Jeder wird bei der Firma bleiben. Niemand wird kündigen und versäumen, zu sehen, wie gut der Mastercloser das Verkaufshandwerk wirklich beherrscht.

9. Closer-Versammlung: „Bleistift und Kugelschreiber"

Definition und Zweck

Dieses Meeting hat den Zweck, jedem Closer eine Lektion über Entscheidungsfindung zu erteilen. Es stellt dar, daß man bei einer Entscheidung bleiben sollte, wenn man sich einmal entschieden hat, und nicht beginnen sollte, an gefällten Entscheidungen zu zweifeln oder bezüglich der eigenen Haltung unsicher zu werden. Der Mastercloser muß seine Closer selbstsicher machen, so daß sie „draußen" ihre eigenen Entscheidungen treffen können und sie nicht den ganzen Tag über wegen kleiner Probleme, die sie eigentlich selbst lösen können, mit dem Büro hin- und hertelefonieren müssen.

Denken Sie daran: Je selbstsicherer die Closer sind, desto mehr können sie verkaufen. Ein professioneller Verkäufer sollte in der Lage sein, alle üblichen Verkaufsprobleme zu analysieren, zu berechnen und zu beurteilen; dann sollte er sichere Entscheidungen treffen, um Probleme zu lösen, ohne immer Hilfe einzuholen.

Stellt sich heraus. daß diese Entscheidung falsch war, so können der Closer und der Mastercloser gemeinsam die Dinge wieder in Ordnung bringen. Um positive und ertragreiche Verkaufsleistungen zu erzielen, ist es für die Closer wichtig zu wissen, daß sie gewisse Entscheidungsbefugnisse haben und ihr Mastercloser ihnen vertraut.

Durchführung und Vermittlung

Vergessen Sie nicht, daß dieses Treffen den Zweck hat, eine Sache zu vermitteln und darzustellen, die mit Entscheidungsfindung zu tun hat.

Haben alle Closer im Sitzungssaal Platz genommen, verteilt der Mastercloser ein leeres Blatt Papier an seine Mitarbeiter. Dann erteilt er folgende Anweisungen: „Meine Damen und Herren, ich möchte, daß Sie auf das Blatt Papier, das ich Ihnen gerade gegeben habe, mit 25 Worten oder weniger aufschreiben, warum es in unserem Beruf wichtig ist, immer die neueste Konjunkturentwicklung zu kennen. Und ich möchte, daß Sie nicht Ihren Kugelschreiber oder Bleistift dafür benutzen, sondern meinen."

Zu diesem Zeitpunkt zeigt er der Gruppe zwei verschiedene Schachteln, von denen die eine Kugelschreiber, die andere ausreichend Bleistifte mit Radiergummis enthält. Dann geht der Manager in der Gruppe herum und bietet jedem Closer das Schreibgerät seiner Wahl an.

Sobald alle Blätter wieder zurückgegeben sind, sollte der Mastercloser (vor der gesamten Mannschaft) die Blätter, die mit Kugelschreiber beschrieben wurden, von denen trennen, für die ein Bleistift verwendet wurde. Dann liest der Mastercloser die Namen derer vor, die mit Kugelschreiber geschrieben haben. Zum Erstaunen aller stellt sich heraus, daß diese Blätter zu den aggressiveren Closern gehören, wohingegen die mit Bleistift beschriebenen eher den schwächeren, konservativeren Closern zuordenbar sein werden.

Ausgehend von dieser Veranschaulichung kann der Mastercloser den Unterschied erklären: „Schreiben Sie mit einem Kugelschreiber, denken Sie nicht daran, das Gesagte wieder aufzuheben. Verwenden Sie einen Bleistift, so ist der Gedanke an die Löschung Ihres Versprechens unbewußt immer vorhanden. Es ist nicht verwunderlich, daß die eher konservativen Closer Bleistifte benutzen, weil sie sich unbewußt mit dem Gedanken eines Fehlers tragen, wohingegen die forscheren Closer Kugelschreiber benutzen, was ihre Antworten überlegter und entschiedener erscheinen läßt."

Hat der Mastercloser seine Ansicht vorgetragen, sollte er darauf eingehen, wie wichtig es für Closer ist, auf ihren eigenen Beinen zu stehen und in bezug auf ihre alltäglichen Verkaufsprobleme selbstsicher zu handeln.

Die Stichpunkte auf den Blättern der Closer sind dabei unwichtig; der Mastercloser wollte nur herausfinden, wer einen Bleistift und wer einen Kugelschreiber benutzen würde.

10. Das „Jubel-Trubel"-Meeting

Definition und Zweck

Läuft der Verkauf gut, und ist jeder im Verkaufsbüro in einer guten Stimmung, so ist dies für den Mastercloser der ideale Zeitpunkt, dieses Meeting abzuhalten. Es dient dazu, daß jeder Closer mit sich selbst und den anderen Closern auch weiterhin zufrieden bleibt. Es bestärkt den Teamgeist, denn es zeigt, wie zufrieden der Mastercloser mit seinem Team ist.

Beruft der Mastercloser ein „Jubel-Trubel"-Meeting ein, muß er darauf achten, die Kontrolle zu behalten. Gerade solche Situationen können leicht ausarten, wenn der Mastercloser die Aktivitäten nicht streng überwacht. Vergessen Sie nicht, daß Closer gerne feiern und sich amüsieren (wer tut dies nicht?).

Darin liegt nicht das Problem. Wenn eine Party aus gutem Grund stattfindet, sich dann jedoch wendet und unangenehm wird, ist gar nichts erreicht. Aus diesem Grund ist es so überaus wichtig, daß der Mastercloser weiß, was er zu tun hat, wenn er diese Art von

Versammlung abhält. Er muß ebenfalls in der Lage sein, das Meeting abzubrechen, wenn es ihm außer Kontrolle gerät.

Durchführung und Vermittlung

Am Tag vor dem Termin sollte der Mastercloser jedem mitteilen, daß das nächste Meeting nicht an dem gewöhnlichen Ort stattfindet, sondern in einem erstklassigen Restaurant, wo er bereits arrangiert hat, daß jedem Anwesenden ein Frühstück serviert wird.

Am nächsten Morgen läßt der Mastercloser den Konferenzraum wie einen Bankettsaal ausstatten, mit allem drum und dran.

Treten die Closer in diesen Raum ein (dies sollte ein Raum sein, der vom restlichen Restaurantbereich abgetrennt werden kann), begrüßt sie der Mastercloser und führt sie wie Gäste zu ihren Plätzen. (Der Mastercloser nimmt natürlich am Kopfende des Tisches Platz.) Ist das Team vollzählig, fordert der Mastercloser alle Anwesenden auf, zu trinken, sich zu entspannen und zu amüsieren, bis das Essen serviert wird.

Alle sollten sich für 15 oder 20 Minuten frei bewegen können. Dann sollten alle Closer wieder ihre Plätze einnehmen, während der Mastercloser eine kurze Rede hält, in der er seinen Closern erzählt, wie stolz er über ihre Leistung ist, und daß dieses Frühstück seine Art des Dankeschöns für gut getane Arbeit sei.

Nachdem ihm alle applaudiert haben und wenn die Closer sich richtig wohl fühlen, sollte der Mastercloser fragen, ob sie für das Essen bereit sind. Rufen alle Closer „Ja!", gibt er dem Restaurantchef ein Zeichen, der dann wiederum die Küchentür öffnet. Herein kommen Kellner in Smokings und Kellnerinnen in Abendroben, um den Closern ein königliches Frühstück auf Silbertabletts zu servieren. Kann es sich der Mastercloser leisten, sollte er auch eine Live-Band bestellen, die während der Frühstücksparty spielt.

Die Reaktion der Closer auf diese Überraschung ist bemerkenswert. Hier wird den Closern nicht nur gesagt, wie gut sie sind, sondern sie werden auch demenstprechend behandelt.

Während des gesamten Frühstücks sollten die Kellner jeden Closer wie einen König bedienen. Ist das Frühstück beendet, sollte der Mastercloser jedem einzelnen begeistert mitteilen, daß er einen großartigen Verkaufstag erwartet. Dann übergibt er die Leitung des Treffens an seinen Assistenten, der die Closer aus dem Restaurant begleitet und sie so schnell wie möglich an die Arbeit bringt.

Es wird ein Tag mit einem großartigen Umsatzergebnis sein. Die Closer verlassen das Restaurant motiviert, angeregt und voller Anerkennung.

Anmerkung: Dieses Treffen stellt den Anfang eines harten Arbeitstages dar. Deshalb ist es hierbei so wichtig, die Übersicht zu behalten. Der Mastercloser muß jeden einzelnen beobachten und dafür Sorge tragen, daß die Leute nicht zuviel trinken oder sich unangemessen verhalten.

20 zentrale Punkte für die effiziente Closer-Versammlung

1. Wahrung der Kontrolle

Kann ein Mastercloser seine Verkaufsmitarbeiter nicht kontrollieren, so sollte er gar nicht erst versuchen, eine Closer-Versammlung durchzuführen. Das Wort „Kontrolle" bedeutet, daß jeder Closer seinem Mastercloser gegenüber echten Respekt entgegenbringt, daß der Closer in disziplinierter Weise am morgendlichen Treffen teilnimmt und den Mastercloser ohne irgendwelche Unterbrechungen seine Anliegen vorbringen läßt.

Der Mastercloser kann sich auch vor seinen Closern Respekt verschaffen, indem er immer zu ihnen hält und an sie glaubt. Auch dies ist ein Kennzeichen für eine wahre Führerpersönlichkeit. Des weiteren wird niemand während einer Sitzung stillsitzen und jemandem zuhören, wenn der Referierende nicht weiß, worüber er spricht. Ein Mastercloser muß die Wahrheit sagen und darf niemals an seinen eigenen Fähigkeiten zweifeln.

Denken Sie daran, Respekt erwirbt man sich durch Fleiß und Disziplin. Erst durch die tägliche Anwendung dieser beiden Tugenden erhält man schließlich Kontrolle.

2. Keine Verspätungen

Das Closer-Meeting ist die erste Verteidigungslinie des Masterclosers, was die Wahrung der Kontrolle betrifft. Der Mastercloser tut gut daran, einen fixen Zeitpunkt für den Beginn der täglichen Sitzung festzusetzen, die Mitarbeiter (natürlich auch der Mastercloser selbst) wiederum sollten sich unbedingt daran halten, was auch immer vorfällt. Besteht die Gefahr, daß man zu dem morgendlichen Termin zu spät kommt, kann vom Closer verlangt werden, rechtzeitig anzurufen und sich beim Mastercloser oder dessen Assistenten zu entschuldigen. Kommt ein Closer zu spät und hat noch nicht einmal angerufen, sollte ihn der Mastercloser aus dem Sitzungssaal ausschließen und ihm als letztem die Kunden zuteilen. Mit anderen Worten, er verurteilt den Closer zu einer „Bewährungsstrafe".

Anmerkung: Gibt es in Ihrer Firma nicht diese Art der Kundenzuteilung, so sollte dem verspäteten Closer eine andere Strafe auferlegt werden, oder er sollte den ganzen Tag im Büro bleiben, ohne daß ihm Kunden zur Bearbeitung übertragen werden (es sei denn, in Notfällen).

Der Mastercloser muß bei der Durchsetzung dieser fundamentalen Regel sehr streng sein, denn alle seiner grundlegenden Kontrollmethoden beginnen mit dem regelmäßigen morgendlichen Meeting.

3. Kleidungsvorschriften

Will ein Mastercloser ein erfolgreiches Verkaufsteam haben, sollte er darauf achten, wie die Closer sich kleiden. Es ist eine Lebensweisheit, daß eine Person, die sich gut kleidet, auch dementsprechend handelt. Oder anders gesagt, zieht sich jemand an, um Erfolg zu haben, so wird er auch erfolgreich handeln. Der Mastercloser muß sich davon überzeugen, daß seine Closer während der Arbeit professionell gekleidet sind und in den Augen der Kunden gut wirken.

Sieht ein Closer beim morgendlichen Termin unordentlich und schlampig aus, schickt ihn der Mastercloser sofort nach Hause, damit er sich umzieht. Für unangemessenes Aussehen sollte es auf keinen Fall eine Entschuldigung geben.

Gibt sich ein Closer auch weiterhin keine Mühe, sollte ihn der Mastercloser entweder bei der Wahl seiner Kleidung beraten oder ihn feuern.

4. Keine privaten Telefongespräche

Hält der Mastercloser eine Versammlung ab, muß von jedem Closer verlangt werden, daß er keine persönlichen Telefonanrufe erhält. Die einzige Ausnahme sollten Notfälle darstellen. (Geschäftliche Anrufe sind nicht verboten.) Nur so kann der Mastercloser die Sitzung ernsthaft leiten. Closer müssen lernen, daß sie zuhören müssen, wenn ihr Mastercloser spricht. Dieser muß seinen Mitarbeitern klarmachen, daß er der Herr im Haus ist. Jeder kleine Vorfall, den der Mastercloser toleriert, wird nur seine Führungsfähigkeiten und den Respekt, den seine Closer ihm gegenüber haben, untergraben.

Ist der Mastercloser bei einer kleinen Sache nachlässig, so wird dies den Weg für andere Punkte ebnen und somit eine Lawine verursachen, die den Mastercloser vielleicht begräbt.

5. Erzählen Sie nicht alles

Es ist sehr wichtig für den Mastercloser, nicht zu vergessen, daß er seine Arbeit verliert, wenn er seinen Mitarbeitern alles mitteilt, was in seinem Verkaufsbüro vor sich geht (Bankangelegenheiten, Vertragsverhandlungen, Treffen mit Rechtsanwälten, Firmenprogramme für zukünftige Produktentwicklung, delikate Fusionierungsvorhaben und finanzielle Transaktionen). Jede unangemessene Information, die er herausgibt, kommt zurück, um ihn zu jagen, bis er schließlich kündigt oder gefeuert wird.

Der professionelle Mastercloser kann nicht allen Leuten alles erzählen. Er muß die Einzelheiten seines Spielplans ausschließlich in seinen Händen halten. Weiht er andere Leute in seine „geheimen" Pläne und Strategien ein, bevor diese tatsächlich in die Tat umgesetzt werden, wird es immer jemanden geben, der versucht, in die guten Absichten des Masterclosers einzugreifen, die Realisierung seiner Pläne zu verhindern, sie zu sabotieren oder durcheinanderzubringen.

6. Nur 50 Minuten

Dauern die regelmäßigen Meetings des Masterclosers länger als 50 Minuten, so hat er die „maximale Zeitgrenze" für konzentrierte Aufmerksamkeit der Closer überschritten. (Diese Zeitgrenze von 50 Minuten bezieht sich nicht auf Sitzungen, die der Fortbildung dienen, sondern nur auf die regelmäßig abgehaltenen Treffen.)

Die Closer gehören einer ruhelosen Species an, die sich jeden Tag schnell auf Touren bringt, um Erfolg zu haben. Spricht ein Mastercloser zu lange oder ist er beim Erklären bestimmter Punkte während seiner Sitzung zu langatmig, so wird sein Publikum gelangweilt, und seine Bemühungen erzielen bei den Zuhörern keine Wirkung mehr.

Die Closer wünschen sich energiegeladene Sitzungen, die ihnen helfen, sich für den Tag aufzuputschen. Der Mastercloser kann diese Energie nur in kurzen, energievollen Explosionen vermitteln, nicht durch einen ewigen Monolog.

7. Die Funktion des Assistenten

Der Mastercloser muß seinen „Sidekick" bei jedem Treffen einsetzen. Es ist der Assistent, der dazu beiträgt, daß der Mastercloser einen guten Eindruck hinterläßt. Der Mastercloser darf nicht vergessen, daß er nicht alles selbst tun kann, und daß sein Assistent da ist, um ihm zu helfen.

Während der täglichen Closersitzungen muß sich der Mastercloser nicht immer mit den banalen Angelegenheiten beschäftigen; der Assistent erledigt loyal die Details. Ist der Assistent ein verantwortungsbewußter Mensch, so kann er die Anwesenheit zu Protokoll nehmen, Angleichungen des Warenbestandes vornehmen, allgemeine Informationen an die Verkaufsmannschaft verteilen, beispielsweise die oben genannten Hundertmarkscheine unter die Stühle der Closer kleben.

Es gibt zahlreiche wichtige Aufgaben, die an den Assistenten delegiert werden können. Der Mastercloser sollte mehr als dankbar für diesen Gefährten sein. Aber er sollte nicht alles delegieren. Die Closer brauchen das Gefühl, daß der Mastercloser sich auch selbst um sie kümmert.

8. Closer als Assistant-Manager

Kann der Mastercloser auf Gruppenchefs oder Assistant-Manager zusätzlich zu seinem zuverlässigen „Sidekick" zurückgreifen, sollte er sicherstellen, daß die stellvertretenden Manager aus der Reihe der Closer kommen. Mehr als alles andere ist es der Wunsch des Masterclosers, einen umfassenden Teamgeist und nicht eine Trennung zwischen Closern und Management zu schaffen.

Gibt es solch eine Teilung innerhalb des Sales-Teams, so entsteht eine Spannung. Die Lücke, die sich zwischen diesen beiden „Parteien" auftut, ist unüberbrückbar. Der Teamgeist wird auseinanderdividiert. Die beiden „Parteien" lernen, daß sie nur sich selbst trauen können. Unter diesen Umständen wird auch der großartigste Umsatzplan einfach nicht funktionieren.

Stattdessen sollte immer Hilfsbereitschaft und gegenseitiges Interesse vorherrschen, es darf nur ein gemeinsames Erfolgsziel geben. So muß ein professionelles Verkaufsteam handeln, und das jeden Tag.

9. Erläutern Sie die Ziele

Der Mastercloser muß jeden in der Mannschaft über die Ziele der Firma für die aktuelle Verkaufssaison informieren. Er muß jedem sowohl die kurzfristigen als auch die langfristigen Ziele verdeutlichen. Auf diese Art und Weise kann sich die Verkaufsmannschaft mental einheitlich auf das Plansoll einstellen, und jeder kann dieses mit derselben Begeisterung angehen.

Ohne diese mentale Einheit ist ein Sales-Team keine Mannschaft mit gebündelter Energie, sondern nur ein Haufen einzelner Closer, die hektisch in verschiedene Richtungen rennen und sich gegenseitig in der Hoffnung, ein Wunder zu vollbringen, über die Füße stolpern.

Denken Sie daran: Eine Fußballmannschaft arbeitet zusammen, um zu gewinnen; so einfach ist das.

10. Sprechen Sie Anerkennung aus

Arbeitet ein Closer gut, so sprechen Sie ihm beim morgendlichen Meeting vor den anderen Anwesenden positive und aufrichtige Anerkennung aus. Verzögern Sie nicht die Belohnung für eine hervorragende Leistung eines Closers. Closer haben Erfolg, wenn sie wegen ihres professionellen Verkaufstalents bekannt sind. Für ihre Ohren ist es die schönste Musik, wenn ihr Mastercloser ihnen zu ihrer guten Arbeit gratuliert.

Der Mastercloser sollte seine Sitzungen so benutzen wie ein Schauspieler die Bühne: um Begeisterung zu schaffen, um Gefühle wachzurütteln und Charakter zu zeigen. All diese Ziele kann der

Mastercloser erreichen, wenn er den Closern, die es verdienen, Lob spendet.

Denken Sie daran: Wenn Sie jemandem eine Trophäe verleihen, läßt dieser nicht zu, daß sie jemals befleckt würde.

11. Verlegenheit

Stellt ein Closer dem Mastercloser während einer Sitzung eine Frage, die dieser entweder nicht richtig beantworten kann oder es im Moment nicht will, so sollte der Manager weder aus der Fassung geraten noch unsicher oder verlegen werden. Der Mastercloser muß vor allem immer Haltung bewahren.

Ein Mastercloser muß immer ruhig erscheinen und sollte den Eindruck hinterlassen, er habe alles unter Kontrolle. Kein Closer auf dieser Welt wird für einen Manager Respekt empfinden, wenn dieser allein durch Worte völlig durcheinanderzubringen ist.

Wird eine Frage gestellt, der ausgewichen werden muß, so sollte der Mastercloser dem Closer mitteilen, er werde diese Frage später beantworten, wenn mehr Fakten vorliegen, oder einfach, daß er sich freuen würde, dies mit ihm privat besprechen zu können.

Vergessen Sie nicht, daß der Mastercloser immer die Kontrolle über sich haben muß.

12. Störungen von außen

Passiert während einer Sitzung etwas Unerwartetes, kommt zum Beispiel ein zorniger Kunde in das Verkaufsbüro hereingeplatzt und fordert sein Geld zurück, oder wird ein Geschäftsfahrzeug in einen Unfall verwickelt, dann muß der Mastercloser vollkommen ruhig bleiben. Er kann den Assistenten bitten, sich dieser Sache anzunehmen und ihm später darüber Bericht zu erstatten.

Niemals sollte der Mastercloser seine Sitzungen unterbrechen, um selbst zu sehen, was passiert ist. Er muß sich über die normale

Neugier hinwegsetzen und hart bleiben, um seine Aufmerksamkeit auf die unmittelbaren Angelegenheiten konzentrieren.

Ein Mastercloser ist fortwährend ein tadelloses Vorbild für seine Closer, einer, der Ruhe ausstrahlt und nicht aus der Fassung gerät, sobald etwas Unerwartetes passiert.

Vergessen Sie nicht: Der Mastercloser ist der General seiner Armee, er kann vor seinen Leuten nicht zusammenbrechen, sonst brächte er das ganze Team durcheinander.

Ein Führer führt mit dem eigenen Beispiel.

13. Aufzeichnung

Für den Mastercloser ist es sehr wichtig, über seine Sitzungen Protokoll zu führen. Dies dient seinem eigenen Schutz. Beschweren sich etwa die Closer und sagen, dieses oder jenes hätte zu einem bestimmten Zeitpunkt stattfinden sollen, dies wäre aber nie geschehen, so ist der Mastercloser geschützt. Er muß sich lediglich auf die Aufzeichnungen der Sitzung beziehen, in der der umstrittene Punkt besprochen wurde, dann kann er die Vorwürfe ausräumen, indem er den Closern genau zeigt, was stattgefunden hat und was gesagt wurde.

Für den Mastercloser ist es auch entscheidend, tägliche Berichte über die Verkaufszahlen seiner Closer zu führen, über die Zeit, die er mit einem Kunden verbringt, über Stornierungen und alle anderen wichtigen Daten, so daß er den genauen aktuellen Leistungsstand jedes Closers kennt.

14. Cliquenbildung

Der Mastercloser muß sich darüber im klaren sein, daß es in jeder Verkaufsmannschaft immer „Cliquen" geben wird – Kameraden, die zusammenhalten. Es spielt keine Rolle, ob einige von ihnen dem Management angehören oder ob alle Closer sind; Freunde werden immer Freunde sein. Der Mastercloser sollte niemals versuchen, eine dieser Gruppen aufzulösen; er wird damit nicht erfolgreich sein, sondern nur den Unmut aller auf sich ziehen.

Cliquen sind für ein Verkaufsteam von Vorteil, da sich die Mitglieder innerhalb ihrer Gruppe helfen und unterstützen, sich gegenseitig ermutigen, und zwar auf eine Weise, wie dies Mastercloser und Außenstehende nicht tun könnten.

Der Mastercloser muß nur auf Gruppen achten, die innerhalb des Teams eine negative Einstellung verbreiten. Ist dies einmal der Fall, sollte der Mastercloser das Gespräch mit dem Anführer suchen (es gibt immer einen) und die Dinge klarstellen. Ist der Anführer nicht umgänglich, sollte der Mastercloser ihn feuern; er dient damit als abschreckendes Beispiel für die anderen Mitglieder der Clique. Diese wiederum werden sich entweder benehmen oder gehen.

15. Setzen Sie Teams ein

Um vorübergehende Begeisterung und „spielerische" Konkurrenz zu schaffen, unterteilen manche Mastercloser ihre Mannschaft in „positiv rivalisierende" einzelne Verkaufsteams.

Bei dieser Art von Wettbewerb innerhalb der Mannschaft hat jedes Team seine eigenen Farben, Namen und Teamchefs. Diese Art von Spiel hat positive Seiten, hält jedoch nur für eine kurze Zeit an, nicht für ein ganzes Jahr, da die Anwendung dieser elementaren Verkaufsstrategie viel Kraft kostet.

Berücksichtigen Sie, daß sich Closer nach einiger Zeit untereinander austauschen und vergessen, daß sie eigentlich zu unterschiedlichen Parteien gehören. Je mehr sie sich miteinander verbünden, desto weniger denken sie darüber nach, wessen Team im Wettbewerb vorne oder hinten liegt. So wendet sich die Idee des großen „Teamwettbewerbs" bald in einen großen Mißerfolg.

Beachten Sie daher, daß solche internen Wettbewerbe nur über kurze Zeiträume hinweg gut funktionieren.

16. Das Ego des Assistenten

Der Mastercloser muß sich laufend über die Ansichten, die seine „rechte Hand" und sein stellvertretender Mastercloser vermitteln, im klaren sein.

Für einen Assistant-Mastercloser ist es sehr leicht, zu denken, daß er etwas ganz besonderes ist. Viele stellvertretende Mastercloser und Teamchefs haben aufgrund ihrer Egos und ihrer Haltung „ich bin besser als du" schon ganze Sales-Teams zerstört.

Stellt der Mastercloser fest, daß sich beim Assistenten diese Haltung einschleicht, sollte er sofort mit ihm alleine ein ernsthaftes Gespräch führen, um einige Dinge klarzustellen. Der Mastercloser muß diese schreckliche „Ego"-Krankheit ausmerzen, bevor sie außer Kontrolle gerät und die Verkaufsmannschaft gefährdet.

17. Der Vormittag ist besser

Die beste Zeit am Tag für Closer-Meetings ist immer der Morgen: halb acht oder acht Uhr. Zu dieser Tageszeit sind die Closer wacher und aktiver.

Hauptziel dieser morgendlichen Sales-Meetings ist, die Closer für ihr erstes Verkaufsgespräch hochzuputschen. Der Mastercloser weiß, daß die Closer den ganzen Tag über gut verkaufen, wenn sie bei ihrem ersten Kunden Erfolg haben.

Vergessen Sie nicht: Nichts fördert Erfolg so sehr wie der Erfolg selbst. Der Mastercloser muß Wecker, Nachrichtenübermittler, Antreiber und Einpeitscher für den Closer sein... Und zwar jeden Tag, wenn er eine erfolgreiche Mannschaft haben will.

18. Katerstimmung

Schaut sich der Mastercloser beim morgendlichen Treffen seine Closer an, und bemerkt er, daß mehrere seiner Männer kaum in der Lage sind, sich wegen der Nachwirkungen einer nächtlichen Party aufrecht zu halten, so sollte er für diese kein Mitleid empfinden.

Kühl sollte er sie einfach fragen, ob sie in der Lage sind, an diesem Tag überhaupt irgendetwas zu verkaufen. (Automatisch werden sie dies mit ja beantworten.) Er sollte sich vergewissern, daß die Closer den Kunden gegenübertreten können. Dann kann er mit der normalen Tagesordnung fortfahren und braucht das Thema nicht wieder zu erwähnen.

Zeigt ein Mastercloser kein Mitleid und verhält sich so, als sei alles in Ordnung, werden sich die betreffenden angeschlagenen Closer noch mehr verpflichtet fühlen, etwas zu verkaufen, allein, um sich selbst zu beweisen. Physisch und psychisch dürften sie sich schlecht fühlen, weil sie wissen, den ganzen Tag hart arbeiten zu müssen. Deshalb stehen die Chancen gut, daß sie nicht noch einmal in diesem Zustand zur Arbeit kommen.

19. Bleiben Sie anwesend

Um eine erfolgreiche Verkaufsmannschaft zu führen, muß sich der Mastercloser den ganzen Tag über im Büro aufhalten. Er kann nicht nur einfach am Morgen eine gelungene Sitzung abhalten und dann das Büro verlassen in der Hoffnung, seine Assistenten würden den Tag meistern.

Ein Mastercloser muß im Büro bleiben. Er ist der Anführer, und wenn er sich im Verkaufsbüro aufhält, arbeiten seine Leute. Ist die Katze dagegen aus dem Haus, tanzen bekanntlich die Mäuse. Closer müssen ständig beobachtet, verwöhnt und geführt werden, wenn der Mastercloser hervorragende Verkaufsergebnisse haben will.

Der Mastercloser kann seinen Leuten keine Anweisungen geben, wenn er nicht zugegen ist. Closer arbeiten nur so hart wie ihr Manager. Dies ist eine bewiesene Tatsache, und jeder Mastercloser sollte dies wissen. Um so mehr Bedeutung kommt den Überstunden des Masterclosers zu.

Denken Sie daran, daß der Mastercloser sichtbar sein muß, wenn er anwesend ist. Er sollte sich also nicht hinter verschlossenen Türen in seinem privaten Büro verstecken. Seine Closer wollen bemerkt werden, und dies gelingt nicht, wenn der Mastercloser sie gar nicht sehen kann.

20. Das Verkaufsteam

Der meisterhafte Mastercloser muß die nackte Tatsache erkennen, daß seine Mannschaft nur so gut und so stark ist, wie er selbst. Ist ein Mastercloser schwach, unentschieden, in seinem Handeln unsicher oder illoyal, so wird sich sein Team genauso verhalten. Der Mastercloser ist der einzige Führer seines Teams. Es liegt allein in seiner Verantwortung, ein erfolgreiches Team zu bilden, nicht nur vom finanziellen Gesichtspunkt her, sondern auch vom moralischen.

Der Mastercloser ist der Puls seiner Sales-Force und kann es sich niemals leisten, dies zu vergessen. Er muß früher als jeder andere ins Büro kommen und auch am längsten dort bleiben. Er muß Gelassenheit ausstrahlen, sich unter Kontrolle haben und immer über alles unterrichtet sein.

Dazu kommt noch die Kompetenz im Verkaufstraining, im Verkaufsmanagement, bei der Planung zukünftiger Umsatzziele sowie die Tatsache, daß man ein ehrenwerter und mutiger Mensch ist. Es ist unnötig, zu betonen, daß es nicht leicht ist, ein professioneller Mastercloser zu sein. Abgesehen von all diesen Eigenschaften und Anstrengungen muß der Mastercloser stark und mächtig sein, wenn er eine starke und mächtige Verkaufsmannschaft haben will. Und er muß durchhalten, auch wenn alle anderen versagen oder erschöpft aufgeben.

20 zentrale Punkte für die effiziente Closer-Versammlung

1. Behalten Sie die Kontrolle.

2. Dulden Sie keine Verspätungen.

3. Achten Sie auf gute Kleidung bei Ihren Closern.

4. Dulden Sie keine privaten Telefongespräche.

5. Erzählen Sie nicht alles.

6. Closer-Versammlungen sollten nicht länger als 50 Minuten dauern.

7. Setzen Sie Ihren Assistenten ein.

8. Nehmen Sie einen Closer als Assistant-Manager.

9. Erläutern Sie Ihrem Verkaufsteam die Ziele.

10. Sprechen Sie Anerkennungen aus.

11. Lassen Sie sich nicht aus der Fassung bringen.

12. Lassen Sie sich nicht stören.

13. Führen Sie Protokoll über Ihre Sitzungen.

14. Versuchen Sie, Cliquenbildungen dann zu unterbinden, wenn sie eine negative Einstellung verbreiten.

15. Setzen Sie Teams ein.

16. Achten Sie darauf, daß Ihr Assistent nicht gegen Sie arbeitet.

17. Halten Sie Closer-Versammlungen vormittags ab.

18. Zeigen Sie kein Verständnis, wenn Ihre Closer wegen der Nachwirkungen einer Party kaum Leistung zeigen.

19. Bleiben Sie anwesend.

20. Denken Sie immer daran, daß Ihr Team nur so gut und stark ist, wie Sie selbst.

4. Kapitel

Hilfestellung für Closer: „Take-over" durch den Mastercloser

So gut ein Closer auch sein mag, es kann immer einmal passieren, daß er einen Kunden nicht zum Vertragsabschluß bringt. Das kann viele Gründe haben. In solchen prekären Verkaufssituationen ist der Mastercloser gefordert – er darf endlich wieder einmal zurück an die Front und kann seinen Closern beweisen, daß er nicht nur ein hervorragender Manager ist, sondern auch ein ausgezeichneter Verkäufer. Übernehmen Sie deshalb den Kunden, schließen Sie erfolgreich den Vertrag ab und ernten Sie den Respekt und die Bewunderung Ihrer Mitarbeiter. Wann Sie ein Take-over inszenieren können, auf was Sie in einer solch brisanten Situation achten müssen und welche Wege es gibt, auch schwierige Kunden zum Abschluß zu bringen, erfahren Sie im folgenden Kapitel.

Der Mastercloser in der Take-over-Situation

Für den Mastercloser sind in der Übernahmesituation drei Punkte von ausschlaggebender Bedeutung: Der Manager muß

- konstruktiv,
- feinfühlig und
- egoistisch

vorgehen.

Außerdem muß er von ganzem Herzen ein Verkäufer sein. Der professionelle Mastercloser freut sich, wenn er gebeten wird, einem seiner Closer einen Kunden „abzunehmen" – endlich kann er wieder – wie in alten Zeiten – die ganze Palette seines Verkaufsgeschicks ausspielen. Egal wie lange der Mastercloser nicht mehr direkt im Verkauf tätig war, er vergißt niemals die Aufregung und die positive Energie, die einen am Abschlußtisch erfaßt, wenn der Kunde schließlich die Entscheidung trifft, das Produkt zu kaufen. Es sind also diese sensiblen Instinkte und angenehmen Erinnerungen, die die Begeisterung des Masterclosers entfachen, wenn er gebeten wird, zu „übernehmen". Ein Take-over empfindet er nicht als Verpflichtung, er hat sogar wahre Freude daran.

In einer Übernahmesituation hat der Mastercloser nicht nur die Gelegenheit, etwas zu verkaufen und vor allen Closern einen guten Eindruck zu hinterlassen, für diese kurze Zeit ist er vielmehr zurück an der Front, am Verkaufstisch. Kein echter Mastercloser möchte die Gelegenheit versäumen, ins Rampenlicht gesetzt zu werden und zu brillieren. Wenn er einen schwierigen Kunden erfolgreich übernimmt, leistet er mehr für die Teammoral, als mit einem Dutzend von Seminaren oder Teamsitzungen erreicht werden könnte.

Der konstruktive Ansatz

Oberste Prioriät für den Mastercloser muß der Umsatz sein. Weil seine ganze Karriere davon abhängt, sollte er seinen Closern in je-

der komplizierten Take-over-Situation helfen. Der Mastercloser
sieht keinen der Kunden als selbstverständlich an. Wird er von einem Closer gebeten, hereinzukommen und ihm zu helfen, das Geschäft perfekt zu machen, sollte sich der Mastercloser geehrt – und
nicht belästigt – fühlen.

Ein Take-over bedeutet für einen Mastercloser keine Verschwendung seiner kostbaren Zeit. Der Mastercloser darf nicht vergessen,
daß ein Closer, der ihn um Hilfe bittet, widerwillig seinen Stolz
hinunterschluckt, weil er ein Geschäft nicht alleine abschließen
kann. Für den Mastercloser sollte es eine Genugtuung sein, wenn
die Closer voller Respekt auf ihn zurückgreifen, weil sie ihm zu-
trauen, daß er die schwierige Verhandlung abschließt. Auch wenn
der Mastercloser müde oder geistig erschöpft ist, darf er dennoch
nicht vergessen, daß er das Team führt. Jede Bitte zur Übernahme
eines Kunden sollte ihm augenblicklich die nötige Energie
spenden.

Gleich wie seine Stimmung auch sein mag, der Manager darf den
Closer zu diesem sensiblen Zeitpunkt niemals herabsetzen. Er sol-
te auf den Verhandlungstisch zugehen, um Closer und Kunden
energisch und mit einem ehrlichen, spontanen Lächeln zu
begrüßen.

Der Manager sollte den Closer bitten, ihm darzulegen, was bereits
besprochen wurde, sich dann an den Kunden wenden und ihn fragen, welche Fragen er hat und warum er zögert, das Produkt zu
kaufen. Hat er diese Informationen, muß der Mastercloser diese si-
multan verarbeiten und feststellen, wo die Hemmnisse des Kunden
liegen. Indem er einige der vielen Kunstgriffe anwendet, die er sich
über die Jahre hinweg angeeignet hat, beseitigt der Mastercloser
die Ängste des Kunden. Während dieser „Vorstellung" braucht der
Mastercloser die Unterstützung seines Closers; er muß jedoch auch
den Scharfblick haben, diejenigen Punkte herauszufinden, die der
Closer übersehen haben könnte. Indem er offene Fragen klärt und
seine jahrelange Erfahrung einbringt, ist der Mastercloser in der
Lage, das Geschäft erfolgreich abzuschließen. Gleichzeitig demonstriert er dem Closer die Feinheiten des Verkaufsabschlusses.

Sind die Verträge unterschrieben, steht jeder als Gewinner da. Der Kunde ist zufriedengestellt, der Mastercloser hat in einer schwierigen Situation brilliert, und der Closer hat gelernt, wie er besser mit einem schwierigen Kunden zurechtkommen kann. Der Schlüssel zum konstruktiven Ansatz liegt darin, daß der Closer nicht nur finanziell vom Take-over profitiert, sondern auch wichtige Erfahrungen hinzugewinnt.

Der egoistische Ansatz

Der Mastercloser, der den egoistischen Ansatz für den Abschluß eines Geschäftes wählt, schließt das Geschäft allein aus Genugtuung darüber ab, daß er etwas erreicht hat, wovon der Closer glaubte, es sei unmöglich. Ruft der Closer den Manager, damit ein problematischer Kunde in ein Geschäft einwilligt, muß der Mastercloser wirksam dick auftragen und den ganzen Charme einsetzen, den er in den vielen Jahren des Verkaufs entwickelt hat. Strahlt der Mastercloser Begeisterung und den Stolz, der mit seinen Fähigkeiten einhergeht, aus, so erscheint er bereits zuversichtlich am Verhandlungstisch. Er lenkt die Aufmerksamkeit auf sich, indem er den Closer buchstäblich zur Seite drängt. Der Mastercloser stellt eine Beziehung zum Kunden her, indem er den Kunden zum Mittelpunkt des Geschehens macht. Mit Scharfblick, Fachwissen, mit einem Schulterklopfen und einem Lächeln beschwichtigt er alle Ängste des Kunden. Indem er Kompetenz und genaue Kenntnis über das Produkt an den Tag legt, vermittelt er dem Kunden, daß dieser das Produkt benötigt. So stimmt der Kunde dem Verkauf zu.

Der Mastercloser fühlt sich hervorragend, wenn er Zweiflern gegenüber Erfolg vorweisen kann. Er operiert während des Take-over insofern egoistisch, als er selbst gerne wissen möchte, ob er immer noch die Fähigkeit und das Talent hat, an den Verhandlungstisch zu gehen und einen zögernden Kunden dazu zu bringen, an der vorgesehenen Stelle zu unterschreiben. Weiß der Mastercloser in seinem Innersten, daß er immer noch diese wunderbare Gabe hat, dann kann er sich ohne viele Probleme auch um seine ande-

ren Aufgaben kümmern. Er wird sich selbst als ein genialer Mastercloser ansehen, und seine Mitarbeiter werden ihn bewundern.

Der subtile Ansatz

Ein Mastercloser verlernt niemals die subtilen Techniken eines
Closers. Ist es an der Zeit, einen Kunden zu übernehmen, wendet
der Mastercloser jede legale Überzeugungstechnik an, um den
Kunden zum Kauf zu bewegen.

Beachten Sie jedoch diese wichtige Warnung: Ein Mastercloser ist
in einer Take-over-Situation stets gefährdet, dabei erwischt zu werden, daß er selbst nicht das praktiziert, was er immer predigt. Einige Mastercloser schärfen ihren Closern ein, nicht allzuviel Druck
beim Verkauf auszuüben. Im Augenblick der Wahrheit erzeugt der
Mastercloser dann jedoch mehr Druck als fünf Closer zusammen.

Für einen Mastercloser ist die Versuchung sehr groß, Verkaufs-
tricks aus dem „grauen Bereich" anzuwenden, wenn er den Kunden eines Closers übernimmt. Schließlich möchte er vor seinem
Verkaufsteam keinen schlechten Eindruck hinterlassen, indem er
den Verkauf nicht abschließt. Die meisten Mastercloser haben das
Gefühl, sie sollten Verkaufsfertigkeiten demonstrieren, wenn sie
zum Take-over gerufen werden. Sie akzeptieren eine Niederlage
höchstens, wenn sie auf einem finanziellen Problem seitens des
Kunden beruht. Viele Mastercloser brechen aus diesem Grund
gleich mehrere Regeln, um einen Kunden zum Kauf zu bewegen,
nur, um nicht ihr Gesicht vor den Closern zu verlieren, indem sie
den Kunden „gewinnen" lassen. Der Mastercloser weiß, daß er
selbst unter dem Druck des Take-over seine eigenen Verkaufsprin-
zipien nicht unterlaufen darf. Er muß sein Bestes tun, um diesem
Druck standzuhalten und den „K.O.-Schlag" nach den Regeln zu
landen.

Der richtige Zeitpunkt für ein Take-over

Für den Mastercloser ist es sehr wichtig, zu wissen, wann er übernehmen muß, falls er nicht an den Verhandlungstisch gerufen wird. Kennt er nicht den Unterschied zwischen gutem und schlechtem Timing, sollte er niemals versuchen, zu übernehmen. Eine professionelle Übernahme oder „taktische Offensive" kann nur dann erfolgreich verlaufen, wenn der Mastercloser genau weiß, was er tut. Vergessen Sie nicht, daß Zeitplanung und Einschätzung der Gefühle des Kunden alles bedeuten, wenn es darum geht, ein professionelles Take-over durchzuführen.

Wenn der Closer den Kunden verliert

Da Verkäufe das Wichtigste sind, wartet der Mastercloser nicht darauf, einem Closer hinterher zu sagen, was er hätte tun können, um den Verkauf zu retten. Bemerkt ein Mastercloser, daß einer seiner Closer das Interesse eines Kunden und dessen Begeisterung für das Produkt verliert, so hat er durchaus das Recht, zur Verhandlung dazuzustoßen und alles zu tun, um das Geschäft zu retten. Dabei ist es manchmal unvermeidbar, daß der Mastercloser dem Closer auf die Füße tritt. Man darf niemals vergessen: Der Kunde steht im Mittelpunkt. Selbst die geringste Chance, den Kunden zufriedenzustellen und einen Verkauf zu tätigen, ist das Risiko wert, daß sich ein Closer vorübergehend beleidigt fühlt. Der Mastercloser steht nicht daneben und sieht zu, wie ein wertvoller Kunde dem Closer durch die Finger gleitet, weil dieser schon während der Präsentation den Kunden aufgegeben hat oder sich nicht die Zeit genommen hat, das Produkt vollständig zu erläutern.

Natürlich sollte ein Manager, der hereinplatzt, dies mit all dem Charme tun, den er aufbringen kann. Nach einem Take-over sollte er das gekränkte Ego des Closers besänftigen, indem er ihm zur erfolgreichen Teamarbeit gratuliert. Ist der Closer dadurch „getröstet", kann der Manager ihm einige Ratschläge erteilen, wie er mit einer ähnlichen Situation in Zukunft besser zurechtkommt.

Wenn ein Closer um Hilfe bittet

Der Mastercloser hat gegenüber seinem Closer eine persönliche Verpflichtung, und er sollte deshalb für eine Übernahme möglichst zur Verfügung stehen, falls diese nötig wird. Der Mastercloser hat seine Closer eingestellt und ihnen etliches beigebracht; sie nicht weiter zu betreuen und ihnen beim Verkauf zu helfen, wenn sie ihn benötigen, kommt einem Aufgeben gleich.

Natürlich darf der Manager nicht ins andere Extrem verfallen und sich permanent aufdrängen. Der Mastercloser sollte durch die genaue Kenntnis seiner Mitarbeiter die richtige Mischung finden, zum Beispiel, indem er nur dann interveniert, wenn ein „Überflieger" allzu schnell an Höhe verliert. Die Closer entwickeln ihren eigenen Stil des Verkaufens, und sie werden sicherlich bessere Ergebnisse erzielen, wenn sie wissen, daß sie im Verkaufsbüro die nötige Rückendeckung haben.

Anmerkung: Vielleicht werden Sie auf einen Closer treffen, der es sich angewöhnt hat, den Manager bei jedem seiner Kunden zum Take-over zu rufen. Er benutzt den Mastercloser als eine Krücke und humpelt über dessen vollen Terminplan. In solch einer Situation hat der Mastercloser das Recht, diese Notrufe zu ignorieren. Er könnte den Closer von dessen Abhängigkeit entwöhnen, indem er immer öfter nicht zur Verfügung steht oder indem er immer häufiger frühzeitig den Verhandlungstisch verläßt – was dazu führt, daß der Closer mehr und mehr den tatsächlichen Verkaufsprozeß selbst durchführt.

Das inszenierte Take-over

Beim Verkaufen stehen dem Closer viele Verkaufstechniken und Verkaufsmethoden zur Verfügung. Eine der grundlegenden (und ältesten) Techniken ist das Verkaufsszenario „Gut gegen Böse". Bei diesem dramatischen Duett kann der Closer den Guten oder den Bösen spielen. In beiden Fällen, und dies wurde vorher abgesprochen, unterbricht der Mastercloser das Verkaufsgespräch, sobald der Closer, einen bestimmten Punkt im Dialog mit dem Kunden erreicht. Hat der Closer die Rolle des Guten übernommen, kommt der Mastercloser an den Tisch, und gibt zunächst vor, den Kunden zu verteidigen: „Sehen Sie nicht, daß der Kunde das Produkt nicht möchte? Warum drängen Sie ihn, es zu kaufen?"

Der Closer antwortet mit einem Kommentar, wie sehr das Produkt das Leben des Kunden bereichern würde, er handle nur zum Wohl des Kunden.

Nun wird der Mastercloser den Kunden „beleidigen": „Offensichtlich ist der Kunde nicht auf sein Bestes aus. Er ist mit der Art, wie er Dinge erledigt, zufrieden, und er hat nicht den Wunsch, mit der heutigen Technologie Schritt zu halten."

Mastercloser und Closer fordern sich gegenseitig heraus. Der Closer hält an der positiven Darstellung des Produkts fest, der „böse" Manager setzt den Kunden subtil herab, weil dieser zögert, den Kauf abzuschließen. Bemerkungen über die Technologie und darüber, daß der Kunde offensichtlich nicht wünscht, sein Leben zu verbessern, haben besondere Wirkung. Kommt der Kunde schließlich zu seiner eigenen Verteidigung, so ist er zumeist schon selbst davon überzeugt, daß er das Produkt kaufen will.

Diese Art des inszenierten Take-over ist eine äußerst wirksame Methode, um einen zögernden Kunden dazu zu bewegen, ein Produkt zu kaufen. Nebenbei erkennt der Closer, wie vorteilhaft es ist, einen verkaufserfahrenen Manager zur Seite zu haben.

Wenn der Mastercloser den Kunden kennt

Gelegentlich kommt es vor, daß ein Kunde des Closers ein persönlicher Freund oder Bekannter des Masterclosers ist. Oder der Mastercloser selbst hat vielleicht einen „bevorzugten Kunden", etwa aus der Zeit, als der Mastercloser selbst noch Closer war. Treten solche Situationen auf, ist es für den Manager angemessen, diesen Kunden zu übernehmen. In der Tat könnte der Kunde beleidigt

sein, wenn das freundliche bekannte Gesicht, auf das er sich eingestellt hat, nicht bereit ist, ihn zu sehen.

In derartigen Fällen sollte der Mastercloser übrigens keine Provision annehmen. Er sollte sie entweder unter dem gesamten Verkaufsteam als Verkaufsbonus verteilen oder sie an den Closer geben, der dem Kunden zuerst begegnet ist. Beansprucht der Mastercloser die Provision für sich selbst, so gibt es garantiert Probleme
mit eifersüchtigen Closern, auch wenn der Mastercloser sich die
Provision verdient hätte. Der unbedeutende Büroklatsch kann
schnell zu unangenehmen Gerüchten eskalieren; diesen Ärger ist
kein Provisionsscheck wert. Ein Mastercloser weiß, daß es zunächst wichtiger ist, Respekt zu erlangen und die Verletzung des
Selbstwertgefühls sensibler Closer zu vermeiden, als Geld zu
verdienen.

Wenn sich der Closer und der Kunde nicht verstehen

Überblickt ein Mastercloser den Verkaufsraum oder beobachtet er
seine Closer, so mag er hin und wieder bemerken, daß der Closer
und der Kunde nicht wirklich kommunizieren. Sie verstehen sich
einfach nicht, und der Closer erkennt nicht, daß er keineswegs ankommt. Dies sind Situationen, in denen sich der Mastercloser einen guten Grund ausdenken sollte, um in die Verkaufsverhandlung
„einzusteigen". Der Mastercloser weiß nur zu gut, wie wertvoll
Kunden sind, er möchte nicht einen einzigen verlieren.

Ein Kommunikationsproblem zwischen Closer und Kunden bedeutet grünes Licht für den Mastercloser. Wahrscheinlich kann er
nicht nur einen gefährdeten Verkauf retten, sondern gleichzeitig
auch dem Closer einige wertwolle Anweisungen geben. Ist der
Closer aufmerksam, kann er dann bestimmen, an welchem Punkt
er mit dem Kunden vom Weg abgekommen ist.

Wenn der Mastercloser etwas richtigstellen will

Eine der Hauptaufgaben des Masterclosers ist die ständige Schulung und Unterrichtung seiner Closer in der heiklen Kunst des Verkaufens. Diese Verkaufsübung muß ein langwährender Prozeß sein, der nicht mit Unterrichtsstunden im Klassenzimmer oder mit Simulationen endet. Sieht der Mastercloser, daß einer seiner Closer einen grundlegenden Fehler im Umgang mit dem Kunden begeht – einen Fehler, der ihn den Umsatz kosten könnte –, dann wird ein Mastercloser sofort einschreiten und übernehmen. Der Mastercloser wird nicht nur verhindern, daß der Closer in eine peinliche Lage gerät, sondern er wird auch versuchen, die Übernahme so spontan und natürlich wie möglich zu gestalten. (Erst nachdem der Kunde gegangen ist, wird der Mastercloser dem Closer sagen, was dieser falsch gemacht hat.)

Handelt der Mastercloser entsprechend, sollte sich der Closer zurückhalten und versuchen, vom Manager zu lernen. Der Closer sollte den Mastercloser niemals in Hörweite des Kunden fragen, ob er etwas falsch gemacht habe. Dadurch erschiene der Closer wie ein Amateur und die Firma wie ein Trainingslager.

Wann man Macht ausüben sollte

Manchmal hat ein Closer einen Kunden, der nur mit dem Chef persönlich ein Geschäft abschließen will. Ein professioneller Closer weiß, daß das Vorgehen „lassen Sie mich mit dem Chef sprechen" die Art einiger Kunden ist, den Closer einzuschüchtern oder – so denken sie – dazu dient, mehr Aufmerksamkeit und ein günstigeres Geschäft zu erreichen. Ein derartiger Kunde verursacht Probleme bei einigen Anfängern und bei denjenigen Closern, die dies persönlich nehmen, sich aufregen und unter solchen Bedingungen die Kontrolle verlieren.

Der Mastercloser sollte seine ganze Macht und all seine Verkaufsargumente einsetzen, die er benötigt, um zu übernehmen und diesem barschen Kunden etwas zu verkaufen. Den Closer sollte er durch sichtbares Schulterklopfen, welches allen Anwesenden signalisiert, daß der Closer weiterhin geschätzt bleibt und volles Vertrauen genießt, beruhigen.

Der kampferfahrene Manager weiß, daß dieser Kunde keine Probleme mit dem Closer hat – außer eben der Tatsache, daß es sich „nur" um einen Closer handelt. Er denkt, nur ein Mastercloser könne einem Kunden seines Kalibers gerecht werden.

Deshalb ist es wichtig, daß der Manager, der in einer dieser Situationen dazukommt, dies mit der Ausstrahlung absoluter Autorität, die schon beinahe an Arroganz grenzt, durchführt. Der Mastercloser muß mehr als nur ein Ebenbürtiger für diesen selbstbewußten Kunden darstellen. Auch wenn dies nicht dem Stil des Masterclosers entspricht, dies ist der richtige Zeitpunkt dafür, einmal großspurig aufzutreten, Befehle auszugeben, die Konversation zu dominieren und Blicke auszusenden, die so durchdringend sind wie Laserstrahlen.

Dies ist die Verkaufstechnik, auf die der Kunde wartet. In neun von zehn Fällen verwandelt sich der skeptische, streitsüchtige Löwe in ein zahmes Lamm – wie dies bei so vielen Tyrannen der Fall ist, sobald sie sich einem noch mächtigeren Beherrscher der Kontrolle und der Einschüchterung gegenübersehen.

Begegnet der Mastercloser diesem Typ von Kunden mit sanfter Passivität und ruhigem Eifer, gehen Closer und Mastercloser als Schwächlinge und Verlierer aus diesem Gespräch hervor. Smarte Typen schließen häufig Verkäufe ab, beißen jedoch bei einem arroganten alten Gauner auf Granit.

Wenn der Mastercloser einen bestimmten Umsatz erreichen will

In jeder beruflichen Laufbahn eines Masterclosers gibt es Phasen, in denen seine Closer völlig versagen und die Umsatzzahlen der Abteilung rapide sinken. Dies ist der Zeitpunkt, zu dem der Mastercloser seine Ärmel hochkrempeln und direkt mit den Kunden arbeiten muß, auch wenn einige seiner Closer das Gefühl haben, er dringe in ihren Bereich ein. Irgendjemand muß die Arbeit erledigen, und in harten Zeiten sollte der Mastercloser spüren, daß er sich persönlich ins Schlachtfeld stürzen muß, um die Verantwortung zu übernehmen. Geht der Mastercloser von Kunde zu Kunde und bringt seine positive Ausstrahlung und Erfahrung ein, so überträgt sich dies in der Regel auch auf die Closer. Schon nach wenigen Stunden wenden sich die Umsatzzahlen bereits zum Besseren.

Taten auf dem Spielfeld haben eine größere Wirkung als wütende Zurufe von der Seitenlinie. Vergessen Sie nicht, der Mastercloser ist der Führer dieses Verkaufsteams. Wird das Team müde oder fängt es an zu straucheln, dann sollte der Mastercloser besser einschreiten und die Richtung vorgeben.

Wenn ein Take-over ein Take-over benötigt

Oftmals rufen die Closer einen qualifizierten Kollegen, um ihren Kunden zu „übernehmen", oder sie bitten um die Unterstützung des stellvertretenden Masterclosers. Dies sollte auch so sein, ein Mastercloser kann ja nicht überall gleichzeitig sein. Assistenten sind für genau solche Aufgaben ausgebildet. Auch sie sollten dann von ganzem Herzen Closer sein.

Aber wie so oft, wenn etwas genau geplant ist, laufen die Dinge nicht so, wie man es erwartet. Häufig ist das Problem, das den Closer veranlaßte, einen Assistenten zur Übernahme herbeizurufen, auch von diesem schwer zu lösen. Vielleicht benötigt auch der Assistent Unterstützung bei einer schwierigen Frage oder einfach Hil-

fe im Umgang mit einer komplizierten Persönlichkeit. Dann ist es
Zeit, den Mastercloser herbeizurufen.

In solch einer Situation, sollte der Assistent dem Kunden den Mastercloser vorstellen, diesem das Problem erläutern, so daß jeder
auf demselben Informationsstand ist, und sich dann zurückziehen.
Der Assistent sollte den Kunden mit dem Closer, der das Verkaufsgespräch begonnen hat, und dem Mastercloser alleinelassen.

Niemals sollten der Closer, der Assistent und der Mastercloser gemeinsam versuchen, dem Kunden gleichzeitig etwas zu verkaufen.
Der Kunde wird dann nicht nur sehr nervös werden, sondern auch
das Gefühl haben, daß sich das Team gegen ihn verbündet. Kein
derart irritierter Kunde wird ein Produkt kaufen.

**Der richtige Zeitpunkt für ein Take-over ist gekommen,
wenn**

– der Closer den Kunden verliert;

– ein Closer um Hilfe bittet;

– Sie ein Take-over vor dem Kunden inszenieren wollen;

– der Mastercloser den Kunden persönlich kennt;

– sich Closer und Kunde nicht verstehen;

– der Mastercloser etwas richtigstellen will;

– man Macht ausüben will;

– der Mastercloser einen bestimmten Umsatz erreichen will;

– ein Take-over ein Take-over benötigt.

Der falsche Zeitpunkt für ein Take-over

Zu wissen, wann man übernehmen soll, ist eine schwierige Kunst. Genauso wichtig ist es für den Mastercloser aber auch, zu wissen, wann er nicht übernehmen darf. Mit dem falschen Timing, dem falschen Ton oder der falschen Strategie kann der Mastercloser einen Verkauf schneller zum Scheitern bringen, als jemand, der Eiswasser in das Gesicht des Kunden schüttet. Jeder Mastercloser, der eine siegreiche Verkaufsmannschaft führt, muß instinktiv wissen, wann er sich aus dem Verhältnis Closer/Kunde heraushalten muß. Scheint es, als brächen die Verhandlungen ab, erkennt der intelligente Mastercloser, daß er sich vom Verhandlungstisch dennoch fernhalten muß, weil der Closer die Verkaufsverhandlung auf einen wirksamen Höhepunkt vorbereitet. Wenn es nötig erscheint, sollten Closer und Manager Zeichen verabreden, um eine Übernahme zu verhindern, die nicht zum gewünschten Ziel führt.

Bei einem guten Vertrauensverhältnis zwischen Closer und Kunden

Der Mastercloser greift niemals bei einem Closer ein, der bereits eine Beziehung zu dem bestimmten Kunden aufgebaut hat. Denn er weiß, daß durch die intensiven Verkaufsgespräche ein Vertrauensverhältnis zwischen Closer und Kunde aufgebaut wird. Der Mastercloser, der ohne Aufforderung eingreift, kann damit das sensible Vertrauensverhältnis zwischen dem Closer und dem Kunden zerstören. Den Unterschied zwischen einer noch nicht fortgeschrittenen Verkaufsverhandlung (die aber noch viel Potential hat) und einem Closer-Kunden-Verhältnis, das gestört ist und seine Hilfe benötigt, sollte der Mastercloser spüren.

Bedenkzeit für den Kunden

Ist der Closer in der letzten Phase seiner Verkaufspräsentation, möchte der Kunde vielleicht einige Zeit ruhig nachdenken, ob er das Produkt kaufen soll oder nicht. Diese Bedenkzeit oder eine ruhige Überprüfung aller Fakten und Zahlen dauert vielleicht nur eine halbe Minute – den ungeduldigeren Closern und Managern erscheint sie wie eine Ewigkeit. Stören Sie den Kunden um Gottes Willen niemals zu diesem besonderen Zeitpunkt.

Das gilt auch für den Mastercloser, dem auffällt, daß das Gespräch unterbrochen ist. Verhalten Sie sich ruhig und lassen Sie den Closer die Transaktion abschließen. Keine Neuigkeit ist nicht unbedingt eine schlechte Neuigkeit. Eine versuchte Übernahme während dieser sensiblen Phase bewirkt wahrscheinlich nur das Gegenteil.

Denken Sie daran, daß der Closer eine ganze Zeit lang daran gearbeitet hat, um den Kunden in eine positive Kaufstimmung zu versetzen. Ein falsches Wort oder eine unangemessene Bewegung des Masterclosers – selbst bei bester Absicht – reichen aus, um diesen „zerbrechlichen Bann" zu brechen. Ein Mastercloser kennt den Unterschied zwischen dem Kunden, bei dem es gilt, ein „Nein" im Keim zu ersticken und jenem, der konzentriert seine Checkliste durchgeht und die Dinge für sich klärt. Bei letzterem sollte der Mastercloser seinem Closer den Verkauf überlassen und erst eingreifen, falls sich der Kunde später tatsächlich sträubt.

Unverschämte Kunden

Ein Closer gerät zuweilen an einen Kunden, der äußerst unverschämt vorgeht und aggressiv eingestellt ist. Weder der Closer noch der Mastercloser sind Psychologen, deshalb gibt es auch keinen Grund für den Mastercloser, hineinzugehen und ein Take-over zu versuchen.

Es handelt sich nicht um eine Verkaufsangelegenheit, wenn ein Kunde laut oder beleidigend wird oder eine vulgäre Sprache spricht. Der Kunde hat bereits einen Komplex, den auch der Mastercloser nicht beseitigen könnte. Der Kunde würde nur noch verärgerter und arroganter werden, brächte der Closer eine weitere Person mit ein, die Macht repräsentiert. Solche verstörten Kunden werden nur den Eindruck bekommen, der Closer und die herbeigeholte Verstärkung schlössen sich gegen ihn zusammen, um ihn noch mehr zu erniedrigen, weil er nicht in der Lage ist, sich das Produkt zu leisten. Der Kunde entwickelt dann lediglich eine feindselige Abwehrhaltung und verursacht jedem mehr Probleme als ein möglicher Verkauf es wert wäre. Der Mastercloser sollte den Closer daher alleine versuchen lassen, den Kunden zu beruhigen.

Wenn der Closer den Kunden belügt

Ein Mastercloser hat zwei vorrangige berufliche Verantwortlichkeiten gegenüber der Firma, für die er arbeitet. Er muß erstens seine Firma in einem positiven Licht darstellen und zweitens den Ruf seines Unternehmens schützen. Mit diesem beruflichen Ehrencodex im Hinterkopf wird der Mastercloser es keinem seiner Closer erlauben, über die Firma oder ihre Produkte gegenüber einem Kunden die Unwahrheit zu sagen.

Findet nun ein Mastercloser heraus, daß einer seiner Closer einen Kunden belügt, so wird er ein ernsthaftes Gespräch mit dem Übeltäter führen. Der Mastercloser sollte ihm entweder noch eine Chance geben – oder ihn auf der Stelle entlassen, so daß auch den anderen Closern eine Lektion erteilt wird. Belügt ein Closer einen Kunden und hält der Mastercloser zu ihm (womit er die Lüge unterstützt), so sollten beide entlassen werden.

Bei einem Closer, der lügt, kommt für den Mastercloser unter keinen Umständen ein Take-over in Frage. Es sollte noch nicht einmal den Anschein haben, als unterstütze er die Linie dieses Closers. Der Mastercloser weiß, daß der Kunde, seine Firma und sein Selbstwertgefühl zu gut sind, um von einer Lüge beschmutzt werden zu dürfen.

Fehler bei der Absprache

Der Mastercloser und sein Verkaufsteam müssen genau dieselben Fakten und Verkaufsinformationen verwenden, wenn sie die Produkte ihrer Firma dem Kunden präsentieren. Diskrepanzen in der Information riechen für den Kunden sofort nach Lug und Trug. Der Mastercloser kann in einer Take-over-Situation den Kunden nicht argumentativ überzeugen, wenn der Closer vor einigen Minuten etwas vollkommen anderes gesagt hat. Closer und Mastercloser müssen ihre Fakten und Zahlen abstimmen, damit die Kunden nicht verwirrt oder völlig verärgert werden.

Werden Verkaufsinformationen aktualisiert, sollte sich der Mastercloser nicht nur auf Memos oder kurze Ankündigungen bei einem Meeting verlassen. Der Manager wird seine Closer immer wieder gründlich auf den neuesten Stand bringen. Dies verhindert zerstörerische Diskrepanzen und sorgt dafür, daß die Closer in Harmonie und mit vollständigem Vertrauen in „ihre" Produkte verkaufen. Der Mastercloser kann sogar ein „Quiz" mit ansprechenden Preisen durchführen, um die Mitarbeiter zu motivieren, neue Fakten und Zahlen auswendig zu lernen.

Wenn der Mastercloser nicht übernehmen kann

Es ist zwar ein trauriger Punkt, den es zu erwähnen gilt, aber es gibt Zeiten, in denen Alkohol den Manager davon abhält, seinen beruflichen Pflichten nachzukommen. Hat der Mastercloser in der vorangegangenen Nacht zu lange gefeiert, und kuriert er einen Kater aus, oder riecht er noch nach Alkohol, dann sollte er nicht einmal darüber nachdenken, den Kunden eines Closers zu übernehmen. Es wird nicht nur damit enden, daß er nichts verkauft, den Kunden beleidigt und den Closer in eine peinliche Situation bringt, sondern er gibt auch für jeden im Verkaufsbüro ein schlechtes Beispiel von Führungsqualität ab. Und glauben Sie mir, niemand wird es vergessen, wenn der Chef sich selbst zum Narren macht.

Der Mastercloser steht immer auf der Bühne; seine Leute erwarten von ihm Führung und Inspiration. Es ist eine Sache, wenn der Manager mit einer schlimmen Erkältung ins Büro kommt und von den Medikamenten etwas beeinträchtigt ist. Es ist jedoch etwas anderes, wenn seine kurzfristige Arbeitsunfähigkeit auf Alkohol zurückzuführen ist.

Wenn der Mastercloser das Gefühl hat, nicht das Verhalten an den Tag legen zu können, das dem Niveau eines Gentleman und eines Führers entspricht, dann schadet er der Firma mehr als daß er ihr hilft, wenn er dennoch zur Arbeit kommt.

Wenn der Closer die Situation im Griff hat

Hat der Mastercloser den Eindruck, daß einer seiner Closer die Verkaufspräsentation voll im Griff hat, dann sollte er sich heraushalten. Das Schlimmste, was ein Mastercloser tun kann, ist, seine Nase in eine gut laufende Verhandlung hineinzustecken. Die Einmischung ist in diesem Fall unklug, da sie nur unnötige Fragen und Verwirrung auf der Seite des Kunden verursachen könnte. Der Kunde wird denken, etwas Geheimnisvolles oder Verschwörerisches gehe vor sich, und der Manager mische sich ein, weil etwas nicht stimmt. Solche Gedanken des Kunden können das Geschäft zum Platzen bringen.

Schon die geringste Unterbrechung durch den Mastercloser kann die Zeiteinteilung und die Kontrolle des Closers gefährden. Halten Sie sich also heraus, wenn es kein Problem gibt, das gelöst werden müßte. Braucht der Closer die Hilfe des Managers im späteren Verlauf der „Abschlußphase", so können Sie sicher sein, daß er Sie laut und vernehmbar rufen wird.

Wenn sich der Closer einen Feind geschaffen hat

Hat der Closer unbeabsichtigt seinen Kunden durcheinandergebracht und ihn während der Präsentation verärgert, so sollte der
Mastercloser der Versuchung widerstehen, Polizist zu spielen, und
sich einfach fernhalten. Man muß dem Kunden Zeit und Raum geben, um sich zu beruhigen – auch wenn der Manager davon überzeugt ist, sein Closer habe einen Fehler begangen. Der Mastercloser würde nur Öl ins Feuer gießen, käme er herein, um die Dinge
zu klären, während der Kunde in Rage ist.

Closer sind Profis. Wenn nicht einmal sie ihre eigenen Kunden soweit beruhigen können, daß diese zumindest das Verkaufsbüro verlassen, wie soll dies dann erst einem Fremden (dem Mastercloser)
gelingen? In solch einer problematischen Situation oder dann,
wenn der verärgerte Kunde stur am Verhandlungstisch bleibt, anstatt zu gehen, kann der Mastercloser dem Closer signalisieren, daß
dieser den Raum verlassen soll. Draußen kann der Manager dem
Closer Anweisungen geben und ihm einen Crash-Kurs in Krisen-
management zuteilwerden lassen.

Wenn der Mastercloser nicht vorbereitet ist

Nichts ist für einen professionellen Closer schlimmer, als wenn er
seinen Manager zum Take-over herbeiruft und feststellt, daß der
Chef nicht über die nötigen Fakten verfügt, um weiterzumachen
und den Verkauf abzuschließen. Bevor er den Manager ruft, hat
der Closer gegenüber dem Kunden das Image des Managers aufgebaut, nun spielt er ihn als seinen Trumpf aus. Kommt der Manager
allerdings nicht weiter, ist die Seifenblase des Closers – und wohl
auch die Verhandlung – geplatzt.

Wie kommt es zu solch einem Alptraumszenario? Zum Beispiel,
wenn der Manager die allgemeinen Daten kennt, aber nicht genau
weiß, wie er die Zahlen gemäß den Anforderungen des Kunden berechnen soll. Oder wenn der Mastercloser nicht über die Garantie
des neuen Produktes informiert ist oder einige wichtige Herstel-

lungsinformationen nicht finden kann, die der Kunde wünscht. Jede dieser peinlichen Situationen kann ein Geschäft für den Closer verderben, weil die Spannung der brisanten Take-over-Situation jeden Fehler zu einer Katastrophe vergrößert.

Der Mastercloser muß deshalb darauf vorbereitet sein, alle Fragen und Bedenken des Kunden aufzufangen. Dies ist seine Aufgabe. Kein Manager wird zu einem Mastercloser, wenn er zu faul ist, um sich über das Produkt zu informieren. Denkt er, er wisse bereits alles Wissenswerte, und glaubt er, Charisma führe auch ohne Hausaufgaben zum Erfolg, so gehört er nicht in den Verkaufsberuf. Um einen Kunden professionell zu übernehmen, muß der Mastercloser sowohl geistig als auch psychologisch darauf vorbereitet sein. Wie der „Feuerwehrmann" einer Sportmannschaft ist der kompetente Take-over-Spezialist Retter in der Not. Er muß immer in der Lage sein, seinen Closern aus der Klemme zu helfen.

Es ist der falsche Zeitpunkt für eine Take-over, wenn

– zwischen Closer und Kunden ein gutes Vertrauensverhältnis besteht;

– der Kunde sich Bedenkzeit erbeten hat;

– der Kunde unverschämt und aggressiv ist;

– der Closer den Kunden belügt;

– Fehler bei der Absprache unterlaufen sind;

– der Mastercloser aus gewissen unangenehmen Gründen nicht übernehmen kann;

– der Closer die Situation fest im Griff hat;

– sich der Closer einen Feind geschaffen hat;

– der Mastercloser nicht vorbereitet ist.

Die brisante Kunst des Take-over – Wie man übernimmt und dem Kunden des Closers etwas verkauft

Jedes Verkaufsunternehmen benötigt einen Mastercloser, um maximalen Umsatz zu garantieren. Von ihm wird nicht nur erwartet, sicherzustellen, daß seine Closer ihre Arbeit tun, sondern auch, daß er selbst die Ärmel hochkrempelt und ihnen dabei hilft. Dies tritt besonders beim Take-over hervor. Vergessen Sie dabei nicht, daß Take-over sowohl für „Übernahme" als auch für „Übergabe" steht. Dies bedeutet, daß der Closer entweder seinen Kunden an seinen Mastercloser übergibt, um ein Geschäft zu ermöglichen, oder sein Manager beschließt, hereinzukommen, um den Kunden seines Verkäufers aus dem gleichen Grund zu übernehmen.

Übernimmt ein Mastercloser einen Kunden, will er, daß der Kunde den Kaufvertrag unterschreibt. Einem Kunden etwas zu verkaufen ist kein Spiel, das man auf die leichte Schulter nehmen darf. Der Abschluß eines Geschäftes ist eine sehr ernsthafte Angelegenheit, es geht um echtes Geld, und die Transaktion wird mit lebenden, atmenden und fühlenden Menschen getätigt.

Besondere Anmerkungen zu Kunden

Kunden sind auch nur Menschen. Sie sind weder Monster, die innerhalb von zwei Minuten Ihr Büro zerstören können, noch sind sie unfehlbare Heilige. Kunden sind einfach Menschen wie wir auch, mit unterschiedlichen Talenten und Gefühlen. Sie wollen nur zwei Dinge im Leben: geliebt und respektiert werden – und natürlich ein gutes Geschäft mit Ihrer Firma. Als wahrer Mastercloser sollten Sie diesen beiden grundlegenden Bedürfnissen bei jedem, mit dem Sie zu tun haben, so weit als möglich nachkommen. Von Kunden, Closern, Bekannten und der Familie werden Sie ein entsprechendes Feedback zurückbekommen.

Ein Mastercloser kann jeden Kunden, den er übernimmt, so behandeln, als wäre dieser Kunde der einzige, den er das ganze Jahr über hat. Mit dieser Art der intensiven Betreuung, die dem dankbaren Kunden zugutekommt, wird die Netto-Abschlußzahl des Masterclosers gute achtzig Prozent erreichen!

Anders ausgedrückt: Der Mastercloser muß sich die Zeit nehmen, um jeden der Kunden seiner Closer zu verstehen, und um sich in dessen spezielle Probleme einzufühlen. Er sollte geduldig ihre Zweifel und Fragen sondieren und dem Kunden dann die Wahrheit über den Kauf und die Finanzierung des Produkts erzählen. Tut er dies mit einer begeisternden und fürsorglichen Präsentation, so wird er an 90 Prozent der Leute, mit denen er spricht, etwas verkaufen. Die 10 Prozent, die nicht von ihm kaufen, sind wahrscheinlich diejenigen Kunden, die sich einfach das Produkt nicht leisten können.

Auch Kunden, die grob, launisch, gierig, plump oder arrogant erscheinen, wollen gut behandelt und respektiert werden. Es ist schwieriger, diesen Menschen Wärme entgegenzubringen, aber man kann ihnen allen etwas verkaufen, wenn man sie richtig behandelt. Da sie von anderen an schroffes Verhalten gewöhnt sein dürften, werden sie von einem freundlichen Manager besonders beeindruckt sein. Womöglich betrachten solche Kunden ihr Verhalten als eine Art Test. Sie fordern die anderen heraus, sie zu hassen. Zeigen Sie Sympathie und Verständnis! Die warmherzige Erwiderung, die Sie dafür erhalten, ist vielleicht ein halbes Dutzend „leichter" Kunden wert.

Anmerkung: Sympathie im Sinne von Zuneigung hat mit der ganzen Geschichte nicht viel zu tun. Der Mastercloser wendet eine Reihe erlernter Verkaufstechniken, mehrere geheime psychologische Methoden und verschiedene Tricks und Fallen an – nicht um den Kunden zu beschwindeln oder zu hintergehen, sondern um ihn oder sie dahin zu bringen, die Vorteile des Produkts besser sehen zu können.

Solange Kunden mit fürsorglichem Respekt während des Gesprächs behandelt werden, werden sie selbst aggressive Verhandlungspraktiken akzeptieren. Man kann Kunden nicht in einfache Typen oder Kategorien einteilen. Gleich, wieviele Strategien Sie lernen, verlieren Sie nicht den Respekt gegenüber dem Kunden aus dem Auge. Das respektvolle Behandeln der Kunden ist die wichtigste Unterstützung aller anderen erlernten Techniken.

Vorbereitung des Take-over

Bevor die Übernahme oder Übergabe besprochen wird, muß die Bühne vorbereitet werden, so daß Sie, der potentielle Mastercloser, sich die gesamte Umgebung und die Atmosphäre, in der ein Take-over stattfindet, vorstellen können.

Alle Verkaufsfirmen sind unterschiedlich. Einige arbeiten mit modernen Telekommunikationssystemen, andere richten individuelle Verkaufsbüros oder Abschlußräume ein. Stellen Sie sich jedoch zur Illustration ein einziges Verkaufsbüro mit einem zentralen Verkaufsbereich vor, wie etwa in einem Autohaus. Dieser Verkaufsbereich (Abschlußraum) könnte groß genug sein, um 20 bis 100 Paare von Closern und Kunden aufzunehmen. Die Größe ist allerdings nicht allzu wichtig; die Umgebung und die Atmosphäre zählen. Es sollte sich um einen energiegeladenen Raum handeln, umgeben von Tafeln mit Produktinformationen, Verkaufsberichten, Broschüren, Bildern des Produkts und jedem anderen vorstellbaren Hilfsmittel, das zum Verkauf beitragen könnte.

In diesen zentralen Verkaufsbereich bringen alle Closer ihre Kunden, um mit ihnen restliche Details über das Produkt und den Kauf zu besprechen, nachdem sie zuvor das Produkt ihrer Firma vorgestellt oder gezeigt haben. In diesem Raum fordert der Closer den Kunden schließlich auf, das Produkt zu kaufen.

In dieser Atmosphäre hält sich der professionelle Mastercloser zurück, beobachtet aber gleichzeitig alle Aktivitäten, die im Verkaufsraum stattfinden. Hier wartet er darauf, daß einer seiner Closer auf ihn zukommt und ihn bittet, ihm dabei zu helfen, einen Verkauf abzuschließen.

Dies ist die Umgebung, die sich der Leser vorstellen sollte, wenn er sich die Einzelheiten, wie ein Mastercloser einen Kunden seiner Closer übernimmt, besser veranschaulichen will.

Die folgende Erläuterung und die folgenden Richtlinien führen Sie Schritt für Schritt durch den gesamten Take-over-Vorgang, so daß Sie die Methoden problemlos überblicken können. Wenn der Leser die Anleitungen sorgfältig befolgt, kann er direkt damit anfangen, die Kunden der Closer zu übernehmen.

Anmerkung: Die hier aufgeführten Anleitungen sind nicht in Stein gemeißelt. Während einer Take-over-Situation kann vieles geschehen, und der Mastercloser muß in der Lage sein, sich den sich verändernden Umständen anzupassen. Sieht er sich mit kleinen Krisen konfrontiert, darf sich ein Mastercloser nicht überrumpeln lassen oder gar die Fassung verlieren.

Der angenehmste Grund dafür, die folgenden Schritte für ein Take-over nicht zu befolgen, ist, wenn der Kunde, sobald der Mastercloser sich an den Verhandlungstisch begibt, sagt, er wolle das Produkt kaufen. Vergessen Sie das Protokoll und all meine Ratschläge. Nehmen Sie den Auftrag an Ort und Stelle entgegen. Es wird viele Übernahme-Situationen geben, in denen der Mastercloser sein Regelheft aus dem Fenster werfen und frei schwimmen muß. Sind Sie ein Typ, der nur nach Buch vorgehen kann, dann sollten Sie den Verkaufsberuf verlassen und sich etwas anderes suchen.

Wie ein Take-over ablaufen sollte

Der Mastercloser weiß, daß das „Übernahmedrama" aus drei Hauptakten besteht:

Erster Akt: Die Annäherung

Sitzt ein Closer mit seinem Kunden am Verhandlungstisch, und hat es dieser bis jetzt nicht geschafft, seinen Kunden zum Kauf zu bewegen, so gibt es verschiedene unauffällige Möglichkeiten, den Mastercloser hereinzurufen:

1. Der Closer muß seinem Kunden sachlich vermitteln, daß dieser weitere Erläuterungen zum Produkt erhalten sollte und es hilfreich wäre, wenn der Mastercloser die Dinge aus einer anderen Perspektive darstellte. Es muß deutlich werden, daß zusätzliche Hilfe nur zum Vorteil des Kunden dient.

2. Der Closer wartet auf eine komplexe Frage, um vergnügt verkünden zu können, daß er seinen Mastercloser persönlich bitten wird, die Frage zu beantworten.

3. Der Closer kann seinem Kunden erklären, er habe nicht die Erlaubnis, der Bitte des Kunden ohne Absprache mit dem Mastercloser zu nachzukommen.

Alle diese „Entschuldigungen" arbeiten für den Closer. Dieser muß seinen Kunden aber kontrollieren und sicherstellen, daß dieser nicht einfach den Raum verläßt, während der Closer den Mastercloser konsultiert. Ein professioneller Closer handelt mit dem nötigen Taktgefühl und der nötigen Geschwindigkeit, um den Mastercloser einzubringen.

Closer und Kunde sitzen bereits. Vergnügt und zuversichtlich kommt der Mastercloser dazu und nimmt an der weiteren Verhandlung teil.

Zweiter Akt: Der Abschluß

Nun erhält der Mastercloser von seinem Closer sämtliche wichtigen Informationen über das Problem des Kunden. Der Mastercloser plant sein Vorgehen basierend auf diesen Umständen und auf seiner ersten Einschätzung des Kunden. Indem er die Übernahme-Techniken einfließen läßt, die er für wirksam erachtet, greift der Mastercloser auf seine langjährige Erfahrung und seine speziellen Fähigkeiten zurück, um den Vertrag abzuschließen.

3. Akt: Der Abgang

Hat der Kunde unterschrieben, verabschiedet sich der Mastercloser freundlich und verläßt die Szene. Das Geschäft ist gemacht, und der Manager läßt den Closer mit seinem Kunden alleine, damit beide letzte Details besprechen können.

Dies sind die drei Grundschritte, die in genau dieser Reihenfolge eingehalten werden müssen, um ein erfolgreiches Take-over zu sichern. Innerhalb jeder Phase gibt es jedoch drei wichtige Unterschritte, die auch korrekt ausgeführt werden müssen, damit die professionelle Übernahme wirklich funktioniert. Diese werden in den folgenden Erläuterungen dargestellt.

Wichtige Verkaufsgrundsätze und psychologische Fakten

Beobachten Sie den Verkaufsbereich

Der Mastercloser ist ein Führer. Er ist der Chef des Verkaufsbüros, in seiner Verantwortung liegt es, über alles Bescheid zu wissen, was vor sich geht. Er muß sich genau über die Verantwortlichkeiten und Leistungen eines jeden im Verkaufsbüro bewußt sein, vor allem im Verkaufsbereich. Dafür schaut er sich selbst ein wenig um, und er hat einige Informanten, die ihm dabei helfen, die absolute Kontrolle zu behalten.

Ist in einem Verkaufsraum wirklich viel los, Kunde und Closer, die reden, schreien, fluchen und diskutieren, gibt es immer ein Gedrängel um ein Telefon oder jagen sich Kunden und Closer gegenseitig auf dem Parkplatz – es ist besser, wenn es einen gibt, der alle Teile des Puzzles und deren Platz kennt und jederzeit weiß, wie sie zusammengesetzt werden, um den ganzen Tag, die Woche, den Monat, das Jahr in bezug auf maximale Verkaufsleistung absolut erfolgreich zu gestalten.

Der Mastercloser als Problemlöser

Der Mastercloser, der gerufen wird, um einen Kunden zu übernehmen, wird als Problemlöser angesehen. Er ist diejenige Person, die
dem Closer helfen kann, dem Kunden etwas zu verkaufen und ihn
„aufs Papier zu bekommen". Auch der Kunde erwartet in dieser Situation viel vom Manager. Er sieht den Manager als die einzige
Person mit ausreichend Macht und Kompetenz an, die ihn durch
Vertrauensbildung zum Kauf des Produktes bewegen kann.

Ein Mastercloser, der zur Übernahme herangezogen wird, sollte
diese Erwartungen im Kopf des Closers und des Kunden verstehen
und sich, falls nötig, auch entsprechend verhalten, um diese Erwartungen zu befriedigen. Er sollte seine Krawatte geradeziehen, seine
Stimme senken und die Rolle spielen, die von ihm erwartet wird.
Wenn er zu einer Übernahme geht, sollte er wie jemand wirken,
der die endgültigen Entscheidungen im Verkaufsbüro trifft. Er sollte Wendungen wie „vielleicht" oder „ich glaube" nicht kennen.
Spricht er Kunden mit einer Haltung der Schwäche oder mit einem
Anflug von Selbstzweifel an, so steht es um den Verkauf schlecht.

Mit anderen Worten, der Mastercloser ist derjenige, der die Antworten gibt. Gibt es ein Problem, sollten sowohl der Closer als
auch der Kunde zuversichtlich sein, daß die Person, mit der sie
sprechen, auch für die komplexesten Fragen eine sofortige Lösung
findet.

Der nervöse Kunde

Beim Take-over vergißt der Mastercloser niemals, daß der Kunde
entweder gereizt und ängstlich oder streitsüchtig ist. Gerade deshalb ist es so wichtig, daß der Mastercloser eine zurückhaltende
Autorität ausstrahlt, die den Kunden weder herausfordert noch ein-
schüchtert. Der Mastercloser gibt dem Kunden Zeit, sich geistig
auf ihn und seine zusätzliche Anwesenheit am Verhandlungstisch
einzustellen. Der Kunde kann sich entspannen, sobald er feststellt,

daß der Übernahme-Manager nicht der große, schlechte Tyrann ist, den er erwartet hat.

Wenn der Mastercloser einfach direkt auf den Kunden zugeht, um ihn zu übernehmen und gleich loslegt (noch nicht einmal ein „Wie geht es Ihnen" über die Lippen bringt), wird er das Geschäft schneller zerstören als ein Kunde vom Verhandlungstisch aufstehen und zur Tür hinausgehen kann.

Hören Sie dem Kunden zu

Besser wird der Mastercloser abschneiden, wenn er dem Kunden zuerst die Gelegenheit gibt, seine Schwierigkeiten mit dem Produkt zu beschreiben. Es ist entscheidend, daß sich der Manager die ganze Geschichte anhört und nicht vorwegnimmt, was der Kunde sagen will, oder ihn unterbricht. Auch wenn er das Geschwätz des Kunden bereits tausendmal gehört hat, wird ein Mastercloser interessiert und respektvoll auftreten. Er wurde ja hereingerufen, um ein Problem zu lösen, und nicht, um ungeduldig und grob Schwierigkeiten abzutun. Um die Situation vollständig mit allen Einzelheiten zu verstehen, sollte er dem Kunden geduldig zuhören. Die Take-over-Situation ist eine Gelegenheit, um unklare Punkte zu klären und nicht, um Hektik und Ungeduld zu verbreiten.

Kunden sind nicht dumm. Sie können in den Augen des Masterclosers erkennen, ob er sich wirklich um ihre Probleme bemüht, oder ob er lediglich Schecks und Provisionen sieht. Die Augen eines Menschen sagen alles, sie können nicht lügen. Ein Manager kann sich nicht nur einfach hinter einer sanften Stimme und einem festen Händedruck verstecken. Aufrichtiger Respekt und ernstgemeintes Entgegenkommen müssen von seinen Augen, den Fenstern der Seele, ausstrahlen.

Treten Sie autoritär auf – aber zurückhaltend

Der Mastercloser handelt wie ein echter Führer, wenn er zur Übernahme an den Abschlußtisch geht. Er muß Autorität ausstrahlen und gleichzeitig bescheiden und unaufdringlich wirken. Er kann nicht mit einer Haltung in eine Take-over-Situation hineingehen, die eine snobistische und egoistische Persönlichkeit offenlegt, nach dem Motto: Ich weiß alles. Viele Kunden kommen mit Masterclosern nicht zurecht, die dem ganzen Büro ihre Verkaufsfähigkeiten und -techniken demonstrieren wollen. Gehen die Kunden nicht beleidigt hinaus, spielen sie das Spiel vielleicht eine halbe Stunde lang mit und weigern sich dann, zu unterschreiben.

Auf der anderen Seite erwarten sogar Kunden, die eine harte Verkaufstechnik verabscheuen, daß der Mastercloser eine starke und mächtige Persönlichkeit ist. Ihre Erwartungen sind mit dem Titel des Managers und der besonderen Situation verbunden. Der Mastercloser wird den Kunden angenehm überraschen, indem er der autoritären Vorstellung, die er von ihm hat, entspricht, gleichzeitig aber freundlich ist und sich aufrichtig um den Kunden bemüht.

Lockern Sie die Atmosphäre auf

Trifft der Mastercloser den Kunden erstmals in der Rolle eines Closers, sollte er das Eis und die Spannung während der Kennenlernphase brechen. So kann er dem Kunden persönliche Ankedoten erzählen oder eine andere lockere Unterhaltung beginnen, um den Kunden zu entspannen. Es kann hierbei um die Familie, die Arbeit oder irgendetwas anderes Persönliches gehen. Diese Konversation muß eine ernstgemeinte Geste der Freundlichkeit sein, die nicht als heuchlerischer Trick ankommt.

Der Kunde braucht eine freundliche Einstellung zum Mastercloser, ansonsten wird in der angespannten Atmosphäre einer Übernahme kein Geschäft zustandekommen. Jeder zieht es vor, mit Freunden Geschäfte zu machen, und der leichteste Weg, aus einem Fremden einen Freund zu machen, führt über persönliche Worte, die eine unmittelbare Verbindung schaffen.

Versetzen Sie dem Closer notfalls einen „Tritt"

Sobald der Mastercloser eingreift, steht er voll im Rampenlicht. Von dem Moment an, von dem der Mastercloser dem Kunden vorgestellt wird, sollte sich der Closer ruhig verhalten und dem Mastercloser „respektvolle" Aufmerksamkeit schenken. Der „folgsame" Closer sollte die Aussagen seines Masterclosers durch zustimmendes Kopfnicken bestätigen und nur dann sprechen, wenn er selbst angesprochen worden ist.

Gefährdet der Closer Hunderte oder Tausende von Mark, weil er seine eigenen zwei Pfennig einfahren will, sollte der Mastercloser ihm entweder unter dem Tisch einen Tritt versetzen oder ihm einen Blick zuwerfen, der ihm zu verstehen gibt: „Halte den Mund!"

Der Closer darf den Mastercloser nicht aus der Fassung bringen. Er sollte sich nur einmischen, wenn er und der Manager für solche Anlässe einen Dialog abgesprochen haben.

Auch den Kunden kann es verwirren, wenn sowohl der Closer als auch der Manager versuchen, dasselbe Produkt jeweils auf ihre eigene Weise zu verkaufen. Ein verwirrter Kunde ist selten ein kaufender Kunde.

Beziehen Sie alle Beteiligten mit ein

Sitzt der Mastercloser mit dem Closer und mehreren Kunden am Verhandlungstisch, sollte er genügend Feingefühl aufzeigen, alle Anwesenden miteinzubeziehen. Der Mastercloser grenzt niemanden aus der Unterhaltung aus, sei es nun der Ehegatte oder die Cousine zweiten Grades des Hauptkunden. Er weiß, daß auf jeden

Fall der oder die Ausgegrenzte feindlich eingestellt ist und das Geschäft zunichte machen könnte.

Der Mastercloser weiß auch, daß, wenn er das Herz des Ehepartners oder eines Kindes für sich gewinnt, dies bei einem zögernden Kunden die Kaufentscheidung positiv beeinflussen kann. Vergessen Sie nicht: Jeder, der am Verhandlungstisch sitzt, trägt zur Kaufentscheidung mit bei – auch wenn einige keine Sprechrollen im Drama übernehmen.

Lassen Sie sich nicht als „Finance-Man" vorstellen

Der Mastercloser muß seine Closer dahingehend instruieren, daß sie ihn dem Kunden nicht als den „Finanzierungsexperten" vorstellen – obwohl natürlich ein Motiv für das Take-over in einer finanziellen Angelegenheit liegen kann. Der Kunde wird solch eine Person nur als jemand ansehen, der hereinkommt, um ihn mit einem noch größeren Hammer auf den Kopf zu schlagen. Der Closer sollte seinem Kunden mitteilen, daß derjenige, der zur Verhandlung dazukommt, der Chef, der Mastercloser ist. Dies klingt wesentlich beeindruckender als „Finance-Man" oder „Finanzierungsmanager".

Spielen Sie nicht die Schwächen des Closers aus

Hat ein Mastercloser den Kunden eines Closers übernommen, ist er vielleicht versucht, dem Closer vor dem Kunden zu sagen, was an seiner Verkaufspräsentation falsch war. Der Mastercloser ist immer ein Lehrer, eine öffentliche Zurechtweisung jedoch ist eine Form der Bestrafung. Der Mastercloser hat die Verantwortung, die Verkaufspräsentationen zu kritisieren, darf dies aber lediglich außer Hörweite des Kunden tun. Eine wirksame öffentliche Unterrichtung kann auf dem Mitarbeiter-Treffen am folgenden Tag vorgenommen werden, wobei man die Details, durch die eine einzelne Person identifiziert würde, ausläßt.

Die vertrauliche Schüler-Lehrer-Beziehung wird durch öffentliche Kritik kompromittiert. Der Mastercloser sollte erkennen, daß sich bereits eine milde Erniedrigung negativ auswirken kann.

Kein Closer kann gute Arbeit leisten, wenn es ihm an Selbstvertrauen mangelt. Und Selbstvertrauen kann schlecht erlangt werden, wenn das gesamte Sales-Team die Schwächen und Fehler des Closers kennt.

Trennen Sie Verbündete

Werden Sie zu einer Übernahme gerufen, bei der der Kunde des Closers Freunde bei sich hat (im Gegensatz zu Familienmitgliedern), sollte der Manager versuchen, die Fraktion zu teilen. Der Mastercloser kann den „zusätzlichen" Freunden eröffnen, daß er jetzt persönliche finanzielle Angelegenheiten besprechen wird; dann lädt er großzügig die Gäste in die Empfangshalle zu einem Kaffee ein. Der Mastercloser wird in seiner Aufforderung freundlich, aber bestimmt sein. Er weiß, daß diese Freunde nur Ärger bedeuten: Die meisten Menschen kaufen nicht, wenn ihre Freunde ihnen abraten.

Der Trick des Masterclosers, private finanzielle Informationen vorzuschieben, ist mehr als nur eine Finte. Viele Kunden fühlen sich besonders unter Druck, wenn ihre Finanzen im Beisein von Freunden besprochen werden, und Kunden, die sich nicht wohl fühlen, werden entweder nicht kaufen, oder sie werden kaufen und später den Kauf wieder rückgängig machen (wenn ihre Freunde nicht dabei sind).

Gehen Sie nicht von einem Verhandlungstisch zum anderen

Der Mastercloser jagt niemals von einem Verhandlungstisch zum anderen und jongliert mit mehreren Kunden gleichzeitig. Kunden möchten sich einzigartig und wichtig fühlen. Sie sehen es nicht gerne, wenn der hervorragende Manager, der zu ihnen gekommen ist, davoneilt wie ein Huhn, dem gerade der Kopf abgeschnitten worden ist. Kunden beobachten immer, was vor sich geht; sie sind aufmerksamer und empfindlicher, als dies viele Closer und Manager wahrnehmen. Die Take-over-Situation verstärkt diese Empfindlichkeit nur noch. Fühlen sich die Kunden wie Nummern und nicht wie Individuen behandelt, werden sie dafür sorgen, daß die Verkaufsmitarbeiter ihre Quoten nicht erreichen.

Der professionelle Mastercloser sollte das Vorgehen und die Verkaufsgewohnheiten eines jeden seiner Closer kennen. Diese kann er durch einfaches Beobachten über einen gewissen Zeitraum erlernen. Nachdem die Fakten auf dem Tisch liegen, sollte der Übernahme-Künstler einen harmonischen Übergang von der Verkaufspräsentation des Closers zu seinem eigenen Verkaufsabschluß schaffen. Die Stile sollten sich nicht widersprechen, damit der Kunde nicht verunsichert wird.

Machen Sie sich bekannt

Wenn es möglich ist, sollte der Mastercloser jeden einzelnen Kunden begrüßen, sobald er ins Verkaufsbüro kommt. Diese Aufmerksamkeit bereitet jeden Kunden entsprechend vor, und sie gewöhnen sich an sein Gesicht. So ist der Mastercloser kein einschüchternder Fremder, der aus dem Nichts auftaucht, wenn er zu einem Take-over gerufen wird.

Der Mastercloser muß nicht an der Eingangstür seines Büros stehen, um dieses vorbereitende „Ritual" auszufühen; er kann sich im passenden Moment freundlich vorstellen, bevor Kunde und Closer sich zur Verhandlung zurückziehen.

Anmerkung: Bei der Begrüßung des Kunden, sollte der Mastercloser das Wort „heute" verwenden. Zum Beispiel: „Wie geht es Ihnen heute, Herr Kunde?" Das Wort „heute" bleibt im Unterbewußtsein des Kunden und läßt ihn wissen, daß sich alle Verkaufsverhandlungen auf heute beziehen – heute werden die Geschäfte gemacht und nicht morgen.

Seien Sie Sie selbst

Die Übernahme-Situation kann unangenehm sein. Ein Mastercloser, der versucht, Theater zu spielen, macht die Dinge nur noch schlimmer. Nichts ist demotivierender als ein Manager, der versucht, das Eis zu brechen, indem er einen Witz erzählt und die Pointe vermasselt. Der Mastercloser sollte einfach er selbst sein und seine eigene einzigartige Persönlichkeit niemals anzweifeln.

Braucht der Kunde eine Eingewöhnungszeit, oder muß er sich entspannen, so sollte der Mastercloser einige freundliche Hintergrundfragen stellen und nicht versuchen, ihn plump zu unterhalten. Fassaden können schnell abblättern, dann wird die ganze Wahrheit sichtbar.

Schulen Sie Assistenten während der Übernahme

Der Mastercloser hat die Aufgabe, seine Assistenten in der Kunst des Take-over zu schulen. Der Firma gegenüber ist er verpflichtet, seinen Leuten alles beizubringen, was er weiß, so daß diese wiederum anderen helfen und sie unterrichten können. Der Mastercloser weiß, daß er sich selbst mit erfolgreichen Leuten umgeben muß, will er erfolgreich sein. Es ist eine Versuchung, die einzige Person im Büro bleiben zu wollen, die eine Übernahme durchführen kann, aber was gut für das eigene Ego ist, ist schlecht für das Verkaufsteam.

Verlieren Sie nicht Ihre Haltung

Gleich, ob die Verhandlung positiv, zäh oder überhaupt nicht in die Gänge kommt, der Mastercloser sollte niemals emotional werden oder gar einen Tobsuchtsanfall bekommen. Er muß seine Haltung unter allen Umständen bewahren. Tut er dies nicht, wird alles um ihn herum untergehen. Er ist der Kapitän des Schiffes und derjenige, an den sich jeder wendet, wenn ein Sturm aufkommt.

Verliert der Mastercloser seine Geduld, legt er ein kindliches Verhalten an den Tag, so gibt er den anderen Mitarbeitern das Recht, das gleiche zu tun. Da alle Augen auf ihn gerichtet sind, ist es dann auch wahrscheinlich, daß er im Respekt eines jeden sinken wird.

Am Verhandlungstisch Druck auszuüben, führt lediglich zu einigen nervenzerreißenden Situationen und gelegentlich zu einer unsensiblen Bemerkung des Kunden. Anstatt eine Provokation oder eine Beleidigung zu erwidern, sollte sich der Manager besser höflich vom Verhandlungstisch verabschieden und sich vom Kunden fernhalten. Es ist wesentlich geschickter, dieses eine Geschäft aufzugeben, als alle Verhandlungen, die im Raum getätigt werden, dadurch zu gefährden, daß man die Fassung verliert.

Überhäufen Sie den Verhandlungstisch nicht

Geht ein Mastercloser an einen Verhandlungstisch, um zu übernehmen, sollte er sicherstellen, daß sein gesamter Arbeitsbereich ordentlich aufgeräumt und nicht überhäuft ist. Viele Kunden wenden sich ab, wenn sie auf dem Tisch ihres Ansprechpartners ein Chaos vorfinden; Stapel von Verkaufsschriften, Arbeitspapieren, Grafiken oder Firmenbroschüren könnten den Kunden verwirren und unangenehme Fragen aufwerfen.

- Gibt es einen schlimmeren Alptraum, als daß der Kunde Ihre alte Verkaufsbroschüre entdeckt oder die Ihrer Konkurrenz (die niedrigere Preise aufzeigt, als die, die Sie jetzt anbieten)?

– Würden Sie bei jemandem etwas kaufen, der zehn Minuten braucht, um die richtige Preistabelle, das richtige Formular oder den Vertrag zu finden?

Versuchen Sie, so gut wie möglich organisiert zu sein, und inspizieren Sie von Zeit zu Zeit auch die Schreibtische der Closer.

Bewahren Sie Umgangsformen

Auch wenn Sie denken sollten, daß einige der Kunden kein würdigeres Verhalten „verdienen": Benehmen Sie sich im Verkaufsbüro und in dessen Umgebung immer wie ein Gentleman beziehungsweise eine Dame. Hier gibt es keinen Platz für eine ordinäre Sprache oder für ungehobeltes Verhalten. Es ist möglich, daß ein Vorgesetzter, der Sie dabei erwischt, wie Sie Zigarettenasche fallenlassen oder ungewählte Worte benutzen, sie dahin versetzt, wo Sie angefangen haben. Ein Mastercloser ist der würdige Führer und Vertreter seiner Verkaufsmannschaft und seines Verkaufsbüros. Auch die grobschlächtigsten Kunden schätzen seine Eigenschaften. Der Mastercloser wird wie ein Gentleman behandelt – und bezahlt – weil er weiß, wie man Erfolg, Wohlstand und Klasse repräsentiert.

Üben Sie Kritik

Es ist die Aufgabe des Masterclosers, aus jedem Closer seiner Mannschaft den besten Verkaufs-Profi zu machen, den es gibt. Deshalb ist es angebracht, wenn er einen Closer zur Seite nimmt und mit ihm auf konstruktive Weise bespricht, was dieser in seiner letzten Verkaufspräsentation richtig oder falsch gemacht hat. Die Closer werden nur dazulernen und sich verbessern, wenn sich jemand ausreichend um sie bemüht und sie in der Praxis unterrichtet, von speziellen Seminaren oder Schulungen einmal abgesehen. Und diese Verantwortung liegt natürlich in den Händen des Masterclosers.

Verkaufsgrundsätze

- Beobachten Sie den Verkaufsbereich.

- Der Mastercloser, der gerufen wird, um einen Kunden zu übernehmen, wird als Problemlöser angesehen.

- Bei nervösen Kunden Autorität ausstrahlen.

- Hören Sie dem Kunden zu.

- Seien Sie autoritär – aber gezügelt.

- Lockern Sie die Atmosphäre auf.

- Sorgen Sie dafür, daß der Closer Sie beim Take-over nicht stört, versetzen Sie ihm notfalls einen „Tritt".

- Beziehen Sie alle Beteiligten mit ein.

- Lassen Sie sich nicht als „Finance-Man" vorstellen.

- Spielen Sie nicht die Schwächen des Closers aus.

- Trennen Sie Verbündete.

- Gehen Sie nicht von einem Verhandlungstisch zum anderen.

- Machen Sie sich bekannt.

- Seien Sie Sie selbst.

- Schulen Sie Assistenten während der Übernahme.

- Verlieren Sie nicht die Haltung.

- Überhäufen Sie nicht den Verhandlungstisch mit Unterlagen.

- Bewahren Sie Ihre Umgangsformen.

- Üben Sie Kritik an Ihrem Closer – aber nicht im Beisein von Kunden.

5. Kapitel

Die fünf „tödlichen"
Take-over-Abschlüsse

Kommen Sie bei einem unnachgiebigen Kunden nicht mehr weiter? Die folgenden Abschlußstrategien sind die Geheimwaffe eines Masterclosers, mit der er gegen jede Widrigkeit ankommen kann. Die fünf Übernahme-Verkaufsabschlüsse sind der Schlüssel zum Erfolg eines Masterclosers.

Denn das eine sollten Sie immer bedenken: Ein Übernahme-Abschluß ist nichts weiter als ein inszeniertes Manöver, in dem der Mastercloser den Kunden in eine Position bringt, in der er nur noch das eine tun kann: kaufen.

Der Abschluß „Sie sind nicht kreditwürdig"

Dieser Abschluß zielt darauf ab, den Kunden in eine Defensivposition zu bringen, indem die Kunst der Gegenteil-Psychologie angewandt wird, um auf das Ego des Kunden einzuwirken. Ein solches Vorgehen erzielt auf jeden Fall auf die eine oder andere Weise eine Reaktion des Kunden.

Die Abschluß-Strategie vermittelt dem Kunden das Gefühl, er sei nicht berechtigt, das Produkt zu besitzen. Der Mastercloser, der diese Taktik anwendet, sollte ein guter Schauspieler sein.

Durchführung der Strategie

Kommt ein Closer mit einem gleichgültigen, groben oder arroganten Kunden nicht weiter, ist es an der Zeit, seinen Manager für das Take-over hereinzurufen. Nachdem der Mastercloser über das Problem des Kunden informiert worden ist, kann er die „Sie-sind-nicht-kreditwürdig"-Übernahme einleiten.

Um dieses hochwirksame Verfahren zu beginnen, bespricht sich der Mastercloser kurz am Verhandlungstisch mit dem Closer und dem Kunden. Dann entschuldigt er sich und verschwindet in sein Büro. Zwei Minuten später erscheint er wieder mit ernster und niedergeschlagener Miene. Ernst nimmt er seinen Platz ein und erklärt: „Herr Kunde, ich habe schlechte Neuigkeiten für Sie. Bitte verzeihen Sie mir und meiner Firma, daß wir hier und heute Ihre Zeit verschwendet haben. Gerade habe ich Ihre Kreditwürdigkeit über unseren Computer überprüft. Ihre jetzige finanzielle Lage ist zu angespannt, um Ihnen den Kauf unseres Produktes zu den aktuellen Kaufsbedingungen zu ermöglichen. Es tut mir leid, daß wir dies nicht eher festgestellt haben, wir hätten Ihnen die Zeit hier sparen können. Ich muß mich wirklich entschuldigen, und ich wünschte, Sie hätten sich den Kauf unseres Produktes leisten können."

Kurz nachdem er das Ego des Kunden derart angegriffen hat, wendet sich der Mastercloser beiläufig dem Closer zu und seufzt:

„Nun, Herr Closer, Sie haben Ihr Bestes versucht, aber ich glaube, in diesem Fall gibt es nichts, was unsere Firma tun könnte, um den Verkauf mit diesem sympathischen Kunden abzuschließen."

Darauf wird der verblüffte und gekränkte Kunde auf die Bemerkung über seine mangelnde Kreditwürdigkeit eingehen und seinerseits den Mastercloser wegen seiner Bemerkung angreifen. Der Mastercloser sollte sich verhalten, als stünde er auf der Seite des Kunden. Er kann zusichern, er werde die Sache gerne noch einmal überprüfen.

Der Kunde ist über die Offenlegung seiner vertraulichen Kreditwürdigkeit verärgert. Je mehr der Kunde aber sagt, desto mehr Munition gibt er dem Verkaufsmanager, die wirklichen Einwände gegen den Kauf herauszufinden und zu brechen.

Kommen die wahren Bedenken zu Tage, sollte der Mastercloser dem Kunden versichern, wie sehr er ihn bewundert und schätzt, egal was der Computer sagt. Der Manager steht auf und erklärt, daß er sich persönlich darum kümmern werde, daß der Computerausdruck kein Hinderungsgrund für den Besitz dieses Produkts sein wird. Dann streckt er dem Kunden die Hand hin, der durch ein Händeschütteln bestätigen wird, so daß der Kauf de facto abgeschlossen ist.

Der Abschluß „Hat der Closer gelogen?"

Hierbei handelt es sich um einen Übernahme-Abschluß, der zwischen dem Closer und seinem Manager einstudiert werden muß, bevor der Closer mit seinem Kunden zusammenkommt. Dieser Take-over-Abschluß kann sehr wirksam sein, muß jedoch von Closer und Mastercloser absolut glaubhaft vorgetragen werden. Gewinnt der Kunde den Eindruck, die Übernahme sei ein Täuschungsmanöver, ist der Verkauf sicherlich verloren.

Bei diesem unkonventionellen Übernahme-Abschluß steht nicht der Kunde unter Beschuß, er wird vielmehr in der Rolle des Zeugen zum Abschluß gedrängt. Der Kunde sieht sich zuerst gar nicht im Mittelpunkt des Interesses – bis es zu spät ist.

Durchführung der Strategie

Weigert sich der Kunde, ein Geschäft abzuschließen und einen Vertrag zu unterzeichnen, so sollte der Closer kurz den Verhandlungstisch verlassen, um den Mastercloser für dieses vereinbarte Take-over zu holen. Kommt der Closer mit seinem Manager an den Verhandlungstisch zurück und sind alle Erklärungen erfolgt, sollte sich der Mastercloser an seinen Closer wenden und ihm einige verabredete Fragen stellen – und zwar in solch einem scharfen Ton, daß der Kunde das Gefühl hat, man habe seine Anwesenheit vergessen.

„Herr Closer, lassen Sie mich die folgende Frage stellen: Haben Sie dem Kunden etwas über die besonderen Optionen zu unserem Produkt erzählt?"

„Ja", lautet die gehorsame Antwort des Closers.

„Haben Sie, Herr Closer, unserem Kunden alles über unsere besondere Garantie erzählt?"

„Ja", protestiert der Closer; verletzt sucht er beim Kunden Bestätigung und Unterstützung.

„Haben Sie, Herr Closer, sich die Zeit genommen, dem Kunden die besonderen Vorteile unseres Produktes zu zeigen?"

„Natürlich habe ich das getan."

Der Kunde beginnt, mit dem Kopf zu nicken. Er versucht, den „armen" Closer zu unterstützen.

„Haben Sie dem Kunden unser Finanzierungssystem und unsere Vertragsvereinbarungen dargelegt?"

„Selbstverständlich, ich bin sicher, wenn Sie Herrn Kunde fragen würden …"

Zu diesem Zeitpunkt dürfte der Kunde bereit sein, den Closer zu verteidigen, da er sich wahrscheinlich selbst schuldig fühlt, daß der Closer solch einen Ärger hat.

„Haben Sie auch mit dem Kunden über das Ansehen unserer Firma und über unsere Kompetenz gesprochen?"

„Ja! Sie wären zufrieden, wenn Sie am Gespräch teilgenommen hätten."

„Herr Closer, haben Sie den Kunden über irgendeinen Punkt belogen? Ist dies der Grund, warum der Kunde beim Kauf zögert?"

„Oh nein, bestimmt nicht," antwortet der Closer demütig.

Der Mastercloser, der sich mit den Antworten des Closers zufrieden zeigt, sollte ein paar Sekunden warten und sich dann direkt an den Kunden wenden und fordernd fragen: „Also, Herr Kunde, warum haben Sie nicht gekauft?"

Volltreffer! Der Kunde hat Mitleid für den armen Closer empfunden und sitzt nun überrascht da, mit halboffenem Mund, und weiß nicht recht, was er sagen soll. Da er aus dem Gleichgewicht geraten ist, wird er wahrscheinlich irgendeine Entschuldigung hervorstammeln, warum er nicht gekauft hat, oder er wird den wahren Grund dafür nennen.

Hat ein Mastercloser jetzt entweder die fadenscheinige Entschuldigung oder die echten Einwände gehört, kann er diese überwinden und weitermachen – bis zum Verkauf.

Diese Art der Übernahme ist nicht nur lustig, sie ist auch sehr effektiv. Der Kunde wurde verwirrt und dazu gezwungen, zuzugeben, daß er sich entweder das Produkt nicht leisten kann oder daß es keinen triftigen Grund für seine Entscheidung gibt, nicht zu kaufen.

Der Abschluß „Die Wand voller Nägel"

Hierbei handelt es sich um eine Abschlußgeschichte, die den Kunden auf einfache Weise darlegt, wie sie im Leben aufgrund des Verschleißes durch den Alltag ihre Ziele aus den Augen verloren haben. Dieser Übernahme-Abschluß bewirkt Wunder, wenn die Geschichte mit einer sanften, ernsten Stimme vom Mastercloser vorgetragen wird, natürlich angepaßt an das Produkt, das verkauft werden soll.

Durchführung der Strategie

Nehmen wir an, ein Closer versucht, einem zögernden Kunden eine Versicherung zu verkaufen. Geht der Kunde nicht von seiner Meinung ab, und zeigt er keine positiven Anzeichen dafür, daß er vielleicht doch auf das Angebot eingeht, so ist es für den Mastercloser die ideale Zeit, diese emotionale, logische Übernahme-Geschichte einzusetzen.

Sitzen der Kunde und der Closer am Verhandlungstisch und ist die ganze Aufmerksamkeit auf den Mastercloser gerichtet, sollte dieser folgendes sagen: „Herr Kunde, lassen Sie mich eine Geschichte erzählen: Sie handelt von einem Mann, der eines Morgens in seiner Küche Kaffee trinkt und an seine Geschäfte denkt, als seine Frau hereinkommt und plötzlich wie aus dem Nichts zu ihm sagt: ‚Du weißt, daß du gemein zu mir bist, daß du mich schlecht behandelst und häßliche Dinge zu mir sagst.'

Der Ehemann schaut vom Frühstückstisch auf und sagt: ‚Wie bitte, was meinst du damit?' Die Frau erklärt: ‚Du warst das ganze letzte Jahr gemein zu mir. Ich werde es dir beweisen. Ich werde eine Sperrholzplatte an der Küchenwand anbringen und ein Jahr lang jedesmal, wenn du zu mir gemein bist, einen Nagel in das Brett schlagen. Ich werde dir zeigen, wie abscheulich du bist.' Der Ehemann zuckt lediglich mit den Schultern und ignoriert seine Frau, weil er denkt, sie wäre an diesem Morgen einfach etwas durcheinander.

Ein Jahr vergeht wie im Fluge, und wieder trinkt der Ehemann seinen morgendlichen Kaffee in der Küche. Seine Frau kommt herein, zeigt auf die Tafel an der Küchenwand und sagt: ‚Sieh dir das an! Ich habe dir gesagt, daß du gemein zu mir bist.' Der Ehemann schaut auf, betrachtet die Tafel und sieht nichts anderes als harte Nägel. Auf dem Brett hätte kein weiterer Nagel Platz. Da erkennt der Ehemann, daß seine Frau die Wahrheit gesagt hat, und er erwidert: ‚Du weißt selbst am besten, daß du Recht hast. Ich war gemein zu dir. Ich sage dir, was ich tun werde. Im kommenden Jahr werde ich besonders nett zu dir sein. Und jedes Mal, wenn ich nett zu dir bin, werde ich einen dieser Nägel aus der Tafel herausziehen.'

Ein Jahr später sitzt der Ehemann voller Stolz in der Küche und wartet darauf, daß seine Frau hereinkommt. Als sie endlich die Küche betritt, sagt er triumphierend: ‚Schau jetzt mal auf die Tafel. Es ist kein einziger Nagel mehr darin. Siehst du, ich habe dir versprochen, daß ich mich ändern würde.' Die Frau schaut auf die Tafel und sagt: ‚Ja, es ist wahr, alle Nägel sind herausgezogen. Aber betrachte die Tafel einmal ganz genau!'

Er tritt näher und sieht eine Tafel voller alter Nagellöcher und voller Spuren von der Zange, mit der er die Nägel herausgezogen hat. Die Frau sagt: ‚Siehst du, die Nägel sind weg, aber die Narben werden bleiben.'

Nun, Herr Kunde, ich sage Ihnen, daß Sie so nicht mehr weiterleben müssen. Sie müssen nicht weiterhin auf Narben und verlorene Träume schauen. Mit meinem Produkt können Sie einige dieser Träume zurückgewinnen. Sie können das haben, was Sie schon immer wollten. Das ist es, was mein Produkt für Sie tun kann."

Nachdem der Mastercloser diese Geschichte erzählt hat, sollte er dem Kunden eine Minute Zeit lassen, um die Erzählung wirken zu lassen. Dann sollte er sagen: „Herr Kunde, ich benötige jetzt Ihren Namen genau hier" (auf dem Vertrag). Der Mastercloser streckt dem Kunden entschlossen die Hand entgegen, damit dieser zum Abschluß einschlägt.

Eine derartige Geschichte bewirkt Wunder, sie muß jedoch ernsthaft und mit viel Gefühl erzählt werden. Der Kunde muß den Eindruck bekommen, der Mastercloser sei auf seiner Seite und kenne
seine Bedürfnisse und Wünsche.

Der Abschluß „Wir haben unser Wort gehalten"

Diese Taktik hat das Ziel, den Kunden zum Nachdenken darüber
anzuregen, warum seine Entscheidung, nicht zu kaufen, unklug ist.
Der Kunde wird dazu gebracht, zu denken, er sei töricht, wenn er
den Kauf des Produkts auf einen späteren Zeitpunkt hinausschöbe.
Der Mastercloser muß den Kunden davon überzeugen, ein Zögern
bringe ihm keinen Vorteil ein. Jede Verzögerung liege nur an dessen Nervosität, die darauf zurückzuführen sei, daß er eine Entscheidung treffen müsse.

Dieses Take-over funktioniert; der Mastercloser muß seine Bot-
schaft jedoch mit Aufrichtigkeit, Logik und in Ruhe vermitteln,
damit der Kunde sie auch akzeptiert. Der Manager kann den Kunden davon überzeugen, daß selbst eine aus Vorsicht getroffene
Fehlentscheidung eine Fehlentscheidung ist – jedenfalls in diesem
bestimmten Fall.

Durchführung der Strategie

Erst einmal müssen die Voraussetzungen für dieses Take-over geschaffen werden. Nehmen wir als Beispiel einen Kunden, der eine
Kaufentscheidung für ein größeres Landgut treffen muß. Der Kunde wurde zu einem Kurzurlaub auf Kosten der Firma eingeladen
und hat das Anwesen bereits mit einem Closer besichtigt.

Dieser Abschluß „Wir haben unser Wort gehalten" eignet sich hervorragend dazu, einen Kunden an den Abschlußtisch zu bekommen, der zwar interessiert ist, jedoch Angst vor einer „großen"

Entscheidung hat. Der Mastercloser kann so vorgehen: „Herr Kunde, darf ich Sie etwas fragen? Als Sie die Einladung meiner Firma erhielten, unseren Ferienort zu besuchen, glaubten Sie, daß wir diese Einladung ernst meinten, nicht wahr? Natürlich taten Sie dies, sonst wären Sie ja jetzt nicht hier. Und nachdem Sie mit Ihrer Familie einige hundert Kilometer hinter sich gebracht hatten, vertrauten Sie darauf, daß wir Sie in dem annoncierten Appartement unterbringen würden. Bevor Sie die Wohnung betraten, wußten Sie, daß sie komplett möbliert sein würde, bis hin zum Farbfernseher und der Luxusküche, die wir versprochen hatten, nicht wahr? Sie vertrauten auch darauf, daß wir tatsächlich Golfkurse und Reitkurse anbieten, daß Sie ein Swimmingpool vorfinden und so weiter. Ihnen wurde zugesichert, daß Sie eine Besichtigungstour unserer Anlage mit einem Closer unternehmen können, und Sie wissen, daß auch dies der Wahrheit entspricht.

Herr Kunde, Sie haben alles geglaubt, was wir Ihnen gesagt haben. Haben wir etwa nicht alle Versprechungen gehalten? Nun, dann lassen Sie mich Ihnen diese Frage stellen. Wenn Sie uns bis jetzt vertraut haben und alles, was wir sagten, sich bewahrheitet hat, warum glauben Sie uns dann nicht auch auf dem letzten Stück des Weges und sind überzeugt, daß wir auch zu unseren finanziellen Angeboten stehen werden? Sie erinnern mich an einen Schwimmer, der einen See bis zur Mitte durchschwimmt und sich dann selbst einredet, daß er es nicht schaffen wird. Er kehrt um und schwimmt dieselbe Strecke zurück zum Ufer. Gibt das für Sie irgendeinen Sinn?

Alles, worum ich Sie bitte, ist, daß Sie auch die verbleibende Strecke mit uns zurücklegen. Sie haben uns bis jetzt geglaubt, zweifeln Sie deshalb nicht an sich selbst und nicht an uns. Herr Kunde, ich möchte Ihren Namen hier (auf dem Vertrag) direkt neben meinem sehen." Zu diesem Zeitpunkt sollte der Mastercloser dem Kunden entweder seine Hand reichen oder ihm seinen Kugelschreiber geben.

Diese Strategie geht auf, wenn sie aufrichtig und vertrauenserweckend verfolgt wird.

Der Abschluß „Sie können es sich leisten"

Wenn der Kunde immer wieder vorgibt, er würde das Produkt gerne kaufen, könne es sich aber nicht leisten, ist dies die geeignete Take-over-Strategie. Dieser Ansatz ist so einfach und wirksam, daß ihn mancher Fachautor geradezu übersieht. Dabei kann diese Übernahme gar nicht oft genug empfohlen werden.

Durchführung der Strategie

Sagt ein Kunde dem Mastercloser, ihm gefalle das Produkt, er könne es sich jedoch zu diesem Zeitpunkt nicht leisten, sollte der Mastercloser schnell antworten: „Herr Kunde, ich weiß, daß Ihnen mein Produkt gefällt und daß Sie es gerne besitzen möchten. Lassen Sie uns überprüfen, ob Sie es sich wirklich nicht leisten können." (Anmerkung: Der Mastercloser oder Closer sollte dem Kunden nah genug sein, um persönliche Finanzen frei besprechen zu können. Ist diese Nähe oder dieses Vertrauen nicht vorhanden, mißlingt die Strategie.)

Der Mastercloser greift zu einem leeren Blatt Papier und sagt: „Nun gut, Herr Kunde, lassen Sie uns Ihre monatlichen Ausgaben notieren. Vergewissern wir uns, ob Sie sich das Produkt wirklich nicht leisten können. Dann fängt der Mastercloser an, die monatlichen Ausgaben des Kunden aufzuführen: Zahlungen für Miete, Auto, Versicherung, Strom usw.

Sind die gesamten monatlichen Ausgaben aufgelistet, gibt der Mastercloser sein Ergebnis bekannt: „Herr Kunde, Ihre monatlichen Kosten betragen insgesamt ungefähr 5000 Mark; kommt das hin?" Denken Sie daran, der Kunde möchte dem Mastercloser verdeutlichen, daß er sich keine weitere monatliche Zahlung über diese Summe hinaus leisten kann. Nachdem der Kunde zustimmt, diese Zahl entspreche ziemlich genau seinen monatlichen Verpflichtungen, sollte der Mastercloser fragen: „Herr Kunde, glauben Sie, daß wir zu dieser Summe noch eine weitere monatliche Zahlung von 200 Mark (die Rate für das Produkt) hinzufügen könnten?" An diesem Punkt glaubt der Kunde, er sei aus dem Schneider. Voller Überzeugung wird er antworten: „Auf keinen Fall! Ich habe Ihnen doch gesagt, daß ich mir das Produkt nicht leisten kann. Wie Sie sehen, komme ich gerade mit meinem Geld aus."

Dies ist der Augenblick, in dem der Mastercloser mit der Wahrheit herausrückt: „Herr Kunde, herzlichen Glückwunsch. Sie können sich das Produkt leisten. Sehen Sie, ich habe die Zahlung über 200 Mark bereits in Ihr Budget von 5000 Mark eingerechnet – willkommen im Club." Der Mastercloser dreht sofort das Papier herum, so daß der Kunde die Ausgabenliste mit den eingerechneten 200 Mark selbst sehen kann. Gleichzeitig sollte er dem Kunden die Hand hinstrecken. Der Kunde ist überrascht und demaskiert. Für ihn gibt es keine andere Möglichkeit, als den Vertrag zu unterschreiben oder nach einem anderen Grund zu suchen, warum er nicht kaufen will.

Der Kunde hat ja zunächst vorgeschoben, er könne nicht 200 Mark zusätzlich zu der Summe zahlen, die der Mastercloser errechnet hat und bestätigen ließ; dadurch gibt er aber zu, daß er die versteckten 200 Mark sehr wohl übernehmen kann, da diese bereits miteingeplant sind. Der Kunde ist vollkommen überrumpelt und wird wahrscheinlich zugeben, daß er das Produkt finanzieren kann. Anstatt nun triumphierend zu sagen: „Ich habe es Ihnen doch gleich gesagt", wird der Mastercloser seelenruhig damit anfangen, die Verkaufsvereinbarung auszufüllen, als wäre das Geschäft abgeschlossen.

Diese Taktik greift immer, wenn sie in der richtigen Situation angewandt wird. Vergessen Sie nicht, der Kunde muß das Produkt wollen, damit dieser Ansatz funktioniert. Es verlangt einige Erfahrung, um den Abschluß ruhig durchzuführen. Wird er jedoch erst einmal beherrscht, werden die Umsätze über Nacht hochschnellen. So banal er scheint – dieser wirksame Take-over-Abschluß erreicht sein Ziel mit großer Sicherheit.

Fünf Strategien zum sicheren Take-over-Abschluß

„Sie sind nicht kreditwürdig"

- Bringen Sie den Kunden in eine Defensivposition;
- sagen Sie ihm, daß er nicht kreditwürdig ist, dann wird er bestrebt sein, Sie vom Gegenteil zu überzeugen.

„Hat der Closer gelogen?"

- Beginnen Sie im Beisein des Kunden mit dem Closer ein (vorher abgesprochenes) Streitgespräch;
- beschimpfen Sie den Closer in der Weise, daß der Kunde für ihn Partei ergreift;
- hat er dies getan und argumentiert für den Closer und das Geschäft, dann fragen sie ihn, warum er denn dann nicht gekauft hat.

„Die Wand voller Nägel"

- Erzählen Sie dem Kunden die Geschichte von der „Wand voller Nägel";
- motivieren Sie ihn, seine Träume zu verwirklichen.

„Wir haben unser Wort gehalten"

- Überzeugen Sie den Kunden davon, eine spontane Entscheidung zu treffen;
- führen Sie ihm vor Augen, was Sie bereits alles für ihn getan haben, und fordern Sie von ihm, daß auch er zu dem bereits Begonnenen stehen soll.

„Sie können es sich leisten"

- Gibt der Kunde vor, daß er das Produkt zwar gerne kaufen würde, es sich aber nicht leisten kann, dann machen Sie eine Aufstellung über seine gesamten monatlichen Ausgaben;
- nennen Sie dem Kunden dann die Summe seiner Gesamtausgaben;
- doch verschweigen Sie ihm zunächst, daß Sie die Rate für den Kaufpreis bereits miteingerechnet haben;
- er wird sagen, daß er gleich gesagt habe, daß er sich das Produkt nicht leisten kann;
- zeigen Sie ihm dann, daß der Kauf in sein Budget paßt, weil Sie die monatliche Belastung bereits miteingerechnet haben.

6. Kapitel

Vertragsrücktritt von Kunden
Entlassung von Closern

Die Closer erledigen ihre Arbeit erfolgreich und das Umsatzvolumen ihrer Firma steigt täglich, trotzdem gibt es immer einen gewissen Prozentsatz von Kunden, die ihre Verträge rückgängig machen wollen. Das ist keine Katastrophe, sondern Teil des Verkaufsjobs. Finden Sie heraus, warum der Kunde vom Vertrag zurücktreten will, und beweisen Sie ihm, daß seine Bedenken unbegründet sind.

Wann aber sollten Sie sich überlegen, ob Sie sich nicht besser von einem Closer trennen sollten, und was müssen Sie dabei auf jeden Fall beachten? Eine Antwort auf diese Fragen ist für Sie von großer Bedeutung; denn eines müssen Sie unbedingt vermeiden: daß Ihnen der Closer das Geschäft verdirbt.

Die zehn häufigsten Gründe für Vertragswiderruf

Im folgenden finden Sie eine Liste der zehn Hauptgründe für Vertragsaufhebungen und Empfehlungen, wie der Mastercloser am besten mit diesen Situationen umgeht.

1. Wenn der Käufer den Verkauf bereut

Hier bekommt der Kunde einfach kalte Füße. Kaum hat er den Vertrag unterschrieben, fängt er an, sich über Kleinigkeiten des Produkts Gedanken zu machen. Wenn solche Kunden den Kauf bereuen, liegt das weder am Produkt noch an Closer oder Mastercloser – es liegt am Kunden selbst. Ihm mangelt es an Selbstvertrauen, daher kann er nicht zu seiner eigenen Kaufverpflichtung stehen. Mit anderen Worten: Der Kunde selbst ist darüber erschrocken, daß er den Vertrag unterschrieben und somit eine feste Zusage gegeben hat. Bei einer derartigen Furcht vor Verpflichtungen braucht dieser Kunde weniger einen besseren Closer als vielmehr einen besseren Psychiater.

Denken Sie daran, die Reue über einen getätigten Kauf ist ein Phänomen, das eher bei den schwächeren Kunden auftritt. Bei denjenigen also, die von der ansteckenden Begeisterung des Closers gefangen werden und in einem untypischen Anfall von Energie und Initiative nach der Verkaufspräsentation sofort unterschreiben. Dann, sobald sich der Closer – und damit der „Einpeitscher", der ihre Begeisterung aufrecht erhalten hat – verabschiedet, kehren sie wieder zu ihrem normalen, schüchternen Selbst zurück und wollen den Vertrag rückgängig machen.

2. Der Kunde hat ein besseres Geschäft gemacht

Ein anderer Grund für einen Rücktritt vom Vertrag ist, daß der Kunde woanders ein besseres Preisangebot gefunden hat. Auch diesen Widerruf braucht man nicht persönlich zu nehmen. Der neugierige Kunde findet, nachdem er den Vertrag abgeschlossen hat, dasselbe Produkt zu einem günstigeren Preis, mit einer umfassenderen Garantie, mehr „Extras" oder zu einem günstigeren Rabatt. Mehr brauchen einige Kunden nicht, um eine sofortige Kündigung des unterzeichneten Vertrages zu rechtfertigen.

Kostenersparnis ist in unserer Welt häufig mehr wert, als sein Wort zu halten. Man muß nicht glauben, die Geschäftswelt sei nur von intrigierenden Kunden bevölkert, die unschuldige Closer quälen wollen. Wahrscheinlich war es der Konkurrent mit den besseren Konditionen, der dem Kunden gezeigt hat, wie er aus seinem ersten Vertrag herauskommt.

Um diesen Kunden zu behalten, müssen Sie ihre Gewinnmarge kürzen, indem Sie entweder den Preis senken oder ein zusätzliches „Bonbon" bieten, um wiederum Ihr Produkt attraktiver zu machen als dasjenige der Konkurrenz.

3. Mangel an Geldmitteln

Es ist keineswegs selten, daß ein Käufer nach Hause kommt, nachdem er einen Swimming-Pool, ein Auto oder eine Eigentumswohnung gekauft hat, seine Ausgaben noch einmal bewertet und feststellt, daß er sich das Produkt einfach nicht leisten kann. Auch diese Art Kunde läßt sich zunächst meist von der Begeisterung des Closers mitreißen und unterzeichnet den Vertrag zu einem Zeitpunkt, zu dem sein Wunsch, das Produkt zu besitzen, seine finanziellen Möglichkeiten überschritten hat.

Verstärkt kommt es zu solchen Widerrufen, wenn ein Sales-Team aus wirklich professionellen Closern besteht. Mit anderen Worten: Diejenigen Closer, bei denen Vertragswiderrufe aus diesem Grund nicht zu verzeichnen sind, machen etwas falsch.

4. Persönliche Probleme

Kurz nachdem ein Kunde ein Produkt gekauft oder einen Vertrag unterschrieben hat, gerät er in eine unvorhergesehene Situation, die ihn plötzlich in finanzielle Schwierigkeiten bringt. Zum Beispiel im Fall einer Krankheit oder eines nicht versicherten Schadens kann er den Vertrag wirklich nicht erfüllen. Tritt diese Situation ein, wird der Kunde unausweichlich seine Kaufverpflichtung widerrufen.

Zwar kann der Closer zunächst versuchen, den Zahlungszeitplan umzustellen; doch ein Kunde, der beispielsweise durch eine Scheidung oder durch einen Todesfall in der Familie ins Wanken geraten ist, ist normalerweise nicht in der Verfassung, zu verhandeln. Für diese Menschen hat sich das Leben schlagartig verändert, und alles, was sie vor einigen Tagen, Wochen oder früher unterschrieben haben, scheint für sie in einer anderen Welt zu liegen. Der Closer, der aufrichtiges Mitgefühl zeigt – und nicht Verärgerung – kann den Kunden vielleicht zurückgewinnen, nachdem sich dieser von dem unerwarteten Schlag erholt hat.

5. Verständnisschwierigkeiten

Manchmal scheint ein Kunde die allgemeine Bedeutung des Dokumentes, das er unterzeichnet, zu verstehen, die genaueren Details jedoch nicht vollständig zu überblicken. Er kommt nach Hause, liest den Vertrag noch einmal ohne die Ablenkungen des Closers und des Verkaufsbüros und siehe da, er entdeckt, daß seine vertragliche Erklärung nicht das besagt, wovon er ausging. Der Kunde gerät in Panik, ruft im Verkaufsbüro an und kündigt.

Es ist die Pflicht des Closers (oder des Masterclosers), den Kaufvertrag am Verhandlungstisch genau durchzugehen. Closer drücken sich gerne davor, den Vertrag im einzelnen zu besprechen. Niemand verlangt von den Closern, das Temperament eines Notars an den Tag zu legen; deshalb kann man es ihnen nicht vorwerfen, wenn sie den Vertrag überfliegen und nur auf die positiven Punkte detaillierter eingehen, in der Hoffnung, daß der Kunde den unterschriebenen Vertrag bald weglegt und vergißt.

„Laß dich nicht über den Tisch ziehen" ist zwar das Credo des Kunden, jener Closer oder Manager aber, der Verträge absichtlich irreführend erklärt, fordert Vertragskündigungen durch den Kunden geradezu heraus.

6. Der Kunde fühlt sich betrogen

Viele Kunden machen ihre Verträge rückgängig, wenn sie glauben, auf irgendeine Weise betrogen worden zu sein. Sie sehen zum Beispiel über das Produkt, das sie gerade gekauft haben, eine negative Sendung im Fernsehen oder lesen in der Zeitung über eine Rückrufaktion; sie glauben daher vielleicht, der Closer habe sie über das Produkt und dessen Leistung schlichtweg belogen. Andere Kunden haben das Gefühl, für das Produkt, angesichts der Qualität, zuviel gezahlt zu haben. Streiten Sie nicht mit ihm. Geben Sie ihm sein Geld zurück.

Es ist vollkommen gleichgültig, ob Sie glauben, der Kunde sei im Unrecht; denken Sie daran: Der Kunde hat immer recht. Die schnelle Erstattung des Kaufpreises verhindert Klagen oder negative Publicity, was bei weitem kostspieliger werden kann.

7. Das Vertrauen ist gebrochen

Zuweilen gibt es einen Kunden, der kündigt, obwohl er bereits einige Zahlungen geleistet hat. Das Vertrauen des Kunden in Ihre Kopiermaschine oder an Ihren Direktversandservice wurde mit der Zeit unterhöhlt. Jetzt müssen Sie eine anteilsmäßige Rückgabe vornehmen, um zu vermeiden, daß Ihr Kunde für negative Publicity sorgt.

Dies kann wirklich äußerst ärgerlich sein, vor allem, wenn der Kunde mit einem vorgeschobenen Grund für die Kündigung aufwartet, oder wenn er gegenüber seinen vertraglichen Verpflichtungen eine ausgesprochen lockere Einstellung zu haben scheint. Der gebrochene Stolz eines enttäuschten Closers kann jedoch leichter wiederhergestellt werden als das – eventuell sogar durch einen langwierigen Prozeß – angekratzte Image des Unternehmens.

8. Ein mangelhaftes Produkt

Wir können noch so stolz auf unser Produkt und auf die Qualitätskontrollen unserer Firma sein, auch ein guter Apfel kann innen einen Wurm haben. Einige Vertragskündigungen beziehen sich legitimerweise auf ein Produkt, das schlichtweg nicht funktioniert. Sie verkaufen erstklassige Autos, haben jedoch, obwohl Sie dies nicht gerne zugeben, einem einzigen ohne böse Absicht eine Niete verkauft.

Sie wissen, daß der Kunde das Recht auf Ersatz, Nachbesserung oder Aufhebung des Vertrags hat. Der Kunde kann verlangen, für sein hartverdientes Geld die volle Produktgarantie Ihrer Firma zu erhalten. Wenn Sie Diskussionen vermeiden und sich aufrichtig für die (hoffentlich) einmalige Panne in der Produktion entschuldigen, erreichen Sie vielleicht den Austausch des Produktes und vermeiden die direkte Kündigung.

9. Der Rat von Freunden

Jeder kennt diese neugierigen Freunde und Verwandte, die alles besser wissen, und die immer ihren nutzlosen Rat bezüglich des gerade gekauften Produktes erteilen wollen. Wenn sich diese wunderbaren Leute das Produkt nicht selbst leisten können, versuchen sie zumindest, es jenen, die es gekauft haben, madig zu machen. Das Unheimliche an diesen Ratschlägen ist, daß viele Kunden tatsächlich darauf hören und zum Beispiel für bare Münze nehmen, daß Fernseher dieser Marke explodiert und Menschen dabei ums Leben gekommen seien.

Versuchen Sie beruhigend auf Ihren Kunden einzuwirken, sagen Sie ruhig etwas Nettes über diesen (unangenehmen) Freund. Wiederholt sich das „Mein Freund sagt …" jedoch, dann wissen Sie, daß der Kunde nicht selbst denkt.

10. Kein richtiger Grund

Hierbei geht es um denjenigen Kunden, der nicht weiß, warum er aus dem Vertrag aussteigen will, – oder zumindest nicht sagt, warum. Es könnte einer der obengenannten Gründe sein, vielleicht ist es ihm peinlich, zuzugeben, daß er das Produkt nicht finanzieren kann. Dieser Typ Kunde neigt dazu, sehr störrisch zu sein, auch wenn Sie nie etwas anderes aus ihm herausbekommen als ein nichtssagendes „Mir war nie ganz wohl dabei."

Denken Sie daran, daß ein Kunde immer sein Handeln positiv darstellt, anstatt die Wahrheit zuzugeben. Meist ist es für den Kunden selbst schwer, sich mit dem wahren Grund für die Widerrufung eines Vertrages abzufinden. Oft kann daher nur der Mastercloser herausfinden, worin die Hemmnisse bestehen.

Wie der Mastercloser dem Widerruf begegnet

Der Mastercloser reagiert deutlich unterschiedlich auf diese Situation – einmal aus beruflicher und einmal aus persönlicher Sicht.

Beruflich

Hört ein Mastercloser, daß ein Kunde seinen Vertrag rückgängig machen will, wird er natürlich verstimmt sein. Er hat jedoch gegenüber jedem in seinem Verkaufsbüro die Verantwortung, der unerschütterliche beispielhafte Leiter zu sein, eine Person, die nicht aus der Fassung gerät, wenn nicht alles nach Plan läuft.

Der Fehler, der zum Rücktritt führt, kann bei ihm selbst, beim Closer oder beim Kunden liegen. Als erstes wird er besonnen den betreffenden Closer in sein Büro bitten, um von diesem Hinweise zu erhalten, warum der Kunde nicht am Vertrag festhalten will. Findet der Closer kein Motiv, muß der Mastercloser entscheiden, ob er mit dem Kunden spricht und versuchen will, selbst den Verkauf zu retten, oder ob er dies dem Closer überläßt. Diese Entscheidung hängt hauptsächlich davon ab, wer von den beiden das bessere Verhältnis zu dem problematischen Kunden hat.

Der Mastercloser weiß, die Zeit drängt, andererseits darf nicht überstürzt gehandelt werden. Auf manche Kunden muß man intensiv eingehen, wohingegen andere, denen man unkompliziert die

Vertragskündigung ermöglicht, einfach als Verlust gerechnet werden können.

Bevor der Mastercloser mit dem Problemkunden spricht, verwischt er jegliche Spuren von Ärger oder Enttäuschung und nimmt eine Haltung aufrichtiger Bemühung und freundlichen Entgegenkommens an. Mit Honig locken Sie Bienen, nicht mit Essig.

Die schnellste Art, mit dem problematischen Kunden in Kontakt zu treten, ist, diesen anzurufen. Sobald der erste Kontakt hergestellt worden ist, muß der Manager den Kunden zurück ins Büro locken, um vom Heimvorteil profitieren zu können. Der Mastercloser entwaffnet den Kunden durch das Auftreten als „guter Verlierer". Er läßt den Kunden denken, dieser habe gewonnen und werde nun unbürokratisch aus dem Vertrag entlassen. Der Mastercloser gibt vor, der Kunde müsse sich lediglich noch einmal ins Büro bemühen, um ein Dokument zu unterzeichnen, welches besagt, daß der Verkauf einvernehmlich rückgängig gemacht wird.

Wenn sich der Kunde bereits auf einen Kampf eingestellt hat, wird er aufgrund dieses Entgegenkommens nun völlig durcheinander sein. Der Kunde erkennt daher nicht, daß es für ihn wesentlich schwieriger ist, von seiner früheren Verpflichtung zurückzutreten, wenn er dem Mastercloser direkt gegenübersteht, als durch eine kurze Mitteilung am Telefon oder durch eine Erklärung per Post. Betritt der problematische Kunde das Verkaufsbüro, wird er nicht auf einen Kampf vorbereitet sein. Vorgeschobene Entschuldigungen für eine Vertragsaufhebung können so eher überwunden werden.

Der Manager sollte nicht direkt versuchen, den Vertrag zu retten, sondern zuerst den Kunden begrüßen, und zwar warmherzig und freundlich, um den Antagonismus von Anfang an zu beseitigen. Für den Kunden ist es in einer angenehmen Atmosphäre sehr schwer, kalt und unkooperativ aufzutreten. Sein Problem mit dem Vertrag kann auf diese Art vielleicht relativ schnell ausgeräumt werden.

Persönlich

Wie denkt ein Mastercloser in seinem Innersten von einem Kunden, der das Produkt begeistert gekauft hat und auf einmal den Vertrag widerrufen will? Seien wir ehrlich: Ein Manager möchte am liebsten auf diesen Kunden zugehen und ihn den Vertrag verspeisen lassen.

Feindseligkeit ist nicht vermeidbar angesichts der Zeit und der Anstrengung, die investiert wurde, den Kunden erst einmal zur Unterzeichnung zu bewegen. Die Zufriedenheit, die jeder empfand, als er in der Begeisterung eines vollbrachten Verkaufs schwelgte, ist dem bitteren Nachgeschmack gewichen.

Der Mastercloser wird all dies aus seinem Kopf verbannen und ernsthaft versuchen, sich in die Perspektive des Kunden zu versetzen. Er weiß, daß er mit dem Kunden von Angesicht zu Angesicht reden und ihm das Produkt nochmals verkaufen muß. Er hat festgestellt, daß ein Kunde in vielen Fällen dem Vertrag doch noch entspricht, wenn sich nur jemand die Zeit nimmt, auf die Probleme des Kunden einzugehen.

Ärger oder Selbstgerechtigkeit verstärken nur die Entschlossenheit des Kunden. Werfen Sie etwas Verständnis in die Waagschale und beobachten Sie, wie sich die Oppositionshaltung des Kunden auflöst.

Wie der Mastercloser den Kunden zurückgewinnt

Oberste Priorität muß für den Mastercloser sein, den „abtrünnigen" Kunden zurück in den Präsentationsraum zu bekommen. Ist der Kunde erst einmal im Territorium des Masterclosers, kann die Anwendung einer oder mehrerer der folgenden zehn Methoden dabei helfen, das zurückzugewinnen, was einst aussah wie ein sicheres Geschäft.

1. Wenn der Käufer den Kauf bereut

Ein solcher Kunde bezweifelt sein eigenes Handeln. Der Master-closer muß das Vertrauen des Kunden in das Produkt wieder her-stellen und ihn davon überzeugen, daß er einen ehrlichen und intel-ligenten Kauf abgeschlossen hat.

Gleichzeitig ist dieser schwache Kunde jemand, zu dem man sagen kann, daß Zweifel nicht automatisch einen rechtsverbindlichen Vertrag auslöschen können; denn Geschäft ist schließlich Ge-schäft. Der Mastercloser kann freundliche Überzeugung anwen-den, oder er kann die mächtige Waffe des Beschämens einsetzen, um diesen Problemkunden in den Griff zu bekommen.

Der Mastercloser sollte etwa so vorgehen: „Herr Kunde, Sie und ich, wir sind Partner in diesem Vertrag, und ich werde alles tun, was ich Ihnen zugesichert habe. Jetzt erwarte ich von Ihnen, daß auch Sie alles tun, um unsere Abmachungen einzuhalten." (Ein kleines Zugeständnis wie etwa eine Verlängerung des Zahlungs-zeitplans würde an diesem Punkt nicht viel bewirken.)

2. Der Kunde hat ein besseres Geschäft gemacht

Ein Kunde, der seinen Vertrag widerrufen will, weil er ein besse-res Produkt gefunden hat, oder einen besseren Preis, läßt dem Ma-stercloser nur zwei Möglichkeiten:

– Die erste und beste Möglichkeit ist diejenige, mit dem Preis der Konkurrenz gleichzuziehen (wenn dieser als korrekt bestätigt wurde).

– Will der Kunde dennoch aus dem Vertrag heraus, muß der Ma-stercloser die ökonomischen Möglichkeiten abwägen. Würde die Firma mehr durch den Verlust dieses Verkaufs verlieren, als ein Rechtsverfahren kosten würde? Ist es ökonomisch machbar, den Kunden vor ein Gericht zu bringen, so ist es Zeit, den Kun-den daran zu erinnern, daß ein Prozeß notwendig sein könnte. Wahrscheinlich erkennt der Kunde, daß der Bruch seiner vertraglichen Vereinbarung damit endet, daß das Verfahren ihn mehr kostet, als er durch das günstigere Angebot sparen würde.

3. Mangel an Geldmitteln

Kunden kündigen häufig, nachdem sie zu Hause ihr Budget überflogen und gemerkt haben, daß sie sich die monatlichen Raten nicht leisten oder sonstigen Bedingungen des Vertrages nicht entsprechen können. Der Mastercloser muß bedenken: Der Kunde wollte das Produkt kaufen, der Hinderungsgrund liegt nur im Finanziellen. Aufgrund dieser Erkenntnis sollte sich der Mastercloser offen mit dem Kunden aussprechen und ihm erklären, daß auch er selbst einmal in einer vergleichbaren finanziellen Position war.

Der Mastercloser sollte dem Kunden das Gefühl geben, daß seine Zufriedenheit mehr wert ist als sein Geld. Er sollte ihm großzügig dabei helfen, einen Plan auszuarbeiten, der dem Kunden bequem ermöglicht, das Produkt zu behalten und den Vertrag nicht aufzukündigen. Der kreative Verkaufsmanager kann dem Kunden bessere Bedingungen anbieten, wenn dieser bereit ist, das Unternehmen weiterzuempfehlen, und er sollte Hilfe bei Darlehen usw. gewähren. Gleichzeitig kann er hinzufügen, daß es sich auf die Kreditwürdigkeit des Kunden negativ auswirkt, wenn dieser von einem rechtmäßigen Vertrag zurücktritt.

4. Persönliche Probleme

Der Kunde, der sich in einer ernsten persönlichen Krise befindet, braucht einen echten Freund. Der Mastercloser sollte sich mit dem Kunden zusammensetzen und dessen Dilemma mit Respekt und Mitgefühl begegnen. Dann wird er versuchen, sich langsam an das Problem heranzutasten, um dem Kunden zu ermöglichen, das Produkt zu behalten, ohne vertragsbrüchig werden zu müssen.

In einer derart schwierigen Situation darf der Mastercloser niemals mit der Brechstange hantieren. Gibt es keinen Weg für eine Lösung, sollte der Mastercloser dem Kunden sofort sein Geld zurückerstatten und freundlich bleiben. Das damit geknüpfte Band der Loyalität zahlt sich auf lange Sicht aus.

5. Verständnisschwierigkeiten

In einer Situation, in der der Kunde nicht den gesamten Vertrag verstanden hat oder ihm einige entscheidende Details entgangen sind, liegt es am Mastercloser, das Produkt noch einmal mit umfassender Information zu verkaufen. Der Kunde wollte das Produkt ja grundsätzlich erwerben, deshalb lohnt sich die Extrazeit und der Aufwand, unklare Stellen zu klären und das Geschäft noch einmal abzuschließen.

Jegliche Einschüchterung des Kunden bewirkt das Gegenteil. Er wird dann die Überzeugung gewinnen, die Firma sei darauf ausgewesen, ihn mit dem Kleingedruckten hereinzulegen.

6. Der Kunde fühlt sich betrogen

Der Kunde, der sich betrogen oder belogen fühlt, wird todsicher den Vertrag aufheben. Möglicherweise konsultiert er sogar seinen Rechtsanwalt. In dieser explosiven Situation sollte der Mastercloser jedoch möglichst versuchen, mit dem Problemkunden zu sprechen, bevor sich dieser professionelle Hilfe holt. Er muß genau herausfinden, worüber der Kunde verärgert ist, mit dem Ziel, ihn zu beruhigen. Dabei ist es wichtiger, einen Skandal für die Firma durch sofortige Erstattung oder durch Ersetzen des Produktes zu vermeiden, als eine Vertragsrettung mit allen Mitteln durchsetzen zu wollen.

7. Das Vertrauen ist gebrochen

Der Mastercloser muß energisch versuchen, einem Problemkunden, der nicht länger daran glaubt, daß das Produkt sein Leben wesentlich verbessern werde, etwas (neu) zu verkaufen. Dieser Typ von Problemkunde hat vergessen, wie erregt und glücklich er beim Kauf des Produkts war. Er benötigt eine „Auffrischungsimpfung" im Rahmen eines intensiven Treffens. Der Manager kann sogar versuchen, ihm ein erweitertes Angebot zu machen. Gelingt ihm dies nicht, hat der Kunde zumindest das Gefühl, als hätte er sich das teurere Modell gespart, das er nicht benötigt.

8. Ein mangelhaftes Produkt

Will ein Kunde seinen Vertrag aufgrund eines Produktmangels aufheben, sollte der Mastercloser sofort erklären, wie selten so etwas vorkommt. Er entschuldigt sich, bietet dem Kunden ein brandneues fehlerfreies Produkt an und betont, der Kunde solle sich mit zukünftigen (nicht zu erwartenden) Problemen direkt an ihn wenden. Die Alternative könnte so aussehen, daß ein Nachrichten-Team mit laufenden Kameras an seine Tür klopft.

9. Der Rat von Freunden

Steht der Mastercloser einem Kunden gegenüber, der seinen Vertrag widerrufen möchte, weil seine Freunde und Verwandten ihm dazu geraten haben, wird der Mastercloser darauf hinweisen (ohne die Freunde und Verwandten lächerlich zu machen), daß diese Freunde nicht die Möglichkeit hatten, an einer umfassenden Verkaufspräsentation teilzunehmen, in deren Verlauf die Eigenschaften des Produktes dargestellt worden sind; wie sollten seine Freunde also erkennen, welchen Vorteil das Produkt für den Kunden haben wird?

Der Mastercloser muß dem Kunden erläutern, daß dieser selbst – und nicht ein Freund oder ein Bekannter – der Fachkundige ist, schließlich sei er am besten informiert. Der wankelmütige Kunde benötigt Selbstvertrauen, und das muß ihm der Mastercloser einflößen. Jegliches Problem, welches ein Kollege oder eine Cousine mit einem ähnlichen Kühlschrank oder mit einer Eigentumswohnung gehabt haben mag, ist ein vollkommen anderer Fall, den der betreffende Ratgeber gerne mit dem Manager besprechen kann.

Hat diese Taktik keinen Erfolg, versuchen Sie es mit einer leichten Form der Einschüchterung, etwa: „Ich nehme an, daß Ihre Cousine

Die zehn häufigsten Gründe für Vertragswiderruf, und wie Sie am besten darauf reagieren

Grund	*Reaktion*
1. Der Käufer bereut den Verkauf.	Stellen Sie sein Vertrauen in das Produkt wieder her.
2. Der Kunde hat ein besseres Geschäft gemacht.	Bieten Sie ihm einen Preisnachlaß an oder drohen Sie ihm mit einem Gerichtsverfahren.
3. Er kann sich das Produkt doch nicht leisten.	Zeigen Sie Verständnis und suchen Sie nach einer Finanzierungsmöglichkeit.
4. Der Kunde hat persönliche Probleme.	Geben Sie ihm das Gefühl, daß Sie sein Freund sind.
5. Der Kunde hat Schwierigkeiten mit dem Vertragstext.	Nehmen Sie sich Zeit, um ihm alles ausführlich zu erklären.
6. Der Käufer fühlt sich betrogen.	Versuchen Sie, mit ihm zu reden, bevor er professionelle Hilfe holt.
7. Er tritt ganz unerwartet vom Vertrag zurück.	Versuchen Sie, ihn von der Notwendigkeit und dem Nutzen dieses Vertrages zu überzeugen.
8. Das Produkt ist mangelhaft.	Entschuldigen Sie sich und bieten Sie dem Kunden ein brandneues fehlerfreies Produkt an.
9. Der Kunde hat sich von Freunden umstimmen lassen.	Flößen Sie dem Kunden Selbstvertrauen ein, drohen Sie, wenn nötig, mit einem Prozeß.
10. Der Kunde will aus keinem bestimmten Grund den Vertrag rückgängig machen.	Führen Sie mit ihm ein freundliches Gespräch über belanglose Themen, und geben Sie ihm das Gefühl, die richtige Entscheidung mit dem Kauf getroffen zu haben.

Rechtsanwältin ist und sich über die Folgen bewußt ist, die Ihr Vertragsbruch mit sich bringt."

10. Kein bestimmter Grund

Einige Kunden gestehen Ihnen oder sich selbst nicht ein, warum sie aus dem Vertrag heraus möchten. Um an dieses Motiv heranzukommen, muß der Mastercloser das Vertrauen des Kunden mit einem freundlichen Gespräch über verbindende Themen wie Hobbys, Sport, Reisen oder Familie gewinnen. Der Problemkunde benötigt Aufmerksamkeit und Bestätigung. Er möchte, daß der Mastercloser ihn an der Hand nimmt und ihm (auf autoritäre Weise) versichert, er habe eine kluge Kaufentscheidung getroffen.

Die Wahrheit kann ans Licht gebracht werden, wenn sich der Mastercloser ein wenig Zeit für diesen problematischen Kunden nimmt und ihm freundliche Aufmerksamkeit entgegenbringt. Er wird wahrscheinlich den Vertrag nicht kündigen, wenn er erst einmal sein Problem artikuliert hat.

Wenn Kunden ihr Versprechen nicht halten: 20 wertvolle Hinweise

1. Kunden sind Lügner

Problematische Kunden belügen permanent den Mastercloser, um zu erreichen, aus dem Vertrag herauszukommen. Dabei geben sie vor,

— der Closer habe ihnen die Unwahrheit gesagt,

— sie hätten Verständnisschwierigkeiten bezüglich einiger Vertragsklauseln gehabt,

— das Produkt funktioniere nicht richtig oder halte nicht genau das, was die Werbung verspricht,

– die Garantiebedingungen seien unzureichend,

– der Vertrag sei unter Druck abgeschlossen worden.

Problemkunden bleiben die ganze Nacht wach, um Pläne auszuarbeiten, wie sie aus dem Kaufvertrag herauskommen. Ob Sie es glauben oder nicht, ein „echter" Problemkunde kann besser und professioneller lügen als so mancher Closer.

2. Der „beglaubigte" Vertrag

Mastercloser können die folgende „präventive Maßnahme" anwenden, um einen späteren Vertragsrücktritt zu vermeiden. Nachdem der Kunde seinen Kaufvertrag unterzeichnet und alle wichtigen Unterlagen in einer Mappe erhalten hat, sollte der Mastercloser ihm eine einfache (aber offiziell aussehende) Karte zum Unterschreiben überreichen. Auf dieser Karte befindet sich eine Beschreibung des Produkts, das Datum des Kaufes sowie Seriennummern, Maße usw. Nachdem der Kunde diese „offizielle" Karte unterschrieben hat, sollte ein Büroangestellter diese sofort beglaubigen oder abstempeln – und zwar vor den Augen des Kunden.

Der Mastercloser erklärt dem Kunden, diese Karte werde an einem sicheren Ort abgelegt, für den Fall, daß sie in der Zukunft herangezogen werden müsse. Sollte der Kunde später seinen Vertrag kündigen wollen, braucht der Mastercloser nur diese beglaubigte Karte zu erwähnen, die mit allen Kunden- und Kaufinformationen per Computer erfaßt worden sei. Der Kunde merkt dadurch, daß die Auflösung des Vertrages nicht so einfach ist und seine Kaufverpflichtung mehrere organisatorische Auswirkungen hatte. Viele Kunden werden mit der Auflösung ihres Vertrages zögern, bevor sämtliche „offizielle" Daten durcheinandergebracht werden, und somit für die Wiederverkaufsbemühungen des Mastercloser empfänglicher sein.

3. Dem Kunden die Angst nehmen

Wie hart, wie professionell der Problemkunde auch immer auftritt, wenn er ins Büro des Mastercloser kommt, um seinen Vertrag aufzuheben, wird er immer eingeschüchtert sein. Der Kunde weiß, daß die Firma über ihn unglücklich ist, und ist daher unsicher, wie er empfangen werden wird. Er befindet sich auf „feindlichem" Territorium, weshalb er häufig ausgesprochen defensiv eingestellt ist.

Diese Last auf den Schultern des Kunden beseitigt der Mastercloser auf sanfte Art, indem er ihn überraschend warmherzig und verständnisvoll empfängt. Ist das Spannungsverhältnis erst einmal dem Kooperationsgeist gewichen, übernimmt der Mastercloser die Kontrolle, findet eine Lösung und verhindert die Vertragsauflösung.

4. Die Kontrolle behalten

Selbst unter den Umständen einer drohenden Vertragskündigung muß ein Mastercloser in allen Situationen die Kontrolle behalten. In einem Wutanfall läßt der Kunde vielleicht einige böse oder vulgäre Worte fallen, die in einer anderen Situation „Krieg" bedeuten würden. Der Mastercloser muß beherrscht genug sein, ruhig zu bleiben, er muß dem Zorn mit Einfühlungsvermögen und einer Prise Humor die Energie nehmen, und er muß standfest bleiben – selbst wenn er selbst zu zweifeln beginnt, ob die Firmenpolitik die richtige ist.

Im Extremfall kann der Mastercloser einem Kunden seufzend anvertrauen, seine Beschwerde sei völlig berechtigt, die Firmenpolitik müsse eigentlich geändert werden. Der Mastercloser sollte dem Kunden dafür danken, diesen schwachen Punkt ausgedeutet zu haben, und versprechen, das Thema werde bei der nächsten Sitzung zur Sprache gebracht. Erklären Sie, daß Sie aber bis dahin die Richtlinien Ihrer Firma – trotz dieser persönlicher Bedenken – ausführen müssen. Der Kunde wird von Ihrer Integrität und Loyalität beeindruckt sein und die Vertragskündigung vielleicht vergessen.

5. Entschuldigen Sie sich nicht für das Produkt

Beschwert sich ein Problemkunde beim Mastercloser über ein einzelnes defektes Produkt, sollte der Mastercloser streng darauf achten, daß seine Entschuldigung niemals zu einer allgemeine Entschuldigung für die gesamte Produktlinie der Firma wird.

6. Kunden möchten an die Kaufentscheidung glauben

Es mag überraschend klingen, aber die meisten Problemkunden möchten den Vertrag nicht wirklich auflösen. Im Gegenteil, sie sind ernsthaft überzeugt, beim Kauf des Produktes eine tadellose Entscheidung getroffen zu haben. Nun möchten sie, daß der Mastercloser sie darin noch einmal ausdrücklich bestätigt.

7. Lösen Sie nicht gleichzeitig die Probleme mehrerer Kunden

Hat der Mastercloser zwei Problemkunden, die nichts miteinander zu tun haben, außer, daß beide ihre Verträge kündigen wollen, sollte er sie besser voneinander getrennt halten. Die beiden würden sich sonst nur verbünden, sich gegenseitig mit neuen Argumenten eindecken und das gesamte Verkaufsbüro durcheinanderbringen.

8. Wenn Ehepartner sich gegenseitig beschuldigen

Sieht sich der Mastercloser Eheleuten gegenüber, die sich vor ihm streiten und sich gegenseitig beschuldigen, für den Kauf verantwortlich zu sein, muß der Mastercloser zuerst den Konflikt schlichten, bevor er damit fortfährt, den Verkauf zu retten.

9. Verlieren Sie nach der Rettung des Verkaufs keine unnötigen Worte

Sagen Sie nichts weiter über das Produkt, nachdem es Ihnen gelungen ist, den Vertrag zu retten. Jeder überflüssige Kommentar ist in dieser sensiblen Situation geeignet, den Verkauf zu gefährden. Wird überhaupt gesprochen, so sollte es ein ungezwungenes Thema sein, das von der Angelegenheit ablenkt.

10. Nach sieben Tagen

Bei Geschäften, die unter das Haustürwiderrufsgesetz fallen – also insbesondere solche, bei denen der Closer unaufgefordert zu dem Kunden kam – darf sich der Mastercloser nicht zu früh freuen; schließlich kann sich der Käufer immer noch auf die gesetzliche Widerrufsfrist berufen. Erst, wenn der Kunde nach einer Woche nicht schriftlich widerrufen hat, kann sich der Mastercloser zurücklehnen.

11. Erzählen Sie von den Problemen Dritter

Eine einfache Methode, wenn es darum geht, einen Problemkunden zu entspannen, ist die Darstellung anderer vergleichbarer Fälle. Wenn Sie von jemand anderem erzählen, der vor einiger Zeit genau das gleiche Problem hatte und dieser alles zufriedenstellend lösen konnte, beruhigt dies einen Kunden und rettet den Verkauf.

12. Halten Sie wichtige Informationen nicht zurück

Der Mastercloser darf niemals Vertrags- oder Produktinformationen vor dem Kunden verbergen; dies wäre eine Zeitbombe, die nur darauf wartet, loszugehen, sobald der Kunde später über das verschwiegene Detail erfährt.

Außerdem ist ein Kaufvertrag nichtig, wenn dem Käufer Mängel arglistig verschwiegen worden sind.

13. Lassen Sie den Kunden den Vertrag aufheben

Sobald sich der Mastercloser selbst dabei ertappt, daß er bettelt, um einen Verkauf zu retten, oder daß er jemanden zu hart bearbeitet, der psychisch labil ist, muß er abbrechen. Vergessen Sie diesen Verkauf! Die Integrität des Managers und seine geistige Gesundheit sind wichtiger. Bereiten Sie lieber Ihren nächsten Triumph vor, und lassen Sie diesen kleinen Rückschlag schnell der Vergessenheit anheimfallen.

14. Setzen Sie das Mittel der Einschüchterung ein

Der Manager sollte nicht zögern, einschüchternd zu reagieren, wenn ein Kunde ohne ersichtlichen Grund seinen Vertrag nicht erfüllt. So kann der Mastercloser einen stagnierenden Dialog zum Beispiel beenden: „Meine nächsten Worte, Herr Kunde, werden vor Gericht gesprochen werden müssen."

15. Verstecken Sie sich nicht

Es ist verführerisch, vor einem feindseligen, problematischen Kunden, den Sie bereits beim Betreten des Verkaufsbüros erspäht haben, wegzulaufen und sich zu verstecken. Diese vorübergehende Möglichkeit ist es nicht wert. Der Mastercloser ist der Leiter der gesamten Verkaufsorganisation, und er kann seine Mannschaft nicht durch Rückzug demoralisieren. Dadurch verliert er die Kontrolle, die er über seine Mannschaft hat.

16. Wer ist Vertragspartner?

Kommt ein Paar oder eine Gruppe mit einem Problem herein, auf wen konzentrieren Sie sich dann? Finden Sie heraus, wer den Vertrag abgeschlossen hat; er oder sie ist die Person, auf die man sich konzentrieren muß.

17. Isolieren Sie Problemkunden

Kommt ein Problemkunde in das Verkaufsbüro, um seinen Vertrag aufzuheben, so halten sie ihn in einem separaten Raum weg von allen anderen isoliert. Er ist so negativ belastet, daß er herumlaufen könnte, um jedem potentiellen Kunden, den er antrifft, zu erzählen, wie sehr er betrogen wurde.

Beobachtet der Mastercloser einen seiner Closer, wie er absichtlich einen seiner eigenen Problemkunden vermeidet und diesen feindlich eingestellten Kunden unachtsam im Verkaufsbüro herumlaufen läßt, so ist dies ein Grund für eine Trennung.

18. Hören Sie dem Problem des Kunden zu

Viele Kunden kommen nicht direkt zum Kern ihres Problems. Hören Sie sie an, unterbrechen Sie sie nicht, und nehmen Sie nicht an, daß Sie ihr Problem kennen, bevor sie es vollständig ausgesprochen haben. Mit falschen Lösungen für das falsche Problem könnten Sie mehr Zeit verschwenden und mehr potentielle Verkäufe verlieren.

19. Lösen Sie das Problem des Kunden

Der professionelle Manager wird alles tun, um den Verkauf an einen vernünftigen Kunden zu retten, der einfach über sein Problem sprechen muß. Machen Sie sich keine Gedanken über verlorengegangene Zeit, die Sie mit jemandem mit einer langen rührseligen Geschichte verbringen. Retten Sie Ihren Kauf, und die betreffenden Kunden werden Sie und Ihr Produkt an viele Freunde mit derselben Neigung für langatmige Gespräche weiterempfehlen.

20. Freundlichkeit bricht Grobheit

Freundliche Worte und Mitgefühl zerstreuen und beruhigen einen verärgerten Kunden, auch wenn es teuflisch schwer ; lies immer zu praktizieren.

Anstatt Gleiches mit Gleichem zu vergelten, sagen Sie ihm: „Herr Kunde, ich weiß, daß Sie sich sehr aufgeregt haben, aber ich verspreche Ihnen, daß ich das Problem sofort erledigen werde, und ich werde dafür sorgen, daß Sie vollkommen zufrieden sind."

Jetzt sind Sie auf einem sicheren Weg.

Sonderfall: Entlassung eines Closers

Es ist nicht gerade eine angenehme Pflicht, aber wenn jemand aus dem Team den Geist der gesamten Mannschaft verdirbt, so muß derjenige schnell und ohne großes Aufsehen entlassen werden.

Hier folgen die Gründe für eine Entlassung:

1. Belügen des Masterclosers

2. Belügen der Kunden

3. Betrügen der anderen Closer

4. Ständige Verspätung bei Vertretersitzungen

5. Keine Kooperationsbereitschaft bei Gruppenaktivitäten

6. Übermäßig negative Einstellung

Wie man einen Closer entläßt

Die Entlassung eines Angestellten kann häufig für die Kollegen bedrückender sein als für den Manager selbst. Deshalb sollte sie hinter verschlossenen Türen statt finden, wo kein Drama von einem verärgerten Closer inszeniert werden kann, der seinen Arbeitsbereich räumt. Verkünden Sie auf der Sitzung am nächsten Morgen, warum man Closer Calvin gehen lassen mußte, um einen Präventivschlag gegen die Gerüchtemacher vorzunehmen.

Sofortige Entlassung

Es gibt zwei Arten von Situationen, in denen der Mastercloser keine andere Wahl hat, als den Closer vor der gesamten Verkaufsmannschaft fristlos zu entlassen:

1. wenn der Closer be- oder angetrunken hereinkommt und Unruhe stiftet und

2. wenn der Mastercloser mit der Entlassung ein Exempel statuieren muß, das heißt wenn man einen lügenden Closer zu einer Zeit entläßt, wo sich mehrere Kunden über doppelzüngiges Gerede von Closern beschwert haben.

Bewährungsfrist

Der Manager behält sich das Recht vor, einem problematischen Closer eine Bewährungsfrist zu gewähren, vielleicht über einen Zeitraum von 30 Tagen, anstatt ihn fristlos zu entlassen. Ein Closer rechtfertigt vielleicht diese zweite Möglichkeit, wenn er in der Vergangenheit solides Verhalten an den Tag gelegt hat, wenn er Bedauern für sein Handeln ausdrückt oder wenn dieser gelegentliche Sünder zufällig der beste Closer im Lande ist.

Besondere Anmerkungen, die man bei problematischen Closern beachten sollte

In dem Fall, daß der entlassene Closer ein talentierter und ambitionierter Mensch ist, sollten Sie Vorsichtsmaßnahmen treffen, um ihn davon abzuhalten, Kunden abzuwerben und sogar Closer. Sie sind vielleicht sein Ratgeber, aber aus einem verärgerten Closer könnte Ihr Konkurrent werden. Denken Sie immer an diese Möglichkeit, bevor Sie irgendwelche drastischen Maßnahmen ergreifen. Und bedenken Sie folgendes:

1. Sie mögen sich selbst nicht

Der Mastercloser darf eine wichtige Sache über problematische Closer nicht vergessen. Er oder sie ist ein Problem, da er nicht glücklich mit sich selbst ist. Er ist frustriert, weil er nicht so erfolgreich ist, wie er es eigentlich an diesem Punkt in seinem Leben sein sollte, deshalb hat er einen großen Komplex, sieht immer nur die schlechte Seite von Dingen und mißgönnt anderen den Erfolg.

Diesem Problem-Closer kann geholfen werden, wenn er die Realität akzeptieren will und die Schuld für seine jetzige Situation dort sucht, wo sie zu finden ist – bei sich selbst. Aber die meisten problematischen Closer können die nüchterne Wahrheit nicht akzeptieren und müssen deshalb andere für ihre Fehler verantwortlich machen. Dieses schafft wiederum nur mehr Probleme. Denken Sie daran: Der problematische Closer lebt in einem teuflischen, verrückten Kreislauf; er läuft immer vor sich selbst fort, entkommt sich aber nie.

2. Sie werden versuchen, Kunden abzuwerben

Der Mastercloser muß wissen, daß es einige Verkäufer gibt, die (nachdem sie entlassen wurden) zu ihrem alten Verkaufsbüro zurückkommen oder telefonische Verbindungen nutzen, um zu versuchen, Kunden abzuwerben und sie zu ihrem neuen Verkaufsjob zu bringen. Diese Art von unehrenhaften Closern existiert tatsächlich, und sie werden versuchen (um sich irgendwie zu rächen), die Kunden des Masterclosers woandershin zu dirigieren. Der Mastercloser muß sich vor dieser Art von problematischen Closern in acht nehmen. Er kann sich dadurch schützen, daß er den entlassenen Closer nicht wieder auf sein Grundstück läßt, oder indem er genau beobachtet, ob der Betroffene ungewöhnliche Aktivitäten entfaltet, um an Kundendaten heranzukommen. Kunden bedeuten Geld, und ein rachsüchtiger Closer, der entlassen wurde, kennt diese Tatsache nur allzu gut.

3. Geben Sie ihnen Verantwortung

Will der Mastercloser einen problematischen Closer wirklich auf seinem Weg hindern, sollte er ihn zu einem stellvertretenden Mastercloser machen. Geben Sie ihm Verantwortung. Dadurch wird der problematische Closer für einige Zeit ruhig sein und aufhören zu nörgeln – garantiert. Der problematische Closer muß jetzt aufholen oder ruhig sein. Nachdem er allen im Büro erzählt hat, wie gut er als Manager wäre und wie er dies oder jenes zum Besseren verändern würde, muß er dies jetzt beweisen. Er kann sich nicht mehr nur einfach darüber beschweren. Alles, was der Mastercloser tun muß, ist, sich zurückzulehnen und abzuwarten, ob der problematische Closer seine Verantwortung akzeptiert und somit zu einem verläßlichen Mastercloser wird, oder ob er die Chance einfach vergibt und sich selbst zerstört. Diese phantastische Taktik von Seiten des Verkaufsleiters funktioniert; er muß lediglich daran denken, die Gesamtkontrolle zu bewahren.

4. Sie werden versuchen, das Verkaufsteam abzuwerben

Problematische Closer, die entlassen wurden und jetzt über den Mastercloser wirklich verärgert sind, versuchen manchmal, alle ihrer alten Kollegen mitzunehmen, wenn sie eine andere Stelle antreten. Sie rufen zum Beispiel im Verkaufsbüro an und sprechen mit all ihren alten Freunden und erzählen ihnen von dem tollen neuen Job, den sie gerade gefunden haben, oder sie erzählen ihren alten Kollegen, daß sie gerade woanders die Position eines Verkaufsleiters bekommen haben, und daß sie nun Hilfe bei der Aufstellung eines neuen Verkaufsteams benötigen. Der Mastercloser muß in solchen Zeiten hart wie der Felsen von Gibraltar sein; er darf niemals so handeln, als wäre er verärgert oder als würde er sich Sorgen darüber machen, sein Verkaufsteam zu verlieren. Legt sich der ganze Rummel und der ganze Sturm, werden die guten, vernünftigen Closer erkennen, wo ihre Zukunft liegt, und sie werden ihrem Mastercloser treu bleiben – der einzigen Person, die während der ganzen Krise niemals die Fassung verlor oder sich bedroht fühlte.

5. Sie werden versuchen, den Verkauf zu zerstören

Einige problematische Closer haben das Gefühl, daß niemand erfolgreich sein sollte, wenn sie selbst es nicht sind. Aufgrund dieser bösartigen Einstellung sind viele problematische Closer darauf aus, den Verkauf zu zerstören oder die normalen Verkaufsvorgänge für den Mastercloser zu erschweren. Bittet zum Beispiel ein Manager einen solchen problematischen Closers darum, etwas für das Verkaufsbüro oder das Team zu tun, so wird dieser es nur halbherzig und ohne Begeisterung oder Teamgeist tun. Bittet der Manager diesen Closer, die Kunden eines anderen Closers zu betreuen (aus bestimmten Gründen), so wird er nichts tun oder sagen, um den Kunden zu einem Kauf zu bewegen. Dieser problematische Closer geht mit einer finsteren Stirn und eifersüchtigem Haß in seinem Herzen gegenüber jedermann (Kunden und Closer gleichermaßen) im Verkaufsbüro umher. Die neuen Kunden, die ihn sehen, wundern sich: „Was ist mit dieser Firma los?"

6. Sie borgen sich von jedermann Geld

Der Mastercloser weiß, wann ein Closer Probleme hat – nämlich wenn dieser Closer laufend Geld von den anderen Closern der Mannschaft ausleiht und sich wegen Hilfe nicht an ihn wendet. Dieser Closer hat ernsthafte Geldprobleme, und es ist ihm zu peinlich, diese mit dem Mastercloser zu besprechen, oder er hat Angst, daß er seine Arbeit verliert, wenn der Manager seine verfahrene Situation erkennt. Was auch immer der Fall ist, solch ein Closer ist für die Mannschaft nicht gut. Die anderen werden nicht nur ärgerlich auf ihn sein und über ihn reden (was Geschwätz verursacht), sondern er wird auch nicht mehr ein starkes und unabhängiges Mitglied der Verkaufsmannschaft sein. Dies endet damit, daß er auf diejenigen böse ist, die ärgerlich auf ihn sind, und er entwickelt so eine negative Einstellung, die weder ihm selbst, dem Team noch seinen Kunden hilft.

7. Sie werden Gerüchte verbreiten

Egal, was ein Mastercloser auch zu tun versucht, er wird es nicht verhindern können, daß ein problematischer Closer nachteilige Gerüchte über ihn verbreitet. Man darf nicht vergessen, daß die meisten problematischen Closer einfach eifersüchtig auf den Mastercloser sind und ernsthaft glauben, daß sie die Arbeit besser erledigen würden als er. Deshalb verbreiten sie Gerüchte, um ihn schlecht zu machen. Dies klingt wirklich kindisch, aber es ist ein ernsthaftes Problem, das die professionelle Verkaufswelt von heute plagt. Die einzige wirksame Waffe des Masterclosers gegen solch schädlichen Unsinn ist, daß er sich und seinem Beruf gegenüber ehrlich ist, um so über der Verleumdung zu stehen. Er muß sich so anständig verhalten, daß sich die Gerüchte genau als das herausstellen, was sie auch sind – nämlich Gerüchte. Es ist leicht, problematischen Closern beizukommen, echten Masterclosern jedoch nicht.

8. Sie werden das Produkt schlecht machen

Etwas anderes, was problematische Closer gerne tun, wenn sie unglücklich sind, ist, schlecht über das Produkt zu reden, welches sie verkaufen wollen. Der problematische Closer trifft sich mit anderen Closern nach der Arbeit, häufig in der Stammkneipe, und beschwert sich über das Produkt, die Verkaufsfirma und den Mastercloser. Er spricht über viele Leute und Firmen sowie über deren Produkte schlecht, und er wünscht sich, daß er der Mastercloser wäre – oder zumindest ein erfolgreicher Closer. Er ist verärgert, weil er im Leben nicht mehr vollbracht hat, und er macht jeden außer sich selbst dafür verantwortlich.

9. Sie handeln hinter dem Rücken des Masterclosers

Ein problematischer Closer, der seinen Mastercloser nicht leiden kann (aus welchem Grund auch immer) wird nicht nur versuchen, ihm ständig Probleme zu verursachen, sondern er wird auch zu dem Chef des Masterclosers gehen (dem Geschäftsführer) und kleine Lügen erzählen, oder er wird einige Vorfälle im Büro übertreiben – auf jeden Fall wird er alles tun, damit der Verkaufsleiter in einem schlechten Bild oder inkompetent erscheint. Niemand braucht diese Art einer feigen Hyäne um sich herum. Er verletzt nicht nur den Mastercloser zu einem gewissen Grade, sondern er schadet sich selbst, weil er sich auf niedere Taktiken einläßt, die sowieso nicht funktionieren. Der Mastercloser kann sich gegen diese Art der Verleumdung nur schützen, indem er sich konsequent als echter Professioneller verhält. Ohne sich auf dieselbe Stufe wie sein problematischer Closer herabzulassen und sich zu rächen, weiß der Mastercloser, daß sich die unbegründeten Lügen und Andeutungen in kurzer Zeit einfach auflösen werden.

10. In ihrem Innersten wünschen sich
problematische Closer Hilfe

Keine Person ist so schlecht, daß nicht seine gute Seite irgendwann durchscheint, wenn ihr nur ein wenig Zeit dazu gegeben wird. Problematische Closer können sich völlig verändern, wenn sie jemanden haben, der wirklich an sie glaubt und ihre gute Seite sieht. Sie brauchen verzweifelt jemanden, der sie ermutigt, ihr Bestes zu tun. Ein paar einfache, nette Worte können das Leben von Menschen verändern und tun dies auch. Aber wer nimmt sich die Zeit, um einen wirksamen aber einfachen Satz der Ermutigung zu sagen? Natürlich der Mastercloser.

7. Kapitel

20 Tips, wie man ein Verkaufsbüro professionell führt

Was muß man tun, um ein Verkaufsbüro wirklich professionell und erfolgreich zu führen? Die bisherigen Kapitel haben Ihnen bereits einen Überblick gegeben. Finden Sie nun im folgenden eine konkrete Anleitung, die Ihnen bei der Umsetzung hilft. Doch begehen Sie nicht den Fehler, nur einige Punkte, die Ihnen vielleicht besonders gut gefallen, zu beachten, sondern nehmen Sie sich wirklich alle zu Herzen. Nur so ist Ihnen der Verkaufserfolg sicher.

Eine Anleitung in 20 Punkten

1. Kümmern Sie sich stets um Ihre Kunden

Kümmert sich eine Verkaufsfirma nicht gut um ihre Kunden, hält sie sich keine zwölf Monate. Verkaufen die Verkäufer jemandem ihr Produkt, so ist ihre Arbeit nur halb erledigt. Die andere Hälfte beinhaltet die Betreuung des Kunden nach dem Verkauf, indem sie sich vergewissern, daß die Kunden zufrieden bleiben und nicht vergessen werden. Nur eine zweifelhafte Firma kann es sich leisten, ihre Produkte zu verkaufen und dann die Kunden aufzugeben. Es sind nicht großartige Produkte, Verkäufer oder Mastercloser, die die Verkaufsfirma letztlich aufrechterhalten, sondern die Kunden – aus dem einfachen Grund, weil sie das Geld haben. Ein professionelles Verkaufsbüro und/oder eine Firma müssen jeden einzelnen Kunden so behandeln, als ob ihre gesamte Existenz von ihm abhinge – weil dies der Wahrheit entspricht.

2. Führen Sie gut Buch

Der Mastercloser muß täglich über jedes wichtige Geschäft in seinem Verkaufsbüro Buch führen, wenn er wirklich erfolgreich sein will. Er muß nicht nur täglich über finanzielle Angelegenheiten Buch führen (aus Steuergründen), sondern er muß auch eine aktualisierte Buchführung anlegen, die die gesamten Umsatzergebnisse aufführt, die Abschlußprozentzahlen der einzelnen Verkäufer, die Prozentzahl der Vertragsaufhebungen und alle anderen Daten, die die Verkaufsleistung widerspiegeln. Ein Mastercloser muß in jeder Minute des Tages über den Stand seines Geschäfts informiert sein, wenn er das Verkaufsbüro professionell führen will. Und nur gute zuverlässige Fakten und Zahlen in einer umfassenden Buchführung, in Grafiken oder Ausdrucken lassen ihn dies wissen. In der Tat baut der Mastercloser seine zukünftigen Verkaufsspielpläne und seine Marketingideen auf diesen sehr wichtigen Informationen auf. Denken Sie daran, daß General H. Norman Schwarzkopf oder Coach Don Schula nicht auf den Sieg zusteuerten, bevor sie nicht alle Fakten, die ihnen zur Verfügung standen, untersucht hatten. Erst dann entwickelten sie verständlicherweise einen Plan zum Sieg. Der Mastercloser muß lernen, das Gleiche zu tun.

3. Sprechen Sie nicht schlecht über die Konkurrenz

Erwartet eine Vertriebsgesellschaft, daß sie erfolgreich und professionell bleibt, so sollte sie sich niemals dazu herablassen, Angriffe unterhalb der Gürtellinie gegen die Konkurrenz zu starten. Es ist zwar nicht leicht, dies einzuhalten – nichts zu sagen –, aber auf lange Sicht ist dies der einzig richtige Weg.

Genauso, wie sich schmutzige Geschäfte oft ins Gegenteil wenden, können diejenigen, die die Konkurrenz beschmutzen, ihre Weste nicht sauber halten. Im Laufe der Zeit verhalten sich Kunden gegenüber *der* Firma loyal, die immer versucht, an ehrenhaften Geschäftsprinzipien festzuhalten, und die Öffentlichkeit tendiert zu Vertriebsgesellschaften, die mit offenen Karten spielen. Es geht keiner als Gewinner hervor, wenn eine Vertriebsgesellschaft eine andere abqualifiziert. Ein Kunde ist überhaupt nicht begeistert, wenn ihm ein Verkäufer erzählt, wieviel seine Firma besser ist als die andere. Natürlich, der Kunde hört dem Verkäufer oder dem Mastercloser zu, aber in seinem Innersten verspürt er keinen Respekt für diese negative Haltung. Vergessen Sie nicht dieses uralte Sprichwort: Wenn du über die Konkurrenz nichts Gutes sagen kannst, so sage überhaupt nichts.

4. Bringen Sie junge Leute ins Verkaufsbüro

Jede Vertriebsgesellschaft benötigt frisches Blut in ihrem System, wenn sie überleben und erfolgreich bleiben will. Verläßt sich eine Firma nur auf die guten alten Erfahrenen oder nur auf alte, trickreiche Methoden und Verkaufstechniken, die sich in der „guten alten Zeit" bewährt haben, dann wird diese Firma einen langsamen, qualvollen, aber verdienten Tod sterben. Lebhafte junge Leute haben intelligente neue Verkaufsideen, die zu der jüngeren Generation von Konsumenten passen. Und diese wunderbaren Talente müssen eingesetzt werden, wenn eine Firma wettbewerbsfähig bleiben will. Die Grundlagen des Verkaufs bleiben natürlich die gleichen, aber die jungen Anfänger haben neue Einstellungen und neue Computerfertigkeiten, um dem Kunden zu helfen. Junge Leute von heute können sich oft phantasievollere Werbung und Marketingpläne ausdenken, weil sie weniger Blockaden im Kopf haben. Natürlich können die jungen Profis auch viele Dinge von den Älteren lernen, es gibt jedoch einige besondere und wunderbare Talente, die nur von Jüngeren kommen – besonders diese immateriellen Werte wie Energie, Mut und Sinn für das Abenteuer.

5. Verraten Sie nicht alle Ihre Geheimnisse

Jede Vertriebsgesellschaft, die sich lange auf dem Markt halten will, sollte sich besser an die grundlegende Geschäftsregel halten, nicht alle heiklen Informationen zu offenbaren. Wenn Personal, das eigentlich nichts wissen sollte, in das eingeweiht ist, was passiert oder passieren wird in bezug auf die privaten Geschäftsangelegenheiten des Verkaufsbüros oder der Firma, dann ist das Überraschungselement dieser Firma vielleicht verloren, Verhandlungen sind aufs Spiel gesetzt, und zukünftige Entwicklungen und das Wachstum sind gefährdet. Eine erfolgreiche Vertriebsgesellschaft sollte die wichtigsten Geschäfte vertraulich behandeln, wobei nur die Hauptpersonen hinter verschlossenen Türen an bestimmten Sitzungen teilnehmen. Die Geschäftswelt ist voll von „Nachahmern", die eine erfolgreiche Idee stehlen oder der Marketingkampagne der Konkurrenz zuvorkommen; deshalb ist Geheimhaltung lebensnotwendig, wenn man ein wettbewerbsfähiges Geschäft führt. Auch die San Francisco Forty-Niners geben der Presse nicht ihre Strategien und Beratungen bekannt.

6. Entwickeln und verbessern Sie das Produkt

Eine Vertriebsgesellschaft kann nicht erfolgreich bleiben, wenn sie nicht versucht, ihre Verkaufsmethoden und/oder ihre Produktpalette zu verbessern. Auch wenn eine Firma ein bewährtes Produkt hat, welches sie nicht verändern möchte, sollte sie neue Werbeansätze oder Vertriebstechniken erforschen. Warum? Damit das Produkt in den Augen der Öffentlichkeit nicht abgedroschen erscheint, damit es nicht als selbstverständlich angesehen wird und bald vergessen wird. Eine Vertriebsfirma weiß, daß die Öffentlichkeit sehr launenhaft ist, und daß der beste Weg, um die Konsumenten interessiert zu halten, derjenige ist, die Neugierde aufrecht zu erhalten. Bei der Verbesserung eines Produktes einer Firma sollte das hauptsächliche Ziel jenes sein, das Produkt praktischer, nützlicher und kostengünstiger für den Kunden zu gestalten. Erfüllt eine Firma diese realistischen und fairen Ziele, wird sie alles verkaufen, was sie produziert.

7. Verlassen Sie sich nicht auf Zugänge an liquiden Mitteln

In der ganzen Welt gibt es keinen Aktenschrank, der groß genug wäre, um all die Namen der Firmen zu enthalten, die aufgrund von Liquiditätsproblemen Pleite gegangen sind. Täglich geht eine Vielzahl von Firmen Bankrott, weil Geld, welches eingehen sollte, nicht eingeht. Diese Art von Desaster könnte im allgemeinen vermieden werden, wenn sich die Firma auf das Unerwartete eingestellt hätte. Eine Firma sollte zum Beispiel jeden Monat genug Geld auf ein „Reservekonto" zurücklegen, um die Firma für mindestens vier bis sechs Monate ohne weitere Zahlungseingänge aufrechterhalten zu können. Eine Firma mit solch einem „Reservekonto" oder „Rückstellungskonto" kann ihr Geschäft mit viel mehr Zuversicht führen. Muß sich eine Firma laufend darüber Sorgen machen, daß Geld rechtzeitig eingeht, wird man dies im ganzen Verkaufsbüro spüren.

8. Besetzen Sie das Telefon

Es sollte immer jemand Telefondienst haben, um Kundengespräche entgegenzunehmen. Wenn es sich die Firma leisten kann, sollte das Telefon 24 Stunden am Tag besetzt sein, auch an Wochenenden. Für einen Kunden ist es sehr wichtig, daß er sich darauf verlassen kann, daß es eine Telefonnummer gibt und einen Menschen, an den man sich wenden kann, wenn er Information oder Hilfe bei seinem Produkt benötigt. In Bezug auf die Prioritäten einer Firma steht der Kundenservice an zweiter Stelle, und ein Mensch am Telefon, um Kunden zu helfen, ist eindrucksvoller als jegliche Werbekampagne von mehreren Millionen Dollar. Kunden werden Ihnen dies mit mehr Verkäufen und Empfehlungen an Kunden danken.

Falls möglich verwenden Sie keine Anrufbeantworter; Menschen möchten gerne mit Menschen sprechen, wenn sie Hilfe benötigen, und nicht mit Maschinen. Richten Sie einen „heißen Draht" ein mit einer Weiterleitung an eine Privatnummer, falls nötig. Lassen Sie die Kunden merken, daß Sie sich um sie kümmern.

9. Versenden Sie Mitteilungsblätter

Kann eine Vertriebsgesellschaft ein wenig Zeit, Geld und Mühe aufbringen, sollte sie zumindest ein monatliches Mitteilungsblatt herausgeben, um Angestellte und Kunden auf dem laufenden zu halten, und um sie über Pläne für die Zukunft zu unterrichten. Mitteilungsblätter erhalten das Interesse des Kunden und sorgen dafür, daß der Kunde den Namen der Firma nicht vergißt. Es gibt zum Beispiel keine bessere Art, einen Pool zu verkaufen, als diejenige, zufriedene Kunden zu haben, deren neuer Einkauf ihnen von ihrem Mitteilungsblatt in die Augen springt. Ein Mitteilungsblatt macht sich mehrfach bezahlt, da diese kleinen beschwingten Geschichten Wunder in Bezug auf Öffentlichkeitsarbeit und Kundenwerbung wirken. Lassen Sie einen führenden Verkäufer oder einen stolzen neuen Besitzer einer Eigentumswohnung wissen, daß er zumindest für diesen Monat ein „Mediastar" ist.

10. Arbeiten Sie ein Weiterempfehlungsprogramm aus

Jede Vertriebsfirma, die nicht ein aggressives, attraktives Weiterempfehlungsprogramm hat, ist dumm. Man kann es nicht anders sagen. Weiterempfehlungen stellen den Unterschied zwischen einem mittelmäßigen Geschäft und einem großartigen Geschäft dar. Würde eine Firma nur halbsoviel an ihrem Weiterempfehlungsprogramm arbeiten, wie sie an der Werbung neuer Kunden arbeitet, würde sich das Umsatzvolumen dieser Firma um ein Drittel erhöhen. Es macht Spaß, an Kunden zu verkaufen, die von anderen Kunden empfohlen wurden, denn sie sind viel leichter anzusprechen und eignen sich auch wieder gut dafür, wieder andere Kunden zu empfehlen.

Eine Firma kann auf folgende Weise empfohlene Kunden bekommen:

1. Fragen Sie alte Kunden nach Adressen potentieller Neukunden.

2. Sprechen Sie die Kunden eines bereits pensionierten Closers an, ob sie Freunde empfehlen können, die sich auch für das Produkt interessieren.

3. Veranstalten Sie firmeninterne Partys für Kunden, zu denen diese Freunde mitbringen können. Oder veranstalten Sie Firmenpartys, auf denen Sie Kunden und deren Gäste Spezialrabatte anbieten.

Will eine Firma bei Weiterempfehlungen wirklich erfolgreich sein, muß sie auf jeden Fall mehr einsetzen als nur ein Nachfaßprogramm für frühere Kunden.

11. Befördern und belohnen Sie

Der Mastercloser weiß, daß Belohnungen die Leute, die für ihn arbeiten – vom Büropersonal bis zum Verkäufer – dazu bringen, daß sie ihr Bestes geben. Bei den Belohnungen kann es sich um Blumen, Orden, Geld oder um mündliche Anerkennung handeln. Dies ist wirklich egal. Wichtig ist, daß diese Belohnungen der Person, die für das gesamte Verkaufsbüro etwas Außergewöhnliches getan hat, direkt zuteil wird. Ein maximaler Anreiz findet nur statt, wenn es bei der Vergabe dieser Belohnungen keine Verzögerung gibt. Die Menschen möchten direkt belohnt werden, sobald sie etwas erfüllt haben, und nicht Monate oder Wochen später; auf diese Weise geht die Aufregung und Begeisterung nicht verloren. All diese positive Energie wird den Empfänger der Belohnung – und seine Kollegen – dazu motivieren, sogar noch härter zu arbeiten.

Dies bezieht sich auch auf Beförderungen. Verdient jemand im Verkaufsbüro eine Beförderung, sollte der Mastercloser nicht auf eine offizielle Zeremonie am Ende der Saison warten. Führen Sie die Beförderung bei der erstbesten Gelegenheit durch. Dadurch erreichen Sie, daß jeder weiter auf den größeren Schreibtisch, das private Büro oder einen anderen Anreiz, um das Interesse aufrecht zu erhalten, hinarbeitet. Vergessen Sie nicht: Halten Sie die Begeisterung immer durch noch mehr Begeisterung wach.

12. Werben Sie

Wirbt eine Firma nicht für ihr Produkt, so schlägt sie einen gefährlichen Weg ein. Man braucht einfach Geld, um Geld zu bekommen, und nichts führt an dieser Tatsache vorbei. Eine Firma muß die Öffentlichkeit über ihr Produkt informieren. Sei es nun durch das Fernsehen, Zeitungen, Radio, Broschüren oder Außenwerbung – die Menschen müssen über das Produkt informiert sein, bevor sie es kaufen können. Das Geheimnis einer erfolgreichen Werbung kann mit diesen Worten zusammengefaßt werden: Erregen Sie die Aufmerksamkeit der Öffentlichkeit und halten sie diese aufrecht. Gelingt es einer Firma, die Aufmerksamkeit der Öffentlichkeit durch ihre Erstwerbung zu erregen, und gelingt es ihr, die Öffentlichkeit dann stetig mit derselben Mitteilung mit Variationen zu „bombardieren", dann wird die Öffentlichkeit anfangen, Produkt- und Firmennamen zu assoziieren. Loyalität zum Produkt setzt ein, und sie haben eine Kundenbindung geschaffen.

13. Schützen Sie Ihre Leute

Das professionelle Verkaufsbüro ist nur so gut wie die Leute, die dafür arbeiten. Täglich muß der Mastercloser jeden, der für ihn arbeitet, wissen lassen, daß er aufrichtig geschätzt und respektiert wird. Jeder im Verkaufsbüro muß nicht nur dieselbe Gesinnung des Erfolgs bei der Arbeit spüren, sondern jeder muß auch wissen, daß diese Stimmung nicht nachläßt, wenn der Arbeitstag vorbei ist. Die Menschen im Büro müssen fühlen, daß sie die Mitglieder einer engen Familie sind, die in schlechten Zeiten immer zusammenhält. Das Personal des Verkaufsbüros muß wissen, daß es sich auf ihren Mastercloser jederzeit verlassen kann, Tag und Nacht, daß er für sie bürgt und ihnen, falls nötig, zu Hilfe eilt. Wenn sich alle Leute im Verkaufsbüro so sicher und so wichtig fühlen, kann der Mastercloser ihnen jede Arbeit übergeben, und sie werden diese gewissenhaft ausführen.

14. Halten Sie mit der Konkurrenz Schritt

Der Mastercloser sollte seine Konkurrenz kennen. Eins der schlimmsten Dinge, die einer Vertriebsgesellschaft passieren können, ist, daß die Konkurrenz plötzlich mit einem ähnlichen aber besseren Produkt auf den Markt kommt. Ist es für eine Reaktion zu spät, werden alle alten Kunden und potentiellen Kunden mit der anderen Firma Geschäfte machen. Für diese Art von grobem Fehler gibt es keine Entschuldigung. Auch wenn eine Firma Industriespionage einsetzen muß, um herauszufinden, was die Konkurrenz vor hat, so sollte sie dies besser tun. Denn es ist einfach fatal, wenn man nicht besser bleibt als das Produkt der Konkurrenz. Freier Handel und freier Wettbewerb ist der Name des Spiels, und je mehr Wettbewerb zwischen zwei Firmen besteht, desto besser für den Konsumenten. Jede Vertriebsfirma, die sich weigert, zu konkurrieren, und die denkt, daß sie allein aufgrund ihres guten Rufes überleben kann, ist schlicht und ergreifend dumm. Viele Firmen, die sich einstmals sicher glaubten, sind heute ausgelöscht.

15. Lernen Sie aus vergangenen Fehlern

Jede Firma, die nicht aus ihren vergangenen Fehlern lernt, ist dem Untergang geweiht. In einem professionellen Verkaufsbüro werden täglich Fehler gemacht – und dies ist nur normal. Aus diesen Fehlern sollten der Mastercloser und seine Mitarbeiter lernen. Werden dieselben Fehler immer und immer wieder begangen, ist es für den Mastercloser an der Zeit, die Baseballregel zu befolgen: „Beim dritten Mal sind Sie draußen!" Wurde von derselben Person zum dritten Male (nach zwei vorhergehenden Verwarnungen) ein kostspieliger Fehler begangen, sollte diese Person gefeuert werden. Setzt der Mastercloser diese Baseballregel in Kraft, paßt die gesamte Verkaufsmannschaft mit Sicherheit auf.

16. Halten Sie das Verkaufsbüro in tadellosem Zustand

Nach einer erfolgreichen Verkaufssaison kann sich der Mastercloser nicht ausruhen und das Verkaufsbüro und die Umgebung vor die Hunde gehen lassen. Er muß das Büro und das Gelände in demselben tadellosen Zustand halten, wie er es am Eröffnungstag vorgefunden hat.

Der Mastercloser muß auch dafür sorgen, daß das Personal aufgeweckt aussieht, fühlt und handelt. Warum? Alte Kunden bringen immer neue Kunden, deshalb sollte das Verkaufsbüro jeden Tag des Jahres bestens geführt werden. Vergessen Sie nicht, daß in den Augen jedes neuen Kunden das Verkaufsbüro und das Gelände die ersten Dinge sind, denen er begegnet. Als nächstes kommen die Mitarbeiter des Büros. Wenn einer unordentlich aussieht oder nicht bereit für ein Geschäft, so hinterläßt dies auf jeden neuen oder unerwarteten Kunden einen schlechten Eindruck.

17. Holen Sie sich Rat

Weiß ein Mastercloser nicht genau, wie er mit einem bestimmten Problem oder einer bestimmten Situation umgehen soll, die sich in seinem Verkaufsbüro entwickelt, sollte er sich Hilfe von außen holen. Dabei ist es egal, ob es sich um ein rechtliches oder ein finanzielles Problem handelt: Professioneller Rat von außen ist immer willkommen. Der Gefahr der Betriebsblindheit kann man auf diese Weise am besten vorbeugen. Rat von außen kostet Geld, das ist richtig; aber auf lange Sicht wird er jeden Pfennig wert sein. Was auch immer der Mastercloser hört und lernt, es kann ihn nur noch klüger machen. Entsteht also das nächste Mal ein ähnliches Problem in seinem Verkaufsbüro, weiß er genau, wie er damit umgehen muß.

18. Fragen Sie Kinder

Ob Sie es glauben oder nicht, aber viele bedeutende Unternehmen haben Manager, die in der ganzen Welt Grundschulen besuchen, um Kinder zwischen fünf und acht Jahren zu befragen, wie ihnen das Produkt der Firma gefällt, und wie sie es verbessern würden. Diese Kinder verstehen natürlich nicht die Einzelheiten eines Produktes, aber sie bringen einige faszinierende Antworten hervor, die die Manager in der Tat mit nach Hause nehmen.

Ein bedeutendes Unternehmen fragte zum Beispiel Kinder, wie es sein Computerdesign (äußere Ästhetik) verbessern könnte, und die Kinder sagten ihnen, daß man die Tasten größer gestalten sollte, und daß man sie in hellen Farben anmalen sollte, damit man sie besser erkennen kann. Nun, die Leute des Unternehmens beauftragten ihre Designer, genau dies zu tun. Als der neu gestaltete Computer auf den Markt kam, war er ein totaler Erfolg.

19. Stehen Sie immer zur Verfügung

Bei der Marine ist der Kapitän eines Kampfschiffes für seine Männer bei unerwarteten Vorfälle immer verfügbar. Dasselbe trifft auch auf einen Mastercloser zu. Wenn er seine Verkaufsmannschaft professionell und erfolgreich führen will, so muß er für seine Leute verfügbar sein und sich im Verkaufsbüro aufhalten. Sicherlich kann eine Verkaufsmannschaft auch ohne den Mastercloser für ein oder zwei Wochen auskommen – aber nicht länger. Sogar mit einem guten Assistenten oder einem großartigen Stellvertreter fangen die Verkäufer nach zwei Wochen ohne den „Boß" an, undiszipliniert zu werden. Es ist vorrangig allgemein die Abwesenheit des Masterclosers, die dieses vorhersehbare Phänomen verursacht. Auf jeden Fall muß der Mastercloser anwesend sein, um seine Mannschaft zu führen. Um dies zu beweisen, fragen Sie sich einmal, wieviele Fußballmannschaften erfolgreich waren, wenn der Trainer bei dem Spiel nicht anwesend war. Die Antwort lautet: sehr, sehr wenige. Die Verkaufsmannschaft braucht nicht nur die Klugheit des Masterclosers, sondern auch seine Führung, seine Begeisterung, seine Energie, seine sanfte Schulter und seine eiserne Hand.

20. Haben Sie Spaß

Wenn die Leute, die in dem Verkaufsbüro arbeiten, überhaupt keinen Spaß haben, wird dieses Büro nicht erfolgreich sein. Der Mastercloser weiß, daß seine Leute automatisch unglücklich sein werden, wenn sie sich immer Sorgen machen und zu ernst sind. Und eine Gruppe von unglücklichen Leuten kann keine Begeisterung an die Kunden weitergeben. Es gibt einen Spruch im Fußball von dem großen Trainer Frank Broyles von der Universität von Arkansas, den man auch auf Geschäfte anwenden kann: „Seien Sie auf Ihre Arbeit stolz, beweisen Sie sich jeden Tag, arbeiten Sie mit Hingabe, vergnügen Sie sich, und der Spielstand regelt sich von alleine." Diese Art von Einstellung muß in jedem professionellen Verkaufsbüro aufrechterhalten werden. Menschen schaffen mehr, haben mehr Einfälle, entwickeln mehr und leisten mehr, wenn im Büro Sinn für Spaß und Teamgeist vorherrscht. Der Mastercloser hat die Verantwortung, dafür zu sorgen, daß alle seiner Leute dieselbe Einstellung haben wie großartige Fußballprofis, nämlich daß sie glücklich sind, für etwas bezahlt zu werden, was ihnen soviel Spaß macht!

---

20 Tips, wie Sie ein professionelles Verkaufsbüro führen

1. Kümmern Sie sich immer um Ihre Kunden.
2. Führen Sie täglich Buch über die Geschäftsabschlüsse.
3. Sprechen Sie nicht schlecht über die Konkurrenz.
4. Stellen Sie hauptsächlich junge, dynamische Leute ein.
5. Behalten Sie Firmengeheimnisse für sich.
6. Entwickeln und verbessern Sie das Produkt.
7. Legen Sie ein „Reservekonto" an.
8. Sorgen Sie dafür, daß das Telefon immer besetzt ist.
9. Versenden Sie monatlich Mitteilungsblätter an Mitarbeiter und Kunden.
10. Arbeiten Sie ein Weiterempfehlungsprogramm aus.
11. Belohnen oder befördern Sie Ihre Mitarbeiter bei Erfolgen.
12. Werben Sie für Ihr Produkt.
13. Zeigen Sie Ihren Mitarbeitern, daß Sie sie schätzen und respektieren.
14. Beobachten Sie Ihre Konkurrenz.
15. Lernen Sie aus Ihren Fehlern.
16. Halten Sie das Verkaufsbüro in tadellosem Zustand.
17. Holen Sie Rat von außen ein.
18. Fragen Sie Kinder nach ihrer Meinung.
19. Halten Sie sich immer verfügbar.
20. Sorgen Sie für eine gute Stimmung im Verkaufsbüro.

8. Kapitel

Die Macht des Wissens

Wenn Sie dieses Buch gelesen haben, kennen Sie die Erfolgsgeheimnisse der Top-Verkäufer – jetzt haben Sie die Macht des Wissens. Und Sie können alles erreichen, was Sie erreichen wollen! Dadurch, daß Sie nun die Kunst des Verkaufens kennen, besitzen Sie die Fertigkeiten, die Sie benötigen, um ein meisterhafter Verkäufer und Manager, ein Mastercloser zu werden. Ihr Kopf sollte vor Einfällen nur so wirbeln, Ihr Herz vor Aufregung heftig schlagen. Wenden Sie das, was Sie gelernt haben an, seien Sie produktiv, gerecht und erfolgreich. Verwirklichen Sie Ihre Träume.

Jetzt haben Sie das Wissen

Dennoch, was genau ist ein Mastercloser?

Sie sollten diese Ihnen jetzt bekannte Frage für sich selbst beantworten, bevor Sie weiterlesen.

In dem Vorwort zu diesem Buch haben wir gefragt: „Was genau ist ein Mastercloser?" Jetzt haben Sie die Antwort. Sie wissen, daß ein Mastercloser jemand ist, der mit jeglichen Verkaufssituationen wirkungsvoll und erfolgreich umgehen kann; es ist jemand, der sich seinen Weg durch alle Situationen und Umstände mit Hilfe von Selbstbeherrschung und Höflichkeit, Verständnis und Liebe bahnt.

Beherrschung

Beherrschung ist das Schlüsselwort für den Mastercloser. Der Mastercloser hat sich immer unter Kontrolle, im Umgang mit der Verkaufsabteilung, mit Kunden oder dem Vorstand der Firma; er spricht mit dem Verstand und nicht mit dem Herzen. Seine Gefühle behindern ihn niemals im Geschäftsleben. Ein Mastercloser trifft seine Entscheidungen im besten Interesse der Firma und nicht in seinem eigenen Interesse.

Der Mastercloser verhält sich gemäßigt. Er ist der Inbegriff des idealen Geschäftsmannes: warmherzig, dennoch professionell, klug, gut gekleidet, geduldig; ein Experte seiner Produktpalette und ein Experte der Verkaufstechniken. Die Arbeitsumgebung eines Masterclosers unterstützt seine Persönlichkeit; elegant, dennoch konservativ und gut eingerichtet. Charakteristischerweise ist ein Meistermanager gerecht, aufrichtig und ehrlich im Umgang mit seinen Mitarbeitern; er ist für sein Verkaufsteam der große Bruder, ein Freund der Kunden und ein geschätzter Mitarbeiter für den Vorstand. Fehler in der Persönlichkeit werden niemals sichtbar, wenn der Meistermanager in einer geschäftlichen Situation ist. Diese bleiben zuhause in der Garage. Ist er erst einmal im Büro, beherrscht sich der Manager, um etwaige Schwächen zu verbergen. Gelassen geht er jeden Tag positiv an und versucht, der beste Manager des besten Verkaufsteams der Geschichte zu sein. Er macht das Beste aus jedem Tag und profitiert davon in jeder Situation.

Der Mastercloser strebt nach dem Besten. Er stellt ein Verkaufsteam aus den besten Verkäufern zusammen, die es gibt, und bemüht sich, diese sowohl als Individuen als auch als Verkäufer zu optimieren. Da er vor seiner Berufung zum Mastercloser die Rolle eines Closers eingenommen hatte, weiß er, was Verkäufer veranlaßt, ihr Bestes zu leisten.

Versammlungen

Versammlungen sind ein Schlüssel zum Erfolg, und der Mastercloser hält häufige, dennoch abwechslungsreiche Versammlungen ab, um das Streben des Verkaufsteams nach Erfolg aufrechtzuerhalten. Versammlungen sind eine besondere Vorliebe des Masterclosers, da sie ihm ermöglichen, seinen Mitarbeitern seine Disziplin und seine Beherrschung zu demonstrieren. Versammlungen sind die Tribüne für seine Ideen, eine Zeit, in der sich der Mastercloser als wirksames Modell zur Schau stellt. Der Mastercloser ermutigt sein Team, mehr zu leisten als geplant, indem er je nach Bedarf Taktiken einsetzt, wie zum Beispiel motivierende Versammlungen, inspirierende Wettbewerbe und Partys oder Boni, und dann ergänzt er je nach Bedarf die Gruppenanstrengung durch individuelle Maßnahmen.

Damit sein Team das erreicht, was bisher kein Team erreicht hat, sorgt der Mastercloser dafür, daß seine Verkäufer über die Fakten, Zahlen, Informationen und die Vorteile bezüglich des Produktes fachmännisch ausgebildet sind. Um sein Team zu inspirieren, verfeinert er die Verkaufsfertigkeiten seiner Verkäufer, und er hilft seinen Verkäufern dabei, ihre Ziele zu setzen und diese auch zu erreichen. Er ist das Streichholz, das die Flamme der Motivation in den Herzen seiner Verkäufer entfacht.

Erfahrung

Der Mastercloser ist ein Experte. Er kann jede Verkaufssituation übernehmen, und er kann fast jederzeit erfolgreich sein, indem er die angemessene Technik mit der nötigen Warmherzigkeit und Liebe vervollständigt. Dies liegt an seiner Klugheit und an seinem Charme. Ein Mastercloser kann seine Kunden lesen, und er weiß, auf welche Art er ihnen etwas verkaufen muß. Diese Fertigkeit macht ihn zum Mastercloser; er kennt seinen Markt, und durch seine Klugheit behält er auf dem Gebiet des Verkaufs die Oberhand.

Selbstbeherrschung

Selbstbeherrschung. Dieses Wort erscheint immer wieder. Müßte man mit einem einzigen Wort einen Mastercloser beschreiben, so hieße dieses Wort Selbstbeherrschung. Ein Mastercloser kann jede Situation überschauen und sie zum Wohle seiner Firma nutzen. Der Mastercloser hat Kontrolle über sich selbst; er kann sich so verhalten, wie er es will, wenn er will. Unverschämte oder negative Worte und Handlungen gibt es bei ihm nicht.

Beherrscht er diese höchste Disziplin bei sich selbst, kann er sie auf die Mitglieder seines Teams projizieren, und beeinflußt somit ihr Handeln und ihre Entscheidungen.

Zeit

Es braucht Zeit, um Selbstbeherrschung und die anderen Fertigkeiten eines Masterclosers zu entwickeln. Niemand wird als der Beste geboren, und diejenigen, die sich hervortun, arbeiten an sich. Zeit und Anstrengung sind die größten Zugeständnisse, die man machen muß, wenn man erfolgreich sein will. Sie werden die Verbesserung Ihrer Verkaufsfertigkeiten direkt nach der Lektüre dieses Buches bemerken; der größte Nutzen ergibt sich jedoch auf lange Sicht, wenn Sie Ihre Technik beherrschen. In unserer extremen Wettbewerbsgesellschaft kommt nichts von selbst. Es muß immer eine gesunde, geistige Investition getätigt werden, bevor man die Früchte des Erfolgs ernten kann.

Wenn man ein Closer und Mastercloser ist

Arbeiten Sie daran, ein Mastercloser und Closer zu sein, und Sie werden dieses Ziel vielleicht erreichen. Sagen Sie sich immer, daß Sie der Beste sind! Irgendeiner wird der Beste sein, warum also nicht Sie? Sie können ein Mastercloser sein. Machen Sie sich dies zum Ziel. Arbeiten Sie darauf hin. Wenn Sie dieses Ziel erreichen, werden Sie sich phantastisch fühlen.

Hoffentlich haben Sie schon einmal den Stolz erfahren, den ein Closer empfindet, wenn er einen großen Geschäftsabschluß tätigt, sowie das außergewöhnlich angenehme Gefühl, wenn man den Provisionsscheck erhält. Es ist ein Gefühl wie Fliegen. Erfolg ruft Stolz hervor, ein Gefühl, welches praktisch im täglichen Leben ohnegleichen ist. Erfolg ruft ebenfalls gesteigertes Selbstbewußtsein hervor, was wir alle für ein erfülltes Leben nötig haben.

Wenn Sie nach diesem Erfolg streben, dann machen Sie die finanzielle Belohnung nicht zu ihrer vorrangigen Motivation. Geld ist angenehm, aber es hilft Ihnen nicht dabei, ein vollkommener Mensch zu werden. Vergessen Sie also das Geld. Es wird Ihnen niemals gelingen, ein Closer zu werden, wenn Sie nicht nach den emotionalen Zielen streben, die der Erfolg zu bieten hat. Wenn Sie erst einmal das tun, was Sie tun wollen, kommt das Geld von alleine.

Zukünftige Mastercloser: Geht mit dem, was Ihr in diesem Buch gelernt habt, hinaus und erobert Eure Ziele!

Die einzige Person in der Welt, die Sie aufhalten kann, sind Sie selbst.

Und vergessen Sie nicht: Sie können andere nur führen, wenn diese an Sie glauben, und Sie können andere nur dazu bringen, an Sie zu glauben, wenn Sie selbst an sich glauben.

Weitere Titel der F.A.Z./Gabler-Edition

James W. Pickens
Closing
Erfolgsstrategien für offensive Verkäufer
1989, 319 Seiten, Geb. DM 68,–, ISBN 3-409-13723-8

Closing, der Fachbestseller aus den USA, hat sich auch in
Deutschland durchgesetzt und ist zum Geheimtip geworden.
Closing setzt neue Maßstäbe für offensives Verkaufen.
Scharfsinnige psychologische Einsichten kombiniert mit
praktischen Handlungsanweisungen zeigen, was einen Verkäu-
fer zum Top-Verkäufer, zum Closer macht.

Manfred Bruhn
Sponsoring
Unternehmen als Mäzene und Sponsoren
2. Aufl. 1991, 501 Seiten, Geb., ISBN 3-409-23913-8

Kein Olympia, ja fast auch keine kulturelle Veranstaltung
mehr ohne Sponsoren. Manfred Bruhn liefert mit diesem Werk
die erste kompakte Darstellung dessen, was unter Sponsoring
zu verstehen und wie es als Instrument der Unternehmens-
kommunikation einzusetzen ist.

Rosemarie Wrede-Grischkat
Manieren und Karriere
Verhaltensnormen für Führungskräfte
2. Aufl. 1992, 332 Seiten, Geb., ISBN 3-409-29146-6

Dieses Buch leitet Sie durch alle Tiefen und Untiefen der
offiziellen und inoffiziellen Etikette – von der morgendlichen
Besprechung im Unternehmen bis zum abendlichen Diner
mit Geschäftspartnern, im Inland genauso wie im Ausland.
Denn ohne Manieren keine Karriere!